武汉大学宪法行政法博士文库

行政执法体制改革研究

XINGZHENG ZHIFA TIZHI GAIGE YANJIU

戢浩飞 著

中国政法大学出版社

2020·北京

图书在版编目（ＣＩＰ）数据

行政执法体制改革研究/戚浩飞著. —北京：中国政法大学出版社, 2020.8
ISBN 978-7-5620-9631-3

Ⅰ.①行…　　Ⅱ.①戚…　　Ⅲ.①行政执法－体制改革－研究－中国
Ⅳ.①D922.112.4

中国版本图书馆 CIP 数据核字(2020)第 162353 号

出　版　者　　中国政法大学出版社

地　　　址　　北京市海淀区西土城路 25 号

邮寄地址　　北京 100088 信箱 8034 分箱　　邮编 100088

网　　　址　　http://www.cuplpress.com (网络实名：中国政法大学出版社)

电　　　话　　010-58908586(编辑部) 58908334(邮购部)

编辑邮箱　　zhengfadch@126.com

承　　　印　　固安华明印业有限公司

开　　　本　　880mm×1230mm　　1/32

印　　　张　　10.625

字　　　数　　260 千字

版　　　次　　2020 年 8 月第 1 版

印　　　次　　2020 年 8 月第 1 次印刷

定　　　价　　69.00 元

前 言 PREFACE

　　行政执法体制事关行政执法的基础和关键，行政执法体制的健全与否，直接决定着依法行政程度的高低，影响和制约着法治国家的建设水平。我国的社会政治经济发展正在进入一个新的历史时期，行政执法体制改革尤其具有紧迫性。行政执法体制改革既是当下中国的热门话题，也是中国整体改革和现代化建设的重点内容。行政法学能否回应执法领域的改革浪潮，并为制度创新提供规范性基础和学术支持？本书试图对行政执法体制进行多视角的分析，研究当下行政执法体制改革的基本问题，为当下的行政执法体制改革提供智识支撑与理论指导，以期对当下的"中国问题"进行有效的回应。本书由导论、正文、结语三部分组成。导论分为：问题的提出、研究现状述评、研究意义、研究方法和写作框架与思路。正文分为以下六章。

　　第一章为"行政执法体制概论"。对研究对象及其相关概念的界定与分析，是科学研究活动必不可少的一项基础性工作。本章揭示什么是行政执法体制，阐述行政执法体制之功能。一方面，在界定行政执法体制内涵的基础上，揭示行政执法体制的类型、特征。通过基本内涵之界定，为下文的研究提供背景和靶子。另一方面，主要阐述行政执法体制在行政执法中的地位与功能，进而突出其重要性，为下文做总括性铺垫。

第二章为"行政执法体制改革的基础理论"。任何一项制度架构都需要理论的支撑，任何改革都需要理论的指导。世界各国在推行行政执法体制改革时都要遵循一定的理论预设，没有理论的指导就没有当下的行政执法体制改革。当下的行政执法体制改革主要受组织冲突、整体性政府、行政效率、公共服务、部门职权相对集中等理论的影响。在本章中，笔者将主要介绍以上几种基本理论。

第三章为"我国行政执法体制改革的实践探索"。行政执法实践中，我国各地各部门陆续进行了执法体制方面的探索与创新，为推进行政执法体制改革积累了丰富的实践经验，提供了具有地方特色的实践样本。因此，本章重点关注当下的行政执法实践，从实证分析的视角，围绕相对集中行政处罚权实践、相对集中行政许可权实践、相对集中行政强制权实践、不动产统一登记实践、政府机构改革实践，以点带面，系统总结行政执法体制改革之经验，仔细挖掘行政执法体制改革之问题，探索阐述行政执法体制之方向。

第四章为"我国行政执法体制改革的基本内容"。行政执法体制具有特定的地域性，因此有必要对中国当下的执法体制改革进行分析。首先，通过对党中央、国务院出台的相关文件进行规范分析，梳理我国行政执法体制改革的基本特点与规律。其次，提出从行政执法主体入手，整合行政执法主体，避免多头执法，推进综合执法。最后，不但要在横向上进行权力配置，还要在纵向上进行权力配置，通过横向与纵向的权力配置，形成执法体制的有机统一。

第五章为"域外行政执法体制的改革发展"。本章的主要目的是对不同国家行政执法体制的发展概况做比较法的考察，包括法国法、德国法、美国法、英国法和日本法，以期充分认识并借鉴其有益经验。通过综合考量不同法域行政执法体制之概况，力图对我国之行政执法体制改革有所裨益。最后专门进行域外行政执法体制改革的启示分析，表明行政执法体制领域的改革必须要在比较中认识行政执法体制改革中的一致，以期准确把握世界性趋势。

　　第六章为"我国行政执法体制改革的现实思考"。行政执法体制改革不是一项口头上的工作，而是实践中正在大力推进的改革事业。近年来，随着全面推进改革的不断深入，行政执法体制领域逐渐发生变化，大大改变了传统的面貌。本章即着眼于探讨深化行政执法体制改革的基本目标，阐释当下推进行政执法体制改革必须遵循的基本原则，构建适合我国行政执法体制改革的可行路径，分析经济开发区、区级街道办、县级乡镇政府的行政执法体制改革实践。

　　结语部分指出行政执法体制改革将面临挑战与机遇，改革处于一个持续不断的过程之中。任何一项法律制度的变革，无不是各种社会因素共同作用的结果。因此，我们既要解决行政执法体制的外围关系问题，又要从行政权内部寻求改革的突破点。中国的行政执法体制改革必然立足于国家治理转型背景，积极回应时代和社会发展的需求，反省行政执法体制的发展变迁，总结当下行政执法体制改革的实践经验，建构起具有中国特色的行政执法体制。

C目录
Contents

导 论

　　当今世界处在一个变革的年代，改革与创新成了时代的主旋律。"从国家建立之日起，行政机关间的关系就成为政治生活中一个亘古不变的政治现象，如何理顺行政机关之间的权力关系，使各行政机关做到权责清晰，以利于其各司其职，各负其责，成为当代国家政治所面临的一个基本问题。"〔1〕不管是发达国家，还是发展中国家，各国政府都在大力推进行政体制改革，提高行政执法水平与效率。因此，行政执法体制改革不仅是一个实践焦点，更是一个理论热点。行政执法体制事关行政执法的基础和关键，行政执法体制健全与否直接决定着依法行政的程度高低，影响和制约着法治国家的建设水平。我国的政治、经济、社会、文化正进入一个新的历史时期，行政执法体制改革尤其具有紧迫性。当前，我国正处于社会转型时期，迈入了不可回避的高风险社会。面对复杂的社会关系，传统的行政执法往往会捉襟见肘、无所适从。实践中，一旦行政执法稍有差错，一不留神就可能成为社会焦点，引发连锁反应，甚至演变

---

　　〔1〕 石佑启、张显伟："论行政机关间权限争议之诉讼机制解决"，载《学术研究》2012 年第 11 期。

为极端事件。因此，行政执法体制改革既是当下中国的热门话题，也是中国整体改革和现代化建设中的重点内容。"深化行政执法体制改革能否取得显著成效，直接关系到法律法规能否全面正确实施，关系到人民群众合法权益能否得到切实保障，关系到经济社会秩序能否有效维护，关系到依法行政能否真正落到实处。"[1] 2013 年 11 月，党的十八届三中全会作出《中共中央关于全面深化改革若干重大问题的决定》，明确提出"深化行政执法体制改革"。2014 年 10 月，党的十八届四中全会作出《中共中央关于全面推进依法治国若干重大问题的决定》，继续将"深化行政执法体制改革"作为重要任务予以明确。2015 年 11 月，党的十八届五中全会通过《中共中央关于制定国民经济和社会发展第十三个五年规划的建议》，明确"坚持深化改革……以经济体制改革为重点，加快完善各方面体制机制，破除一切不利于科学发展的体制机制障碍……推行综合执法"。同年 12 月，中共中央、国务院印发了《法治政府建设实施纲要（2015-2020 年）》，明确"改革行政执法体制，建立健全权责统一、权威高效的行政执法体制"。2019 年 10 月，党的十九届四中全会作出《中共中央关于坚持和完善中国特色社会主义制度 推进国家治理体系和治理能力现代化若干重大问题的决定》，再次明确"深化行政执法体制改革，最大限度减少不必要的行政执法事项"。自此，在全面深化改革和推进依法治国的背景下，如何积极推进行政执法体制改革成了摆在全国人民面前的重大现实问题。恰如行政学者凯顿所言，一个行政改革的新时

---

[1] 袁曙宏："深化行政执法体制改革"，载《行政管理改革》2014 年第 7 期。

代来临了。〔1〕"其中，推进依法行政、建设法治政府的核心内容和重要抓手是完善行政执法体制。"〔2〕对于行政机关而言，如何结合实际，全面、深入推进行政执法体制改革，服务于经济社会发展是一个紧迫的重大课题。在此背景下，全国各地各部门积极开展行政执法体制改革的试点工作，行政执法体制改革正步入快车道。"由此，中国社会呈现出改革与法治'双轮驱动'的新局面。"〔3〕由于视野的局限、理论储备的不足，在实践中，改革与法治总是处于一种紧张状态，并形成了"改革就是要突破现有法律规定"的认识误区，部分人打着改革的旗号理直气壮地绕开法治、突破法律规定。行政法学能否回应公共领域的改革浪潮，并为制度创新提供规范性基础和学术支持？这是行政法学的基本使命之一。为了避免"传统行政法在面对公共行政变革的汹涌大潮时并没有能够及时、有效地自我更新，对公共行政变迁的回应已捉襟见肘，时而呈现黔驴技穷的窘态"。〔4〕本书将以一种面向现实的视角，运用法治思维和法治方式推进行政执法体制改革，绕开原有改革存在的实践先行、理论滞后的困境，试图对行政执法体制进行多视角的分析，研究当下行政执法体制改革的基本问题，为当下的行政执法体制改革提供智识支撑与理论指导，以期对当下的"中国问题"进行有效的回应。

---

〔1〕 G. E Caiden, *Administrative Reform Comes of Age*, N. Y, Walter de Gruyter, 1992, p. 1.

〔2〕 莫于川："通过完善行政执法程序法制实现严格规范公正文明执法"，载《行政法学研究》2014 年第 1 期。

〔3〕 王乐泉："论改革与法治的关系"，载《中国法学》2014 年第 6 期。

〔4〕 朱新力、梁亮："公共行政变迁与新行政法的兴起"，载《国家检察官学院学报》2013 年第 1 期。

一、问题的提出

当下的行政执法面临着颇为尴尬的处境:一方面,分散式执法成为目前中国行政执法的常态,在此模式下,行政执法出现了"七八顶大盖帽管不住一顶小草帽"的困境;另一方面,为了应对执法不力、部门交叉的状况,集中执法时有出现,但却遭遇了合法性的危机。因此,行政执法体制问题一直牵动着社会公众的心,一直是行政法领域的重点内容。早在 20 世纪 80 年代末行政执法体制改革就已出现,并在实践中推行多年。"但是,对于这块神秘又似乎公开的领地,学者们几乎一直对它熟视无睹。"〔1〕时至今日,理论界至今仍没有一本以行政执法体制改革为主题的专著。从这个意义上讲,行政执法体制没有得到较好的研究,行政执法体制仍然存在很多盲点问题,比如行政执法体制改革的重点、方向、路径是什么依然未得到理论回应。诚如盖伊·彼得斯所言:"改革模式的成功取决于解决的方法是否完全适合存在的问题。"〔2〕故本书将立足于行政执法体制的实际,正视行政执法体制改革中存在的问题,以问题为导向,寻求改革的正确方法,对之进行系统的研究。当前,我国行政执法体制存在不少问题,招致了诸多非议,广为社会所诟病。从横向方面看,一级政府中政府职能部门之间执法权限划分过细,行政执法主体过多,职能交叉严重。行政执法难以适应社会经济发展的需要,普遍存在职能交叉、多头管理、多头执法的现象。"七八顶大盖帽围纠一顶小草帽","一拨穿制服的罚款刚

---

〔1〕 沈荣华、钟伟军:《中国地方政府体制创新路径研究》,中国社会科学出版社 2009 年版,第 1 页。

〔2〕 [美] B. 盖伊·彼得斯:《政府未来的治理模式》,吴爱明等译,中国人民大学出版社 2001 年版,第 151 页。

走，一拨穿制服的又来罚款"是其生动反映。从纵向方面来看，执法层次过多，不同层级之间缺乏明确的事权划分，存在越位、错位、缺位之情形。行政执法中存在的层级不清、责任不明、"上下一般粗"未能从根本上得到合理解决，越权执法、执法争利等现象时有发生。从微观方面来看，在具体政府部门中，行政执法权过于集中，决策、执行与监督不分。"政府各个部门集决策、执行、监督为一体，自己制定规则，自己执行，自己监督。"[1]因此，行政执法形成了独具特色的"分散执法体制"，即"一事立一法、一法建一队"的传统模式。在此模式下，行政执法主体过多、力量分散、执法队伍臃肿，严重影响了行政执法机关的形象。"致力于某一现实问题的解决，通常构成制度变革的逻辑起点。"[2]以问题为导向，带着强烈的问题意识入手，是深化行政执法体制改革的现实需要。创作本书，就是要试图解决这一系列问题，实现行政执法体制改革的顺利进行。首先，充分挖掘中国现代化建设历程中行政执法体制的形成和发展问题。自1978年12月党的十一届三中全会召开后，随着党和国家工作重心的转变，行政执法活动正式起步，全国各地各部门在提高行政执法水平、强化执法人员责任方面进行了初步探索。其次，深入探讨当下中国的行政执法体制如何进一步深化与完善的问题。根据全面深化改革和推进依法治国的新的历史要求，行政执法体制如何更好地发挥应有作用，适应国家治理的需要，并以行政管理体制改革为突破口推进整个行政执法体制的创新，是本书重点研究的内容。最后，本书力图探寻当

---

〔1〕 刘恒主编：《行政执法与政府管制》，北京大学出版社2012年版，第8页。

〔2〕 罗豪才、宋功德："链接法治政府——《全面推进依法行政实施纲要》的意旨、视野与贡献"，载《法商研究》2004年第5期。

下的行政执法体制改革的最佳路径问题。中国的行政执法体制改革所面对的时代是一个全球化的时代，它需要以世界行政执法体制以及执法实践的一般规律和经验教训为基础，以世界性的视角来考察各国行政执法体制的基本状况，进而大胆借鉴与吸收世界文明成果。这些经验与教训是为研究与探索中国当下的行政执法体制改革服务的，是为改革和完善中国行政执法体制改革服务的。

二、研究现状述评

行政执法体制的内容，在西方发达国家的行政法领域研究中较少被关注。域外并没有专门论述行政执法体制的研究，多数研究散见于公共行政、公共管理领域或是对行政权、行政程序的研究。特别是在英美法系，基于公私法不分的传统，并没有形成独立的行政执法体制。因此，有关域外两大法系的执法体制改革内容必须结合公共行政改革进行归纳梳理，没有专题的内容可供参考。

我国理论界对行政执法体制的研究较为关注，已经有了一定的积累，并形成了一系列研究论文（这里没有用"研究成果"一词，因为现有研究主要局限于学术论文，尚无一本专著）。截至 2020 年 2 月 1 日，在中国知网检索，以"行政执法体制改革"为主题的文献有 1585 条、为篇名的文献有 272 条，以"行政执法体制改革"为主题的期刊论文有 700 篇、为篇名的期刊论文有 213 篇；以"行政执法体制创新"为主题的文献有 16 条、为篇名的文献有 7 条，以"行政执法体制创新"为主题的期刊论文有 10 篇、为篇名的期刊论文有 6 篇；以"行政执法体制"为主题的文献有 2408 条、为篇名的文献有 424 条，以"行

政执法体制"为主题的期刊论文有 1142 篇、为篇名的期刊论文
有 316 篇。

从时间跨度上分析，在 1999 年之前，理论界探讨行政执法
体制问题基本上立足于部门行政执法的实践，然后提出部门行
政执法体制改革的措施与思考。在这一时期，公开发表的期刊
论文都是围绕部门执法实践进而探讨执法体制问题，涵盖的行
政执法领域主要集中在卫生行政执法、农业行政执法、工商行
政执法、城市管理行政执法、电力行政执法等。比较有代表性
的早期论文有邱荣汇的《学习行政诉讼法健全价格执法体制》
（载《价格理论与实践》1990 年第 9 期），从行政诉讼的角度探
讨价格执法体制；周标的《改革卫生管理体制，强化行政综合
执法——关于卫生监督体制变革的构想》（载《中国卫生》1996
年第 3 期），从卫生监督的角度探讨卫生领域综合执法体制问
题；矫钟钢的《关于现行体制下开展行政执法的思考》（载《黑
龙江档案》1997 年第 5 期），从档案法的角度探讨档案执法体
制；倪雅洁等的《强化卫生行政执法，建立完善的监督体制》
（载《中国卫生监督杂志》1997 年第 2 期），从执法的角度探讨
卫生监督体制等。2000 年开始，理论界开始从宏观层面探讨行
政执法体制问题，跳出了部门行政执法的局限。在这一时期，
代表性的论文有汪永清的《对改革现行行政执法体制的几点思
考》（载《中国法学》2000 年第 1 期），立足于依法行政的实践
进行系统思考；吴金群的《综合执法：行政执法的体制创新》
（载《地方政府管理》2000 年第 9 期），探讨行政执法体制的共
性规律；天津行政学院的《施行相对集中行政处罚，推进行政
执法体制改革》（载《国家行政学院学报》2002 年第 1 期），由
点及面地思考行政执法体制改革等。此后，学术界对行政执法

体制的探讨围绕两条主线进行，既有宏观层面的行政法总论研究，也有微观层面的部门行政法探讨，形成了点面结合的格式。以上这些论文集中研究了如下问题：

（1）行政执法体制的基本理论。改革行政执法体制最重要的是认识行政执法权的基础和发展趋势，比如行政体制与行政执法权设置的关系、行政执法权与司法权的关系等。对这些问题的认识，是改革现行行政执法体制的基本前提和理论基础。[1]行政执法体制的基本内容应当包括行政执法权限、行政执法程序、执法过错责任制、执法监督、行政救济等方面。[2]

（2）行政执法体制的实践问题。结合城市管理中行政执法的实践，从管理科学的角度总结其优势与特点，[3]创立综合执法主体是实现依法治市的有效途径，[4]进一步推进相对集中行政处罚工作，促进城市管理行政执法体制改革。[5]当然，还有学者结合交通行政领域、海上执法、反垄断执法领域等现实问题，探讨行政执法体制改革的共性。[6]现行行政执法体制缺乏明显的法制特性，比如行政执法权太分散，自费执法、趋利执

---

〔1〕　参见汪永清："对改革现行行政执法体制的几点思考"，载《中国法学》2000 年第 1 期。

〔2〕　参见舒小庆、万高隆："论法治视野下我国行政执法体制之重构"，载《南昌大学学报（人文社会科学版）》2006 年第 5 期。

〔3〕　参见徐继敏："评一种新的行政执法体制"，载《重庆行政》2000 年第 1 期。

〔4〕　参见吴刚："城市里的'大盖帽'与'大草帽'——北京市宣武区改革城市行政执法体制"，载《中国行政管理》1999 年第 5 期。

〔5〕　参见天津行政学院："施行相对集中行政处罚推进行政执法体制改革"，载《国家行政学院学报》2002 年第 1 期。

〔6〕　参见王正等："交通行政执法体制模式的构建与评价"，载《上海海运学院学报》2003 年第 2 期；李响："我国海上行政执法体制的构建"，载《苏州大学学报（哲学社会科学版）》2012 年第 3 期；刘宁元："关于中国地方反垄断行政执法体制的思考"，载《政治与法律》2015 年第 8 期。

法明显，执法权力缺乏必要分解等，必须下决心予以改革。[1]当前，我国的行政执法体制存在行政执法主体分工不清、行政执法程序不完善、行刑衔接路径不顺畅等诸多问题。[2]按照我国法律的规定，结合执法实践，我国的行政执法体制存在的比较突出的问题是：分级执法、权责脱节、基层虚弱、各自为政、界限不清、权责交叉，利益驱动、监督不到位、责任缺失等。[3]

（3）行政执法体制的关联研究。我国现行行政执法体制不顺，与现行行政管理体制和政府职能转变没有有机对接，相关行政执法体制改革应当被纳入行政组织法的调整范畴。[4]我国行政体制改革要能够顺利地向纵深发展，需要与之相配套的行政组织创新，需要从组织的法定性、结构的有序性和行为的效率性等方面界定行政组织。[5]

（4）行政执法体制的具体构建与改革路径。当下的行政执法体制应当重构行政执法权限、行政执法程序、行政执法的管理模式、行政执法监督体系等。[6]理顺我国行政执法体制必须以理清行政执法权为要，行政执法权的整理应以机构设置为切入点。只有这样，行政执法权的合理配置和有效运用将带动体

〔1〕 参见汪永清："对改革现行行政执法体制的几点思考"，载《中国法学》2000 年第 1 期。

〔2〕 参见李琳："对深化行政执法体制改革的思考"，载《湖北警官学院学报》2014 年第 10 期。

〔3〕 参见马怀德："健全综合权威规范的行政执法体制"，载《中国党政干部论坛》2013 年第 12 期。

〔4〕 参见马丽华："行政执法体制的困境及改革构想"，载《长白学刊》2009年第 3 期。

〔5〕 参见蔡恒："我国行政执法组织创新与行政体制改革协同性研究——兼评农业行政综合执法组织的合理性和局限性"，载《江苏社会科学》2004 年第 3 期。

〔6〕 参见舒小庆、万高隆："论法治视野下我国行政执法体制之重构"，载《南昌大学学报（人文社会科学版）》2006 年第 5 期。

制革新，从而从根本上解决行政执法领域的诸多难题。[1] 改革现行行政执法体制的近期目标应当是按照合法、高效、公正、廉洁的原则，规范行政执法行为，整顿行政执法秩序，重点解决不执法、乱执法的问题。[2] 总结已有经验，继续深化行政执法体制改革，应当以调整职能配置为起点，整合执法主体，通过减少执法层级加强基层执法力度，在完善执法机制的同时落实执法责任制，以规范执法程序为基础提升执法水平，以提升执法实效和执法权威为总目标。[3]

在博硕论文库中，以"行政执法体制"为主题的博硕论文有 1080 篇，以"行政执法体制"为题名的博硕论文有 58 篇。在现有的 58 篇博硕论文中，从 2001 年至今，平均每年有 2.9 篇关于行政执法体制的博硕论文。从内容上分析，有 10 篇论文（占论文总数的 17.2%）从宏观上研究行政执法体制；余下的论文（占论文总数的 82.8%）都是从微观上（即部门行政的角度）探讨行政执法体制问题。在 41 篇研究部门行政执法体制的论文中，有 8 篇（占论文总数的 19.5%）探讨食品安全监管领域，有 11 篇（占论文总数的 26.8%）探讨城市管理领域，有 6 篇（占论文总数的 14.6%）探讨反垄断执法领域，有 5 篇（占论文总数的 12.2%）探讨海上执法领域，其余的则涉及林业执法、交警执法、农业执法、公路执法等领域。

综观上述内容，目前对于行政执法体制的研究还不够系统，

---

〔1〕 参见杨洋："行政执法体制探究——以当下中国实践为基础"，载《青海社会科学》2006 年第 4 期。

〔2〕 参见汪永清："对改革现行行政执法体制的几点思考"，载《中国法学》2000 年第 1 期。

〔3〕 参见王雅琴："深入推进行政执法体制改革"，载《中国党政干部论坛》2014 年第 9 期。

也不深入，缺乏应有的系统性和深度性。从既有的研究来看，或局限于对于实践的描述和蜻蜓点水式的就事论事性分析，缺乏从行政执法体制改革的大背景进行的高屋建瓴式的深入分析；或局限于在特定的时间与场景下的应景式分析，缺乏对于行政执法体制本身的关注与深入分析；或局限于分割式的某一领域内的研究，缺乏从整体上和融合性上分析。

在读秀学术检索中，在专著方面，以"行政执法体制"为书名进行搜索，只检索到 2 本著作，即 2012 年熊文钊主编的《城管论衡：综合行政执法体制研究》（法律出版社 2012 年版）、2019 年李学经主编的《市场监管领域综合行政执法体制改革研究》。梳理内容不难发现，第一本书是探讨城市管理领域内的行政执法体制方面的著作，第二本书是市场监管领域关于机构体制改革方面的会议论文集。因此，严格而言，两本书尚难以被称为专门研究行政执法体制的专著。鉴于"这些年来，综合执法这个概念在行政执法体制改革中的出现频率相当高，甚至在有些地方成了行政执法体制改革的代名词"[1]，以"综合行政执法"为书名进行搜索，也仅有十余本著作，相较于其他领域的著作而言，显然偏少。分别为 2002 年布小林主编的《综合行政执法教程》（内蒙古人民出版社 2006 年版），2007 年刘书祥、李国旗出版的《我国城市综合行政执法的理论与实践》（天津社会科学院出版社 2007 年版），2009 年浙江省文化厅主编的《文化市场综合行政执法新探》（浙江大学出版社 2009 年版），2009年李望斌等主编的《高速公路综合行政执法实务》（人民交通出版社 2009 年版），2012 年熊文钊主编的《城管论衡：综合行政

---

[1] 青锋："行政执法体制改革的图景与理论分析"，载《法治论丛（上海政法学院学报）》2007 年第 1 期。

执法体制研究》（法律出版社 2012 年版），2013 年王雅琴、沈俊强等出版的《城市管理监察综合行政执法之理论与实践》（法律出版社 2013 年版），2014 年杨丽萍主编的《文化市场综合行政执法案卷评析》（河南人民出版社 2014 年版），2015 年沈俊强、王雅琴编著的《城市管理监察综合行政执法之案例与评析》（法律出版社 2015 年版），2019 年杨华建、邓勇编著的《新时代城市管理综合行政执法》（电子科技大学出版社 2019 年版），2019 年李学经主编的《市场监管领域综合行政执法体制改革研究》（中国社会科学出版社 2019 年版）等。当然，需要说明的是，综合行政执法只是行政执法体制改革的一个重要方面，却无法涵盖行政执法体制改革的整体内容。因此，确切地讲，以行政执法体制为主题的著作尚处于空白状态。

相比之下，以"行政体制改革"为书名进行搜索，笔者找到相关著作 189 本。早在 1994 年张志荣、徐功敏就编著了《行政体制改革与转变政府职能》（社会科学文献出版社 1994 年版），新近有 2019 年 9 月国家行政学院出版社出版的《深化行政体制改革的探索》（2019 年版），2019 年 11 月谢金锋、刘昌雄主编的《新时代深化机构和行政体制改革》（重庆出版社 2019 年版）。很显然，行政执法体制是行政体制的重要内容，属于它的子范畴。相较于行政体制的学术研究，行政执法体制研究明显乏力，没有引起学界的足够重视。

客观分析，针对行政执法体制这一内容，期刊论文尚有不少，但学术著作却极为匮乏，尚属空白。虽然各类行政法教材、著作都或多或少地涉及行政执法体制的内容，但是专门探讨行政执法体制的著作还没有。因此，从这个意义上讲，行政执法体制尚未引起学界足够的兴趣，尚未进行系统化的研究。

三、研究意义

长期以来，行政实践中的行政执法体制改革一直备受关注。一方面，行政执法改革涉及政治体制，影响范围广、涉及面宽；另一方面，行政执法直接面对现实生活，涉及行政相对人的权利与义务。更重要的是，行政执法领域一直矛盾不断，产生了很多问题，亟须通过改革进行创新。行政执法体制既是行政体制的重要组成部分，又是法律实施的重要环节，还是推进改革的重要内容。但是，现有理论却无法完全指导实践，也无法解决行政执法体制所面临的种种问题。因此，研究行政执法体制改革，对丰富和深化行政执法体制的理论研究、完善行政执法制度建设、指导执法改革实践操作具有重要意义。

（一）理论意义

现代行政执法分散、多元甚至杂乱的现状与法制统一原则的要求相悖，因此，深化行政执法体制改革是缓解此一矛盾的重要方法。虽然行政执法体制改革在行政执法实践中推行多年，但从理论上来说，它在我国仍然是一个新问题。如何推进行政执法体制改革？应当如何构建适合中国国情的行政执法体制？这些问题至今尚未得到理论界的系统回应。虽然我国的行政执法体制改革推行多年，但是理论界并未提出行政执法体制改革的观点与方法。没有系统化的理论建构，就没有科学的行政执法体制之推进。没有理论的依托，行政执法体制之实践将成为无本之木。因此，加强行政执法体制改革的理论研究非常迫切。有鉴于此，本书将就行政执法体制改革之基本理论、行政执法体制改革之现状与困境、行政执法体制改革之域外经验、行政执法体制改革之理想路径等问题展开论述，以期回应行政法之实践，完善我国行政执法体制之理论。只有理论的不断深入与发展才能对实际的改革产生积极的指导意义。本书的研究不但填补了这一领域专著阙如的现状，而且丰富了行政执法体制的研究内容，进而对于构建一个适合分析我国行政执法体制的理论框架也有一定的贡献。

（二）实践意义

研究行政执法体制不仅具有重要的理论意义，而且具有重要的实践意义。深化行政执法体制改革事关改革开放的大局，事关依法治国的全面推进，事关人民群众的基本利益，适应世界整体治理的趋势。

第一，深化行政执法体制改革是全面深化改革的基本要求。党的十一届三中全会以来，中国共产党以巨大的政治勇气，锐意推进经济体制、政治体制、文化体制、社会体制、生态文化体制和党的建设体制改革，不断扩大开放，变革之大、影响之广前所未有。行政执法体制涉及经济、政治、文体、社会等各个领域，对维护良好、稳定的经济社会秩序起着至关重要的作用。当下行政执法中存在的多层执法、多头执法、执法扰民、暴力执法等突出问题干扰了正常的公共秩序和市经济秩序，成了发展社会生产力的障碍。面对新形势、新任务，必须在新的历史起点上全面深化改革，改革永无止境。通过深化行政执法体制改革，建立起权责统一、权威高效的行政执法体制，适应社会经济社会发展的需要。因此，深化行政执法体制改革是推进政治体制改革的基本内容，是全面深化改革的必然要求。

第二，深化行政执法体制改革是全面推进依法治国的迫切要求。依法治国是坚持和发展中国特色社会主义的本质要求和重要保障，是实现国家治理体系和治理能力现代化的必然要求。

依法治国必然要求构建科学、合理的行政执法体制。行政执法不仅要以事实为依据，以法律为准绳，而且要执法公正、公平和公开。近些年来，我国行政执法取得了重大进展，但行政执法体制还存在问题，多头执法、重复执法、权责不明、执法寻租等现象还较为突出。这些问题的存在，在一定程度上损害了执法的权威性，造成了恶劣的社会影响。因此，必须深化行政执法体制改革，明晰权责配置，减少执法层次，完善运行机制。

第三，深化行政执法体制改革是保障人民群众合法权益，实现社会公平正义的基本要求。"在所有的行政活动中，行政执法直接面对着人民群众，是对群众权益影响最大的行政行为。"[1]"执法为民"是行政执法的本质所在。在我国，法律是人民通过法定程序制定的，是民意的代表。传统行政法以行政权力为研究和关注的重点，轻视或弱化了行政相对人的作用。"近现代的宪制实践是围绕着个人利益保护进行的。……故个人利益应已成为行政权的终极关怀。"[2]深化行政执法体制改革与行政相对人权益息息相关。因此，严格执法就是将人民的意志落到实处，尊重民意的体现。"把'一切为了人民''一切依靠人民'作为深化改革的指导方针，牢固树立以人为本、执法为民的宗旨意识"[3]，是保障人民群众合法权益的必然要求。

最后，深化行政执法体制改革是适应世界整体治理趋势的需要。"20世纪90年代以来，治理以惊人的速度流行起来，成

---

〔1〕　任其军："深化行政执法体制改革重点问题研究"，载《辽宁行政学院学报》2014年第9期。

〔2〕　胡建淼主编：《公权力研究——立法权·行政权·司法权》，浙江大学出版社2005年版，第250~252页。

〔3〕　袁曙宏："深化行政执法体制改革"，载《行政管理改革》2014年第7期。

了又一个风行的词汇，而且这一过程已持续了 20 年。"[1]当下，人类社会已经进入到一个新的世纪。但是，"既有的政府以及整个治理体系在结构、运行方式和行为模式等各个方面，都不能完全适应迅速变动着的社会治理的需要。所以，一场深刻的治理体系变革将是不可避免的"。[2]由于发达国家在行政执法体制的理论领域和实践经验上都走在世界前列，许多发展中国家都试图从这些成熟的先进经验中找到解决自身问题的路径。因此，"正如 20 世纪末新公共管理和'再造政府'所带来的变革一样，整体性治理是 21 世纪政府改革最鲜明的特征，对它的探索现在可能已准备就绪"。[3]适应治理理论的需要，行政执法体制改革需要借鉴世界治理经验。通过介绍与引进国外行政执法体制创新的经验，进行本土化的改造与借鉴，真正有效地实现西方经验与中国实践的有机结合，找到一条适合中国行政执法体制改革的路径。

四、研究方法

"方法就是新的观点体系的灵魂"[4]，研究方法是开启问题城堡之门的宝贵钥匙，也是解决问题的通幽之径。"从现实中寻找问题，从历史中寻找智慧，从比较中寻找灵感，从经典中寻求启迪，是研究方法选择的指导思想。"[5]本书在具体考察和

---

〔1〕 王诗宗：《治理理论及其中国适用性》，浙江大学出版社 2009 年版，第 12 页。

〔2〕 张康之等：《任务型组织研究》，中国人民大学出版社 2009 年版，第 10 页。

〔3〕 Peter J. Langharne, "Towards Holistic Governance Book Review", *Democratization*, 2004, p.164

〔4〕 〔苏联〕普列汉诺夫：《马克思主义的基本问题》，张仲实译，人民出版社 1957 年版，第 222 页。

〔5〕 黄文平主编：《大部门制改革理论与实践问题研究》，中国人民大学出版社 2014 年版，第 6 页。

深入探讨当代行政执法体制的形成、发展与完善的过程中，将运用规范分析法、文献研究法、比较研究法等研究方法，努力实现各种方法的有机结合。

（一）规范分析与实证分析相结合

大陆法系的基本特点是法律规定、相关规范比较完整，法律规范在社会生活中作用巨大。因此，在分析行政执法体制的过程中，通过搜集、鉴别、整理文献，并通过对文献的研究，分析党中央、国务院出台的规定的性质、意义和价值，进而把握和揭示行政执法体制改革的问题、目标和方向等，明确改革之趋势。行政执法体制是一个实践性的问题，因此，实证研究就成了这一话题的一种非常重要的方法。实证分析，顾名思义，关注的是实然的状态。这种方法需要正面回答事物本身"是什么"的问题，研究行政执法体制本身的规律，进而认识行政执法体制的现状。实地调查和统计分析是常用的手段，案例分析和定量分析也是常见的方法。本书通过对当下推行的行政执法体制改革实践进行分析，梳理相对集中行政处罚权、相对集中行政许可权、相对集中行政强制权等发展情况，进而发现其不足，探究其改进路径，建构具有实践价值的改革方案。

（二）系统分析与比较分析相结合

系统是由若干相互作用、相互依存的部分组合而成的有机整体。行政执法体制本身是一个复杂系统，涉及经济、政治、社会等各个领域，需要全盘考虑、系统谋划。因此，行政执法体制改革既需要立足行政执法的当下，在解决现实问题、突出弊端上见实效，实现改革的阶段性突破，又要着眼于长远，在制度、程序建设上下功夫，建立科学的行政执法长效机制。故而运用系统分析法对执法实践现象进行去伪存真、由表及里、深入浅出的过滤沉淀尤为必要。因此，行政执法体制改革必须放到现代化进程的系统环境中进行。"比较是一切法律分析的核心"〔1〕，既可以在不同法系、不同国家之间进行比较，还可以在同一国家不同时期进行比较。在本书的研究中，笔者既比较了两大法系在行政执法体制建设方面的不同，又比较了我国行政执法体制不同发展时期的不同。在比较的基础上，权衡利弊得失、总结经验教训，以期为我所用。

（三）经济分析与其他交叉方法相结合

改革既注重效益，又需要效率。因此，行政执法体制改革必须追求效益。而经济分析法学派主张运用经济学的理论和方法分析、评论法律制度和法律活动、"其响亮的口号是效益最大化"。〔2〕在深化行政执法体制改革时，不能一味地追求绝对公平，忽视改革的效率与效益。"没有哪一个学科的从事者需要像行政法学者那样不断地重新思考自己的领域。"〔3〕故而，行政执法体制改革的研究是以行政法学方法为基础，综合运用政治学、公共行政学、法哲学等方法，多视角地全面分析行政执法体制改革的理论与关系，形成较为系统、科学的认识。特别是在行政执法体制改革的理论基础部分，综合地运用政治学、公共行政学、行政法学等交叉方法，探求行政执法体制改革之理论。

---

〔1〕 黄文艺："比较法：批判与重构"，载《法制与社会发展》2002年第1期。

〔2〕 谢丹："经济分析法学派述评"，载《江西社会科学》2003年第5期。

〔3〕 J. R. Christopher Edley, "The Governance Crisis, Legal Theory, and Political Ideology", *Duke Law Journal*, Number 3, 1991, p. 561.

五、写作框架与思路

本书通过观察与分析当下中国行政执法体制改革的实践，总结与梳理行政执法体制改革的变化与发展，反思行政执法体制改革的得与失，探索并建构行政执法体制改革的理论体系。本书由导论、正文、结语三部分组成。导论分为：问题的提出、研究现状述评、研究意义、研究方法和写作框架与思路。正文分为以下六章：

第一章"行政执法体制概论"。本章分 4 节。第一节"行政执法体制之界定"，在界定行政执法体制内涵的基础上，揭示了行政执法体制的类型、特征和内涵界定。第二节"行政执法体制之源流"，主要梳理我国行政执法体制之形成、发展情况，分析不同时期之不同特征。第三节"行政执法体制之功能"，主要阐述行政执法体制在行政执法中的地位与功能，进而突出其重要性。第四节"行政执法体制之辨异"，主要辨析行政执法体制与相关概念的区别与联系。

第二章"行政执法体制改革的基础理论"。本章分 5 节。第一节"组织冲突理论"，阐释组织冲突理论的产生背景、基本内容、现实价值等内容。第二节"整体性政府理论"，阐释整体政府理论的产生背景、基本内容、现实价值等内容。第三节"行政效率理论"，阐释行政效率理论的产生背景、基本内容、现实价值等内容。第四节"公共服务理论"，阐释公共服务理论的产生背景、基本内容、现实价值等内容。第五节"部门职权相对集中理论"，阐释组织冲突理论的产生背景、基本内容、现实价值等内容。

第三章"我国行政执法体制改革的实践探索"。本章分 5

节。第一节"相对集中行政处罚权的实践（综合行政执法）"，结合行政实践中开展的相对集中行政处罚权试点活动，分析相对集中行政处罚权的阶段、特点和规律。第二节"相对集中行政许可权的实践"，结合行政许可法的规定，论述相对集中行政许可权的实践开展情况，归纳分析其特点与规律。第三节"行政强制执行体制的改革"，结合行政强制法的规定，分析行政强制实践中相对集中行政强制权实践的开展情况，总结其特点与规律。第四节"不动产统一登记制度的实践"，以近年来不动产统一登记的实践为基础，归纳分析其特点与规律。第五节"行政体制改革的实践"，分析中国推进行政体制改革的历程，阐述在行政体制改革背景下行政执法体制的变化与发展。

第四章"我国行政执法体制改革的基本内容"。本章分3节。第一节"行政执法体制改革的规范梳理"，通过对党中央、国务院出台的相关文件进行规范分析，梳理我国行政执法体制改革的基本特点与规律。第二节"行政执法体制改革的基本内容"，通过系统梳理行政执法存在的问题、改革的目标、改革的突破口等，进行归纳总结。第三节"行政执法体制改革的重点难点"，一方面，主张从行政执法主体入手，整合行政执法主体，避免多头执法，推进综合执法；另一方面，突出执法权限的合理配置，既要在横向上进行权力配置，又要在纵向上进行权力配置。通过横向与纵向的权力配置，形成执法体制的有机统一。

第五章"域外行政执法体制的改革发展"。本章分3节。第一节"大陆法系国家行政执法体制改革"，从法国、德国、日本等国行政执法体制入手，论述大陆法系行政执法体制的改革概况。第二节"英美法系国家行政执法体制改革"，从英国、美国等国行政执法体制入手，论述英美法系国家行政执法体制改革概况。第三节"域外行政执法体制发展的启示"，总结与借鉴域外行政执法体制改革的共性规律，以期为我国的行政执法体制改革提供借鉴。

第六章"我国行政执法体制改革的现实思考"。本章分 4 节。第一节"行政执法体制改革的目标定位"，探讨深化行政执法体制改革的基本目标。科学、合理地定位行政执法体制改革的目标是推进行政执法体制改革的前提与基础。行政执法体制改革的目标应当分为初级目标和中级目标。第二节"行政执法体制改革的基本原则"，阐释当下推进行政执法体制改革必须遵循的基本原则，具体包括遵循执法规律原则、合法性原则、整体性原则、参与性原则、集权与分权相结合原则。第三节"行政执法体制改革的路径分析"，主张行政执法体制改革应当着力顶层设计，坚持大部门制改革与综合行政执法同步推进；突破部门主义，坚持整体集权与内部分权相统一；运用法治思维，坚持行政组织法和行政程序法的前置保障；坚持统筹兼顾，合理配置行政执法权。第四节"行政执法体制改革的实践探讨"，分析现实中的市级开发区、区级街道办事处、县级乡镇政府的行政执法体制改革，有针对性地提出改革路径，以期对当下正在推行的行政执法体制改革有所裨益。

"结语——挑战与机遇"部分提出行政执法体制改革是提高公共服务的品质、增强政府治理能力、推进依法治国的必由之路。行政执法体制改革将处于一个持续不断的过程之中。法律制度的变革，无不是各种社会因素共同作用的结果。因此，我们既要解决行政执法体制的外围关系问题，又要从行政权内部寻求改革的突破点。中国的行政执法体制改革必然是立足于国家治理转型背景，积极回应时代和社会发展的需求，反省行政执法体制的发展变迁，总结当下行政执法体制改革的实践经验，建构起具有中国特色的行政执法体制。

行政执法体制概论

"范畴，是指各门科学的基本概念。"[1] 作为一项重要的行政管理体制，行政执法体制有其内在的规定性。因此，界定其内涵与特征是我们进行研究的必要起点。概念是探究事物的逻辑起点，对行政执法体制的研究也不例外。本章将揭示什么是行政执法体制，阐述行政执法体制之功能。主要基于两个基本考虑：一方面，通过基本内涵之界定，为下文的研究提供背景和靶子；另一方面，剖析行政执法体制之功能及重要性，为下文做总括性铺垫。

第一节 行政执法体制之界定

一、体制、行政执法之考证

从形式逻辑上讲，由于行政执法体制是行政管理体制、行政体制的下属概念，而行政管理体制、行政体制是体制的下属概念。因而，揭示行政执法体制的基本构造必须从"体制"和

---

[1]《辞海》编辑委员会编：《辞海》（缩印本），上海辞书出版社1989年版，第653页。

"行政执法体制"这两个基本概念的内涵入手。

何为体制？体制一词在辞典中有以下几种基本义项：一是国家机关、企业事业单位在机构设置、领导隶属关系和管理权限划分等方面的体系、制度、方法、形式等的总称。如政治体制、经济体制等。二是诗文的体裁、格局。如郑玄《诗谱·周颂》孔颖达疏："然《鲁颂》之文，尤类《小雅》，比之《商颂》，体制又异。"也指绘画等艺术作品的体裁风格。[1]"所谓体制，体者，即结构、系统；制者，规定、法度；体制即是以一定的具有公信力和权威性的制度（在国家现象中，这一制度是以一定的政治思想、法律思想和管理思想的原则为前提的）所规定的组织形态及其关系模式。"[2]"在现代英语中，regime 的注释为：method or system of government or administration，中文可译为'体制、政体和制度'。"[3]

行政执法体制是由行政执法与体制两个词组成的偏正词组。行政执法作为中国现代行政管理的一种重要手段，直接形成于中国的行政实践，而非舶来品。"行政执法是指在行政相关人的参与下，行政主体为了实现行政目的或相对人的意志，在具体事件中以强制方式或非强制方式体现出来的互动行为或作用过程，能够产生直接或间接法律效果的社会现象。"[4]据此，在理解行政执法时，既不能把行政执法简单地等同于宽泛意义上

---

〔1〕 参见《辞海》编辑委员会编：《辞海》，上海辞书出版社 1999 年版，第 624 页。

〔2〕 张国庆："行政管理体制改革及其政治体制改革的异同"，载《中国行政管理》1994 年第 4 期。

〔3〕 颜廷锐等：《中国行政体制改革问题报告》，中国发展出版社 2004 年版，第 6 页。

〔4〕 戢浩飞：《治理视角下行政执法方式变革研究》，中国政法大学出版社 2015 年版，第 24 页。

的行政行为，也不能等同于狭窄意义上的具体行政行为。它不仅包括具体行政行为，而且包括具体行政行为之外的行政合同、行政指导、行政给付等非强制性行为。行政执法是行政主体将静态的法律规范适用于现实的实践，是一种积极主动的行为。

二、行政执法体制之内涵特征

行政执法体制改革兴起了近二十年，关于行政执法体制的内涵，目前主要有两种不同的界定：一种是学术界，以学者为代表的界定。中国社会科学院法学研究所的张庆福教授在其主编的著作中作过界定："行政执法体制是指行政执法机关的机构设置、隶属关系、权限划分、组织管理形式等方面体系和制度的总称。"[1]据此，行政执法体制应当由上述四要素组成，其中，行政执法机构设置是行政执法体制的载体，行政执法权限划分是行政执法体制的核心，行政执法的组织管理形式是行政执法体制运行保障。国家行政学院原副院长袁曙宏教授在其主编的著作中作过界定："行政执法体制是指一个国家或地区的行政机关实施行政管理过程中，通过具体执行法律规范来行使行政权力、调整权利义务、处理社会关系、达到行政目标的基本模式，例如权力集中型、权力分散型，单一主体型、多元主体型，等等。"[2]另一种是实务部门，以国务院法制办公室为代表的界定。国务院法制办公室原主任曹康泰在其主编的著作中作过界定："行政执法体制是行政执法机关的组织结构、职能配置、工作制度、机制、程序等的总称，是行政管理体制的重要组成部

---

〔1〕　张庆福主编：《行政执法中的问题及对策》，中国人民公安大学出版社1996年版，第57页。

〔2〕　袁曙宏主编：《〈全面推进依法行政实施纲要〉读本》，法律出版社2004年版，第170页。

分。"[1]后来国务院法制办公室原主任宋大涵在其主编的教程中作过界定："所谓行政执法体制，是指由行政执法主体结构、法定执法职权和义务、执法程序和运行机制等构成的有机体系及其相关法律制度。"[2] 其中，后面的界定与国务院法制办公室的青锋司长的相关论述完全相同，青锋为该教程的副主编。[3]云南省政府法制办公室原主任祁希元在其主编的教程中认为："行政执法体制是指一个国家或地区的行政机关实施行政管理过程中，通过具体执行法律规范来行使行政权力，调整权利义务、处理社会关系，达到行政目标的基本模式。"[4]这一界定基本上照搬了袁曙宏教授在其主编的读本中的定义，没有创新性。实际上，由于行政执法体制理论研究的滞后，直至今日，关于行政执法体制的界定可谓少矣。

综合上述界定，可以归纳为两种不同的定义方式：一种是侧重于行政体制的内容，我们不妨称之为"内容论"，比如行政执法体制是机构设置、隶属关系、权限划分、组织管理形式等内容的总称。这一界定准确地把握了行政执法体制的中心内容，即行政执法体制区别于其他体制的不同之处。一种是侧重于行政执法体制的模式、方式，我们不妨称之为"模式论"，比如行政执法体制分为权力集中型、权力分散型等外在形式。当认真分析上述观点的时候，我们发现，尽管上述界定对行政执法体

---

〔1〕 曹康泰主编：《政府法制建设三十年的回顾与展望》，中国法制出版社2008年版，第134~135页。

〔2〕 宋大涵主编：《行政执法教程》，中国法制出版社2011年版，第407页。

〔3〕 参见青锋："关于深化行政执法体制改革的几点思考"，载《行政法学研究》2006年第4期；青锋："行政执法体制改革的图景与理论分析"，载《法治论丛（上海政法学院学报）》2007年第1期。

〔4〕 祁希元主编：《行政执法通论》，云南大学出版社2008年版，第44页。

制的描述方式不同，但这只是由观察的视角不同而引起的认识上的差别。实质上，这些观点具有内在的一致性，即都是以行政执法机关在行政管理过程中执法权力的运行为基础的，以行政权力为核心，并结合与此相关的组织机构、运行方式等问题来构建行政执法体制的内涵。当然，上述两种界定都只是从一个方面（要么注重内容，要么关注模式）对行政体制进行研究，缺少从整体视角来进行认识。客观上，外在模式是相对于内容而言的，内容与形式是一对认识论的范围。任何事物都是由形式与内容组成的，既有质的规定性，也有外在的形式性。因此，认识事物既要把握质的规定性，也要识别外在的形式。结合内容与形式，行政执法体制应当是指行政执法机关在行使职权的过程中形成的组织机构、权限划分、运行规则、基本模式的总称。

综上，行政执法体制是一个宏观但又有着具体内容的范畴，它不仅包括行政执法系统的体系和制度，而且涉及行政执法权力配置、权力运行等具体内容。行政执法体制具有以下基本特征：

第一，行政执法体制是一个由主体要素、内容要素、形式要素等组成的综合体，具有广泛性和综合性。从主体上看，行政执法机关是形成行政执法体制的基础，因此，行政执法体制改革在很大程度上是针对行政执法机关的改革。从内容上看，组织机构、权力配置、权力运行等是行政执法体制的内核。从形态上看，行政执法体制具有外在的基本模式，每个国家都只能根据本国的国情来选择适合自己的行政执法模式。因此，行政执法体制是一个广泛的综合体，包括行政执法主体、行政执法权限、行政执法程序、行政执法责任等诸多方面。

第二，行政执法体制具有基础性和全局性，直接决定行政执法的面相。所有的行政执法活动都是在一定的执法体制下开展的。行政执法体制事关行政执法的根本，带有全局性和基础性。没有行政执法体制改革的深入推进，行政执法改革便会成为无源之水、无本之木。

第三，行政执法体制相对稳定，渐进性和创新性并存。行政执法体制作为政治体制的组成部分，在一定时期是相对稳定的。当然，这种稳定是指总体上的稳定，是一种相对的稳定。行政执法体制改革一般需要经历一个渐进发展的过程。因为行政执法体制改革是对原有行政体制的修正，而摆脱传统行政执法体制是一个长期的过程。因此，推进行政执法体制改革应当循序渐进。客观地讲，任何一项改革都需要稳步推进，而不能一蹴而就。当下，中国的经济、社会、文化等发展都处于成长、形成的过程之中，带有转型、过渡的特点。与之相适应，行政执法体制改革必须顶层设计、分步实施、逐步完善，不可能一步到位。

第四，行政执法体制具有社会性，受多种因素的影响与制约。一般而言，一国行政执法体制的形成、改变与完善要受诸多因素的影响与制约，包括政治、经济、文化、传统等等。行政执法体制改革不能脱离现有的社会条件，既不完全依附于经济体制改革，也不完全超然于政治体制改革，具有相对同步性。因此，行政执法体制改革必然受我国特有的社会、文化以及传统等因素的影响与制约。

三、行政执法体制之分类

虽然行政执法体制的基本内容具有一致性，但不同类型的行政执法体制却显示出了较大的差别。深入考察我国行政执法实践中的执法体制，我们可以发现，行政执法体制可以被分为以下几种类型：

（一）分散执法体制、相对集中执法体制与综合执法体制

以行政职权的配置为标准，我们可以将行政执法体制分为三种：当行政执法权的配置比较分散，由多个行政执法机关行使不同的执法权限时，即为分散执法体制，比如"立一部法就成立一支执法队伍"，此种执法属于典型的分散执法体制。当行政执法权的配置相对比较集中，由一个行政机关行使几个行政执法机关的执法权限时，这种模式就是相对集中执法体制。这种体制是目前我国城市管理领域普遍采用的一种模式。当行政执法权的配置非常集中，由一个行政机关以自己的名义来独立行使执法权限时，这种模式就是综合执法体制。"它是在对行政权力进行解构的基础上予以重构而形成的，是一个独立的行政主体所进行的执法。"[1]

（二）单一执法体制与联合执法体制

这一分类的标准是行政执法的主体是单一还是多个。当执法的主体由一个行政机关单独进行时，这种行政执法体制就是单一执法体制；当执法的主体由两个或两个以上行政机关联合进行时，这种执法体制就是联合执法体制。"从历史上看，针对法制不够健全、执法环境较差、执法力量薄弱等问题，联合执法能够集中各部门的力量，在短时间内迅速有效地查处和纠正违法行为，曾经起到非常明显的效果。"[2]"行政联合执法虽然在解

---

〔1〕 石佑启等：《论行政体制改革与行政法治》，北京大学出版社 2009 年版，第 334 页。

〔2〕 吴鹏等："'联合执法'的问题及完善路径"，载《中国行政管理》2006年第 5 期。

决长期以来我国行政执法体制中存在的突出问题暂时性地提供了一种途径，具有一定的合理性及客观实效性，但从长远看，这种短期行为并不能从根本上解决问题。"[1]显然，联合执法体制是在单一执法体制不能满足执法需求时发展出来的一种执法体制，但它具有很大的局限性，不能切实适应行政执法实践的需要。

（三）管理型行政执法体制与治理型行政执法体制

这一分类的标准是行政执法权的表现形式和基本定位。管理型行政执法体制强调强制、控制色彩，认为行政机关是执法的核心，突出行政执法就是行使权力，迫使行政相对人服从管理，忽视社会公众的参与，忽视对行政相对人权益的保障。传统的行政执法体制属于管理型行政执法体制，它把行政机关作为社会治理的唯一主体和全部权力来源，执法机关掌握着所有的资源，其他社会主体都是行政机关支配的对象。"这种治理模式假定只有存在一个绝对的权力中心才能保证社会秩序的有效生成和稳固，才能促进治理效率的提高。"[2]治理型行政执法体制则淡化了权力色彩，强调友好协商，做到信息公开，发挥行政相对人的参与作用，追求社会的良性治理。治理型行政执法体制，"它强调社会力量的重要性，强调政府与社会力量地位的平等，将社会自我管制与政府治理同等看待"。[3]

（四）部门行政执法体制、跨部门行政执法体制与整体行政
　　　执法体制

依据行政执法体制涉及的领域，我们可以将行政执法体制

---

［1］ 韩舸友："我国行政联合执法困境及改进研究"，载《贵州社会科学》2010 年第 8 期。

［2］ 许超：《新中国行政体制沿革》，世界知识出版社 2012 年版，第 297 页。

［3］ 齐萌："从威权管制到合作治理：我国食品安全监管模式之转型"，载《河北法学》2013 年第 3 期。

分为部门行政执法体制、跨部门行政执法体制与整体行政执法体制。部门行政执法体制是指单个行政执法部门内的行政执法模式，如工商行政执法体制、交通行政执法体制、城市管理行政执法体制。跨部门行政执法体制是指两个以上行政执法部门整合行政执法权形成的跨部门执法模式。相较于部门行政执法体制，跨部门行政执法体制跨越了单个部门，是一种执法权的整合。但与整体行政执法体制相比，跨部门行政执法体制又是一种局部性的整合，涉及的部门较少。《中共中央关于全面推进依法治国若干重大问题的决定》明确提出"有条件的领域可以推进跨部门综合执法"，就属于跨部门行政执法体制。整体行政执法体制则是在一级政府中将本来分属于各个行政执法部门的执法权进行统一整合，交由唯一的一个行政机关来行使所形成的模式。整体行政执法体制是行政执法权的一种高度集中，将政府职能部门的执法权统一集中在一个机关。实践中，各地成立的行政审批局即属于整体性行政执法体制。

第二节　行政执法体制之源流

行政执法体制是随着政府行政管理实践的发展而发展的，行政执法体制的发展变化离不开行政法制的整体背景。"任何人想了解法的当下情况，就必须同时考量它的历史演进以及它对于未来的开放性。"[1]行政执法体制的建立与形成在我国是较晚近的事情，在此前漫长的封建社会中，行政执法体制具有固有的阶级性与局限性。因此，本书主要梳理新中国成立之后的行

---

〔1〕　〔德〕卡尔·拉伦茨：《法学方法论》，陈爱娥译，商务印书馆 2003 年版，第 73 页。

政执法体制发展情况。1949 年中华人民共和国成立，国家实行计划经济体制。在这种体制下，"政府和单位如同一个传统家庭的家长，个人的一切他都要过问，都要干预，各级领导机关'管了很多不该管、管不好、管不了的事'，政府无所不能、无所不管，结果导致整个社会失去活力，经济停滞，政府失灵"。[1]因此，行政执法的管理色彩浓厚。故而论及行政执法体制的发展情况，大致可以从 1978 年以后分为以下几个基本阶段：

第一阶段，从 1978 年至 1996 年，分散式行政执法体制基本形成。这一时期，行政执法体制主要具有两个基本特点：一是在组织设置上形成了以政府部门为基础的多行政主体局面；二是在职能配置上形成了以条块分割为基础的部门执法局面。以1978 年中共十一届三中全会为标志，我国开启了民主法治的新征程。十一届三中全会之后，党中央提出了健全社会主义民主、加强社会主义法制的目标，并确立了"有法可依、有法必依、执法必严、违法必究"的十六字方针。1979 年，第五届全国人民代表大会常务委员会第十二次会议通过了《关于建国以来制定的法律、法令效力问题的决议》，确认了相关法律、法令继续有效，原则上维持了原有法律的延续性。1979 年 7 月 1 日，第五届全国人民代表大会第二次会议一次性通过 7 部重要法律。同年，全国人民代表大会常务委员会还制定了《逮捕拘留条例》《森林法（试行）》《环境保护法（试行）》等法律。国务院发布了《关于保护森林制止乱砍滥伐的布告》《水产资源繁殖保护条例》等行政法规。1980 年，国务院印发了《关于改革海关管理体制的决定》。1982 年《宪法》颁布，直接推动了政治体制

---

〔1〕 姜明安主编：《行政执法研究》，北京大学出版社 2004 年版，第 11 页。

（行政执法体制）的改革。[1]1983 年，国务院制定了《城乡集市贸易管理办法》《城市私有房屋管理条例》《金银管理条例》《植物检疫条例》《防止船舶污染海域管理条例》等行政法规。1984 年，全国人民代表大会常务委员会制定了《专利法》《水污染防治法》《药品管理法》《森林法》等法律。同年，国务院制定了《进口货物许可制度暂行条例》《进出口商品检验条例》《民用爆炸物品管理条例》等行政法规。1985 年，全国人民代表大会常务委员会制定了《草原法》《中国公民出境入境管理法》等法律。同年，国务院制定了《保险企业管理暂行条例》《海洋倾废管理条例》《旅行社管理暂行条例》等行政法规。1986 年，全国人民代表大会常务委员会制定了《渔业法》《矿产资源法》《土地管理法》《邮政法》等法律。同年，国务院制定了《银行管理暂行条例》《高等教育管理职暂行规定》《民用机场管理暂行规定》等行政法规。1987 年，全国人民代表大会常务委员会制定了《海关法》《大气污染防治法》等法律。同年，国务院制定了《投机倒把行政处罚暂行条例》《价格管理条例》《广告管理条例》等行政法规。1988 年，全国人民代表大会常务委员制定了《水法》《野生动物保护法》等法律。同年，国务院制定了《重要生产资料和交通运输价格管理暂行条例》《扫除文盲工作条例》等行政法规。1989 年，全国人民代表大会常务委员会制定了《环境保护法》《传染病防治法》等法律。同年，国务院制定了《种子管理条例》《化妆品卫生监督条例》等行政法规。"1979 年至 1989 年上半年，全国人大及其常委会制定法律 83 部，通过 64 个修改、补充法律的决定和 147 件具有

---

[1] 1982 年《宪法》是一部旨在全面推进改革的宪法。参见刘松山："1982年宪法的精神、作用与局限"，载《华东政法大学学报》2012 年第 6 期。

法律效力的决定，超过了前 30 年的总和。80% 的现行法律是
1979 年以来制定的。现行法律中，行政法律又占了 75% 左右。
在这期间，国务院制定了 500 多个行政法规；省、自治区、直
辖市人大及它们的常委会制定了 1400 个地方性法规，其中 85%
左右是关于本行政区域内行政管理的法规；国务院各部、委和
省、自治区、直辖市以及省、自治区人民政府所在地的市和经
国务院批准的较大的市的人民政府共制定了 1 万多个规章。"〔1〕
在此背景下，逐步形成了"立一部法，建一支队伍"的分散式
行政执法体制。1996 年《行政处罚法》的颁布，标志着国家开
始在法律层面改进分散式的行政执法体制。

在这一阶段，行政执法领域出现了两个常态化的执法现象，
即联合执法与运动式执法。联合执法是各地为了解决单个政府
部门执法力度不足而采用的一种简单实用的方法。早在 1987
年，北京市就从公安、工商等行政执法机关抽调人员组建了
"北京市人民政府联合执法检查队"，开展定期或不定期的联合
行动来查处违法行为。联合执法机构成立后，"往往出现在大检
查、大整顿或处理跨部门、跨辖区的纠纷等临时性、突击性行
政活动中，任务一旦完成就解散或撤销，可谓'呼之即来，挥
之即去'，其建立、解散和撤销往往只凭借某些地方'红头文
件'的规定或某些领导的指示，随意性相当大"。〔2〕因此，从
理论上讲，联合执法机构只是一个临时性的形式性组织，不具
备行政执法主体资格，当发现违法行为时，仍然需要相关职能
部门分别进行处理。运动式执法是指行政主体在一定时期内集

---

〔1〕 王连昌、吴中林主编：《行政执法概论》，中国人民公安大学出版社 1992
年版，第 20 页。
〔2〕 杨春科："关于联合执法的思考"，载《行政法学研究》1996 年第 3 期。

中力量对行政管理领域的违法现象进行专项整治的执法方式。基于我国固有的运动式执法思维方式，在行政执法实践中经常出现集中检查、专项整治、专项执法等运动式执法。毫无疑问，运动式执法能够在短期内收到肃整社会流弊、震慑违法犯罪的功效。"事实上，运动式执法把严格依法办事当成了一种在特定时期的执法示范，这种示范本身就意味着平时不依法办事（或不严格依法办事）就成为正常。"[1]因此，在法治建设日益深入的今天，我国的行政执法应当从运动式执法向制度性执法转变。"制度性执法不是临时性的应急措施，而更关注日常管理，它往往有一套完整的程序，如先调查取证，后实施处罚、听证程序等，以保证法律公正实施。"[2]

第二阶段，从1997年至2008年，两种行政执法体制并存，以分散式行政执法体制为基础，国家大力推进相对集中行政执法体制改革。在这一时期，国家开始探索打破传统的分散执法，力图在执法主体与职能配置方面相对集中，首先在行政处罚领域展开。1997年的综合执法（相对集中行政处罚权）试点标志着相对集中行政执法体制的开始。根据《行政处罚法》的规定，国务院在北京、广州、南宁开展相对集中行政处罚权试点工作，分散在各个政府部门的行政处罚权由一个独立的执法机构行使，实现了行政执法体制由分散向相对集中的转变。2002年8月，国务院印发了《关于进一步推进相对集中行政处罚权工作的决定》，要求总结经验，进一步做好相对集中行政处罚权工作，不断完善开展相对集中行政处罚权工作的配套制度。2004年3月，

---

〔1〕 谢晖："向'运动式执法'说不"，载张士宝主编：《法学家茶座：精华本1》，山东人民出版社2008年版，第12页。

〔2〕 罗许生："从运动式执法到制度性执法"，载《重庆社会科学》2005年第7期。

《全面推进依法行政实施纲要》明确提出继续开展相对集中行政处罚权工作，积极探索相对集中行政许可权，推进综合执法试点。自 2004 年 7 月《行政许可法》实施以来，全国建立了 2100多个综合性行政服务中心，集中办理行政许可事项，相对集中行政许可权。这一阶段行政执法体制的典型特征是相对集中行使行政执法权的出现与发展。相对集中行政执法体制是从相对集中行使行政处罚权开始，再到相对集中行使行政许可权，迄今为止已经有十多年的时间。"我国集中行政处罚权和许可权的实践证明了行政权的相对集中行使是我国以后行政法治的一个发展方向。"[1]行政执法权的相对集中适用于由横向分工过细造成的多头执法、权力交叉等弊端。"对原行政机关而言，是一种权力的转移；对集中权力的行政机关而言，是一种权力与责任的获取。"[2]

第三阶段，从 2008 年至今，行政执法体制深入发展，呈现出多元化的发展态势，即分散行政执法体制、相对集中行政执法体制和全面集中行政执法体制同时存在，在相对集中行政执法体制的基础上探索完善全面集中行政执法体制。2008 年 12月，成都市武侯区行政审批局正式挂牌运行。作为全国首家行政审批局，武侯区行政审批局成立后便将区内职能部门的主要行政审批权进行划转，各职能部门只承担日常监督、管理职能，由行政审批局对审批行为承担法律责任，实现"审管分离"。自行政审批局成立之时起，武侯区便将 22 个区级职能部门所承担的共 79 项行政审批事项划转到区行政审批局统一办理。随后，

〔1〕 康良辉：《相对集中行使行政权制度研究》，中国政法大学出版社 2014 年版，第 57 页。
〔2〕 康良辉：《相对集中行使行政权制度研究》，中国政法大学出版社 2014 年版，第 194 页。

成都市武侯区积极探索，创造出了全国的"十个率先"：即率先引入五星级酒店管理理念；率先出台政务服务员工手册；率先获得 ISO9001：2008 质量管理体系认证；率先举办政务服务体验周；率先实施行政服务标准化试点；率先成立行政审批局；率先开发运行网上 3D 实景政务大厅，推出线上至线下 OTO 全程帮办服务；率先引入第三方机构开展服务质量公众满意度指数综合测评；率先推出 B2G、R2G 政企政民应用系统，实现线上线下全时段协同无障碍互联、互通、互动；率先进行相对集中行政许可权试点。[1]运行至今，武侯区行政审批局与武侯区政务服务中心实行"一个机构两块牌子"的运行模式。主要职责是负责规范全区行政审批工作，负责区本级企业投资、经贸商务、环保城管、建设交通、文教卫生、社会事务、涉农事务等方面的行政许可事项审批和相关行政服务事项的办理，并承担相应的法律责任。2015 年 3 月，中央机构编制委员会、国务院法制办公室发出《关于印发〈相对集中行政许可权试点工作方案〉的通知》，正式要求在天津市所有区县和河北、山西、江苏、浙江、广东、四川、贵州等 8 个省、市开展相对集中行政许可权试点。在此背景下，全国各地（如河北省承德市高新区、沧州市中捷产业园区，江苏省南通市海门、盐城市，青海省西宁市，广西壮族自治区柳州市，宁夏回族自治区银川市，湖北省襄阳市，辽宁省沈阳市等）陆续开展行政审批权集中改革，成立行政审批局。在此背景下，行政审批局样式的改革已经由武侯区的"一枝独秀"发展至全国的"多地开花"，全面集中行政执法体制日益成为国家层面推进行政许可权集中政策试点

---

〔1〕参见田园："十年磨剑'破冰'前行——行政审批制度改革的'武侯实践'"，载《成都日报》2016 年 1 月 26 日。

的主流模式。这种全面集中的执法体制具有鲜明的特点，"该种模式并没有停留在行政审批权空间集中的思路上，而是采取审批职权内在集中的新思路，把原来多个部门所承担的行政审批职能全部划转到一个机关，成立一个行政审批局集中行使审批权"。[1]"通过成立行政审批局，并将既有政府工作部门的行政审批职权划转给行政审批局，建立'一个公章管审批'的工作机制，实现从'局部程序集中'发展到'全面权责集中'。"[2]

第三节　行政执法体制之功能

一、保障行政执法目的实现

徒法不足以自行，行政执法活动"不仅是人类理智的需要，而且是人类群体生活的一种本能需要；不但是作为群体的人的需要，而且是人类群体中任何一位具有支配能力和支配欲望的个体的需要"[3]。因此，行政执法行为事关人的发展与权利保护。"权利是执法的核心。"[4]"私权利的实现过程十分复杂，其中有许多权利的实现过程实际上就是行政的过程。"[5]行政执法作为行政权的行使方式，具有积极的正效应。[6]通过行政执

〔1〕　喻少如："负面清单管理模式与行政审批制度改革"，载《哈尔滨工业大学学报（社会科学版）》2016 年第 2 期。
〔2〕　贾义猛："优势与限度：'行政审批局'改革模式论析"，载《新视野》2015 年第 5 期。
〔3〕　谢晖：《法学范畴的矛盾辨思》，山东人民出版社 1999 年版，第 279 页。
〔4〕　姜明安主编：《行政执法研究》，北京大学出版社 2004 年版，第 22 页。
〔5〕　孙笑侠：《法律对行政的控制——现代行政法的法理解释》，山东人民出版社 1999 年版，第 62 页。
〔6〕　参见胡建淼主编：《公权力研究——立法权·行政权·司法权》，浙江大学出版社 2005 年版，第 288~289 页。

法，可以维护社会秩序、保障个人权益、提供优质服务等。行政执法活动的顺利开展离不开行政执法体制的保障。行政执法体制是行政执法活动的重要基础，贯穿于行政执法的全过程。任何行政执法行为都必须在一定的体制之下，通过一定的方式才能完成。因此，行政执法体制事关行政功能之实现、行政执法目标之保障。科学的行政执法体制可以有效地促进行政执法目的之实现，落后的行政执法体制则对行政执法起阻碍作用。"要提高行政执法整体的质量和水平，关键在于建立符合《纲要》要求的行政执法体制……行政执法的状况和好坏，相当程度上取决于行政执法体制。"〔1〕近些年来出现的行政执法效率低下、执法越位、缺位等现象在很大程度上是由行政执法体制不科学、不合理造成的。因此，科学合理的行政执法体制对于提高行政执法质量和水平具有决定性的意义。特别是在当下的转型时期，中国正处于一个走向权利的时代，一个权利观念高涨、权利主张不断张扬的时代。这些权利主张与诉求对行政执法水平提出了严峻的挑战，迫切需要改革行政执法体制，实现执法与权利的统一。

二、促进市场经济健康发展

当前，我国社会主义市场经济体制已经初步形成，正在深入发展。中国特色社会主义法律体系已经初步形成、市场经济体制日趋完善，但是如何处理好"行政执法与市场经济"的关系依然是当下不容忽视的重要问题。市场经济的健康发展是社会发展的经济基础，行政执法体制改革是以经济职能的正确履

---

〔1〕　宋大涵主编：《行政执法教程》，中国法制出版社 2011 年版，第 408~409 页。

行为基础和前提的。建设社会主义市场经济，在市场经济条件下推进行政执法体制改革是历史的必然。世界经济的实践充分证明，比较成熟的市场经济必然要求并具备比较完备的法制。"社会主义市场经济法律体系形成后，私权与公权的法律博弈并未止步，市场经济法治正呼唤着新一轮的理念和制度创新。"[1]在发展市场经济的过程中，必然需要充分发挥政府（行政执法）这只"看得见的手"的作用，积极介入市场经济生活，合理配置行政执法资源。因此，我国市场经济发展至今，市场秩序的维持、竞争的有序开展在客观上都要求通过行政执法来保障和兑现。"在市场经济条件下，市场主体享有法治保障的经济自由，拥有自己独立的经济权力、利益和责任，且市场运行的过程就是竞争过程，这就促使市场主体不断进行创新以在竞争中取胜。"[2]因此，我们应当通过行政执法体制改革合理划分行政执法的职责权限，从而促进行政机关在市场机制运行和竞争秩序的维护中发挥应有的作用。"通过微观规制和宏观调控，国家以公私相交融的思维将经济法治践行至实处，维护市场竞争、保障经济运行平稳，实现国民经济健康发展。"[3]"因此，要持续加强政府对市场秩序、市场主体、市场行为和市场交易等的监管职能，否则就无法保障公平竞争的市场秩序。要完善社会主义市场经济体制，必须切实加强政府的市场监管，维护公平

---

〔1〕 席月民："中国市场经济法治创新的着力点与挑战"，载席月民主编：《法律与经济》（2013年第1卷），中国社会科学出版社2013年版，第3页。
〔2〕 金善明："经济法治：政府与市场的规范逻辑"，载席月民主编：《法律与经济》（2013年第1卷），中国社会科学出版社2013年版，第24页。
〔3〕 金善明："经济法治：政府与市场的规范逻辑"，载席月民主编：《法律与经济》（2013年第1卷），中国社会科学出版社2013年版，第33页。

竞争的市场秩序的职能。"〔1〕

三、推进法治中国全面深入

依法治国是党领导人民治理国家的基本方略，全面推进法治中国是一项伟大实践。"从法治国家到法治中国并非简单的概念转换，这是一种法治认识上的飞跃，也提出了更高的法治实践要求。"〔2〕"依法治国的关键是依法行政，或者说，依法治国能否取得成效，主要取决于依法行政。"〔3〕"依法行政要求行政执法体制的法治化、文明化。"〔4〕因此，行政执法体制改革在社会主义法制建设中具有十分重要的地位和作用。行政执法体制改革事关依法治国的大局，直接影响和制约法治国家目标的实现。如果各级行政执法机关不能严格依法行政，不善于将不适应形势发展的行政执法体制通过创新变革加以改进，不善于合理设计行政执法体制，不重视行政执法体制的法治化，全面推进依法治国就会遭遇瓶颈。"因此，如何具体深化行政执法体制改革，还有许多迫切需要研究的问题。《决定》就这一问题指明了一个大致的方向，那就是要合理配置执法力量、深入推进综合执法、严格执法准入、加强执法协调。"〔5〕建设法治中国，从强调规则体系和法律体系向强制体制机制转型升级。"在依法治

---

〔1〕　朱光磊：《地方政府职能转变问题研究——基于杭州市的实践》，南开大学出版社 2012 年版，第 146 页。

〔2〕　肖金明："全面推进依法治国理论与实践创新"，载《山东社会科学》2015 年第 1 期。

〔3〕　应松年："依法治国的关键是依法行政"，载《法学》1996 年第 11 期。

〔4〕　农优勇："依法行政与我国现行行政执法体制"，载《桂海论丛》2004 年第 4 期。

〔5〕　应松年："论全面推进依法治国的若干重点问题"，载《人民论坛·学术前沿》2014 年第 22 期。

国阶段，注重从执法行为的规范。而在法治中国建设阶段，强调对执法权进行全方位、一体化、系统化的规范，强调无论履行哪一项权能，从行为到结果、从内容到形式、从决策到执行都必须符合法律规定，让权力在法律和制度的框架内运行。"[1]

第四节　行政执法体制之辨异

由于认识的需要，不同的概念需要进行区分。本着严谨的态度，下面几组概念应当在使用中正确加以区分。

一、行政执法体制与行政执法机制

国务院于 2010 年在《关于加强法治政府建设的意见》（国发［2010］33 号）中首次将"行政执法体制和机制"并列提出。"机制"一词已经成为人们广泛使用的一个术语，特别是在行政管理实践中，其使用的频率越来越高。据考证，机制一词是英语"mechanism"的意译，原指机械装置或机体的结构和共同作用。在汉语中，机制的释义也很丰富。"原指机器的构造和动作原理，生物学和医学在研究一种生物的功能（例如光合作用或肌肉收缩）时，常借指其内在工作方式，包括有关生物结构组成部分的相互关系，及其间发生的各种变化过程的物理、化学性质和相互关系。阐明一种生物功能的机制，意味着对它的认识已从现象的描述进到本质的说明。"[2]随着机制概念在各个学科领域中被广泛使用，机制主要用来泛指事物之间较为稳

---

〔1〕　江必新：《法治中国的制度逻辑与理性构建》，中国法制出版社 2014 年版，绪论第 3 页。

〔2〕　《辞海》编辑委员会编：《辞海》，上海辞书出版社 1999 年版，第 3372 页。

定的相互联系和相互作用。"机制的内在逻辑关系是：机制构成主体之间的相互联系可看做是机制的静态关系结构；各主体之间的相互作用可看做是机制的动态表现形式；这种相互联系和相互作用具有稳定性和规律性，并将会产生相应的功能作用；机制的功能作用一般情况下应大于或优于不同主体（或各个部分）功能作用的简单相加之和（即1+1 > 2）。"[1] 行政执法机制是指行政执法主体之间相互联系和作用的程序、规则和方式等一系列制度性安排的总和。

行政执法体制与行政执法机制的区别较为明显，这从体制与机制的释义中即可得出。体制和机制的侧重点是不一样的，"机制"突出有机体，重在强调事物内部各部分的机理即相互关系，"体制"则指有关组织形式的制度，比如上下之间有层级关系的国家机关、企事业单位。因此，体制侧重于表述"制度系统"，机制则一般指较微观的制度，并且是可以被"设计"出来的，故有"机制设计"之说。[2]

行政执法体制与行政执法机制具有密切的联系。一方面，行政执法体制决定着行政执法机制，行政执法体制包含着行政执法运行机制。在这个意义上，行政执法体制是行政执法机制发挥作用的前提条件。比如，行政执法体制要求执法信息、财政保障等相关机制充分发挥作用，而执法信息化机制、执法保障机制只有在理顺行政执法体制下才能充分发挥作用。另一方面，一定的行政执法体制只有依赖与之相适应的行政执法运行机制才能实现。体制改革与机制调整并重应当是推进行政执法

---

〔1〕　罗依平：《政府决策机制优化研究——基于1978年以来我国改革开放的视域》，湖南人民出版社2007年版，第44页。

〔2〕　参见孔伟艳："制度、体制、机制辨析"，载《重庆社会科学》2010年第2期。

体制改革的基本策略。因此，"重体制改革，轻机制调整"的倾向不利于有效推进行政执法体制的重构。在行政执法实践中，既要重视执法体制改革，又要合理调整执法机制，从而达到两者之间的协调一致。

二、行政执法体制、行政管理体制与行政体制

"所谓行政体制，是相对立法体制、司法体制而言，指管理国家行政事务的政府机关的设置、职权的划分与运行等各种制度的总称，它是上层建筑的范畴，是国家政治体制不可分割的重要组成部分。"[1]

一般认为，行政管理体制是政府的机构设置、职能配置、与职能相应的事务管理制度及权力运行机制的总称。[2]"从广义政府的意义上说，行政管理体制涉及与国家公共行政管理相关联的诸方面的法权主体及其相互关系，并以这些法权主体相互关系的改变或调整为体制改革的核心内容……从狭义政府的意义上说，狭义行政管理体制改革特指以狭义政府为中心的行政系统的改革。从某种意义上说，狭义行政管理体制改革等同于狭义政府管理体制改革。在这一体制中，政府是主要的抑或是唯一的权力、行为和责任主体；相应地，这一体制改革的主要范畴大多只限于政府自身体制的转变，而不以外部制控条件的同步改变为前提，或者说，仅以外部制控条件的改变为自身改革的必要条件。"[3]

---

〔1〕 黄达强、刘怡昌：《行政学》，中国人民大学出版社 1988 年版，第 70 页。

〔2〕 参见鄢圣华：《中国政府体制》，天津社会科学院出版社 2002 年版，第 5 页。

〔3〕 张国庆："行政管理体制改革及其与政治体制改革的异同"，载《中国行政管理》1994 年第 4 期。

　　在这三者关系中，行政体制是一个上位概念。一般而论，行政体制改革涉及国家宪制的某些深层次的矛盾与问题，甚至关系到国家整个宪制制度的架构。因此，行政体制改革的实质问题是国家政治权力的归属问题，其主要的外在表现形式则是民主与法制、行政、立法与司法以及社会公平等问题。大规模的行政体制改革难度较高，如果处理不当，有可能导致社会动荡，甚至可能诱发政治危机。从整体上看，"行政体制具有的性质和特征，行政管理体制、行政执法体制都应当具有，但是，其下位概念的内涵更深，因而，下位概念往往具有更多的自身的内容和特点"。[1]"行政执法体制是行政体制的核心内容……深化行政执法体制改革是行政体制改革的着力点。"[2]行政执法是全方位、多层次的系统工程，涉及社会生活的方方面面，也涉及政府的各个部门与层次，要进行行政执法体制改革，必然涉及行政体制与机制的改革。因此，行政执法体制改革本身是寓于职能转变和行政体制改革的进程之中的。

　　行政管理体制属于行政体制的一种，它是行政体制的下位概念。行政执法体制又属于行政管理体制的一种，它是行政管理体制的下位概念。行政执法体制与行政管理体制关系密切。一方面，行政管理体制处于核心地位，影响并制约行政执法体制。"行政执法体制以行政管理体制为本体，并受到行政管理体制制约和规定，不可能单独存在。"[3]"作为整个行政体制的一部分，行政执法体制的改革与创新，从根本上说依赖于行政体

---

　　〔1〕　青锋："行政执法体制改革的图景与理论分析"，载《法治论丛（上海政法学院学报）》2007 年第 1 期。

　　〔2〕　胡建淼："着力深化行政执法体制改革"，载《法制资讯》2013 年第 11 期。

　　〔3〕　周继东："深化行政执法体制改革的几点思考"，载《行政法学研究》2014 年第 1 期。

制的改革与创新。"〔1〕当然，从现实政治与行政运作的角度加以分析，行政体制改革、行政管理体制改革与行政执法体制改革在一定的发展阶段或发展时期以及某些范畴或问题上，确实可以相对独立地进行。现行行政执法体制正是在行政管理体制改革不断深化的过程中形成的。另一方面，行政执法体制是行政管理体制的重要内容。深化行政执法体制改革是行政管理体制改革的重要内容和突破口，"行政管理体制改革的重心在于改革行政执法体制"〔2〕。

三、行政执法体制与行政执法方式

"行政执法方式即为各种行政行为（执法行为）的表现形式。"〔3〕行政执法体制是内容要素、形式要素等的综合体。因此，行政执法体制是行政执法方式的决定性因素，行政执法体制决定行政执法方式。从一定意义上讲，行政执法中存在的问题（当然包括行政执法方式）都根源于行政执法体制。因此，行政执法方式不能脱离行政执法体制，行政执法方式是行政执法体制运行的外在形式。行政执法体制具有基础性和全局性。当然，行政执法方式的变革随着实践的深入，也将最终引起行政执法体制质的飞跃。从这个角度讲，方式与体制也是相互影响的。故而，在深化行政执法体制改革中也应当注重行政执法方式的变革，以方式变革促进体制革新，充分发挥两者的合力。

---

〔1〕 汪永清："对改革现行行政执法体制的几点思考"，载《中国法学》2000年第1期。

〔2〕 青锋："行政执法体制改革的图景与理论分析"，载《法治论丛（上海政法学院学报）》2007年第1期。

〔3〕 戢浩飞：《治理视角下行政执法方式变革研究》，中国政法大学出版社2015年版，第30页。

行政执法体制改革的基础理论

正如丹尼尔·贝尔所指出的："一个领域的发展日益有赖于理论工作的优先发展，它汇集整理出已知的内容，同时为经验验证指出了方向，实际上，理论知识正日益发展成为一个社会的战略源泉，即中轴原理。"[1]任何一项制度架构都需要理论的支撑，任何改革都需要理论的指导。"没有理论的实践，是盲动的；没有实践的理论，是空洞的。"[2]理论来源于实践，又被用来指导实践。世界各国在推行行政执法体制改革时都遵循一定的理论预设，没有理论的指导就没有当下的行政执法体制改革。当下的行政执法体制改革主要受组织冲突理论、整体性政府理论、行政效率理论、公共服务理论、部门职权相对集中等理论的影响。在此，我们将主要介绍以上几种基本理论。

---

〔1〕　〔美〕丹尼尔·贝尔：《后工业社会的来临：对社会预测的一项探索》，高锋译，商务印书馆 1984 年版，第 33~34 页。

〔2〕　颜廷锐等：《中国行政体制改革问题报告》，中国发展出版社 2004 年版，第 27 页。

第一节　组织冲突理论

　　人们为了实现自己的目的与意图，总是需要借助于一定的组织形式。因此，组织为人类解决各种问题提供了便捷的途径，是人们实现目的的集体性工具。"社会已经成为一个组织的社会。在这个社会里，不是全部也是大多数社会任务是在一个组织里和由一个组织来完成的。"[1]组织是人类社会的标志，人类社会的发展与组织共存。"在某种意义上，组织作为一个社会现象不应当看做是社会的一部分，而是应当被看做是社会的整体，'社会'这个词在很大程度上可以被理解成是一种把所有人都组织起来的状态。没有组织，或者不从组织的视角出发，我们就根本无法把握社会。"[2]有组织就有冲突存在，冲突问题是任何组织都无法回避的。冲突是人类社会的一种普遍现象，没有冲突的组织是不存在的。"组织的一些特征可能会导致冲突或者避免冲突发生……组织中冲突产生的其他可能来源包括权责不明、沟通障碍、员工之间独立性的差异程度、意见一致的程度及以前没有解决的冲突等。"[3]冲突理论作为发达国家组织行为学的一项重要理论，可被追溯到古典管理理论，到19世纪末20世纪初，西方社会对冲突理论的研究已成为一股社会思潮，在政治、经济、社会等领域产生了重要的影响。特别是20世纪60年代，

---

　　[1]　[美]彼得·德鲁克：《后资本主义社会》，张星岩译，上海译文出版社1998年版，第52页。

　　[2]　张康之："论组织规则的冲突及其解决"，载《河南社会科学》2010年第1期。

　　[3]　[美] O.吉弗·哈里斯等：《组织行为学》，李丽译，经济管理出版社2010年版，第390~391页。

组织冲突理论在西方社会学界盛极一时，影响很大。本节将从理论层面对行政组织冲突理论进行梳理，从其发展变迁、基本内容、现实价值等方面进行诠释。

"冲突概念是社会学、心理学等许多学科中的重要概念，不同学科对于冲突的定义各不相同。组织行为学主要研究广泛存在于组织各项活动中的冲突，这些冲突作为组织活动的基本内容和基本形式之一，影响和制约着组织和组织成员的行为倾向和行为方式。"[1]冲突、组织冲突的定义是一个见仁见智的问题。比如，"冲突是互相独立的两方面在达成各自不相容的目标时的相互作用。冲突是一种动态的相互作用的过程"。[2]"冲突是两方之间公开与直接的互动，在冲突中每一方的行动都是意在禁止对方达到目标。"[3]"冲突是可感知的在两个或多个价值观、目标或需要之间的不相容性。"[4]因此，冲突是行为主体之间存在的对立状态或行为过程。组织冲突理论的发展经历了传统理论时期和行为主义理论时期、互动主义理论时期。传统组织理论的相关学者（比如法约尔、泰勒、韦伯等），开始关注组织冲突问题，并普遍认为冲突总会产生负面的消极影响，对组织效率的提高具有阻碍作用，因此需要把组织中的冲突控制在最小化的状态。"冲突被认为是破坏性的、不自然的，是一种偏

〔1〕　杨忠等：《组织行为学：中国文化视角》，南京大学出版社 2013 年版，第332 页。

〔2〕　［美］唐纳德·怀特等：《组织行为学》，景光译，中国财政经济出版社1989 年版，第 241 页。

〔3〕　［美］乔纳森·H. 特纳：《社会学理论的结构》，邱泽奇等译，浙江人民出版社 1987 年版，第 212 页。

〔4〕　［美］理查德·L. 达夫特、雷蒙德·A. 诺伊：《组织行为学》，杨宇等译，机械工业出版社 2004 年版，第 324 页。

离目标的行为，因而应该得到控制和改变。"[1]"天长日久，这些冲突会阻碍人们建立良性互助互信的关系。"[2]到了 20 世纪 40 年代至 70 年代，人们对冲突的认识发生了变化，开始认为冲突是与生俱来的，应当积极接纳冲突，使其存在合理化。因此，冲突是正常现象，不可避免，应当正常接受。20 世纪 70 年代以后，学者提出了冲突互动的观点，认为适当的冲突有利于个体、群体和组织的健康发展，没有冲突反而会降低活力。[3]"不是所有的冲突都是有害的。事实上，有些种类的冲突会激发出新的解决问题的方法，有助于提高组织的创造力。在这些情况下，管理者想要激励冲突。"[4]因此，冲突可能是进步、内外部变化的代名词。综上，冲突理论经历了一个由片面认识到逐步完善的过程，我们对冲突的认识也更加全面、客观。如表 2-1 所示，冲突的影响既可以是积极的，也可以是消极的。

表 2-1　冲突的影响

积极影响	消极影响
产生新的构想	耗费工作精力
提高创造力	威胁心理健康
激发改变	浪费资源

---

〔1〕 ［英］劳里·J. 穆林：《管理与组织行为》，李丽等译，经济管理出版社 2011 年版，第 913 页。

〔2〕 ［美］黑尔里格尔·斯洛克姆·伍德曼：《组织行为学》（上），岳进等译，中国社会科学出版社 2001 年版，第 567 页。

〔3〕 参见徐世勇主编：《组织行为学》，中国人民大学出版社 2012 年版，第 160 页。

〔4〕 ［美］詹姆斯·坎贝尔·奎克：《组织行为学：现实与挑战》，刘新智等译，清华大学出版社 2013 年版，第 423 页。

续表

积极影响	消极影响
促进组织活力	制造消极风气
帮助个体和团体确立认同感	瓦解组织团结力
作为暴露问题的安全阀	增强敌意和攻击性行为

资料来源：［美］詹姆斯·坎贝尔·奎克：《组织行为学：现实与挑战》，刘新智等译，清华大学出版社 2013 年版，第 424 页。

"尽管冲突理论的内部观点不一致，但都有着共同的理论取向和观点。它的理论取向包括三个核心的、相互联系的假定。第一个假定是利益，即人都追求各自的利益。第二个假定是权力。冲突是为获得权力而产生的。冲突理论家之所以对资源分配极为关注，是因为资源会赋予人们或多或少的权力，从而使他们能获取自己的利益。第三个假定是文化，其实质是共同价值观。"[1]

冲突是一种过程，具有阶段性。"这种过程肇始于一方感觉到另一方对自己关心的事情产生消极影响或将要产生消极影响"，[2]大多数冲突的发生都是阶段性的，正如图 2-1 所示。

---

〔1〕　余凯成主编：《组织行为学》，大连理工大学出版社 2006 年版，第 255 页。

〔2〕　［美］斯蒂芬·P. 罗宾斯：《组织行为学》，孙健敏等译，中国人民大学出版社 1997 年版，第 386 页。

```
              ┌─────────────────────┐
              │      先前的冲突       │
              │   为以后冲突的发生    │
              │      设置了条件       │
              └─────────────────────┘

┌─────────────────────┐        ┌─────────────────────┐
│     被察觉的冲突      │        │      发生的冲突       │
│  察觉到实质性的或者情  │        │  紧张状态会激发人们   │
│      绪性的分歧       │        │      采取行动         │
└─────────────────────┘        └─────────────────────┘

              ┌─────────────────────┐
              │     展示出来的冲突    │
              │  冲突的解决或者抑制就会发生 │
              │  冲突的结果可能是积极的 │
              │      也可能是消极的    │
              └─────────────────────┘
```

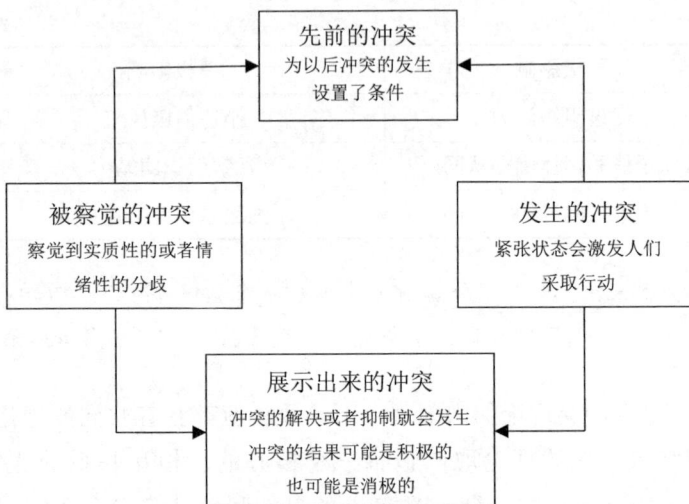

图 2-1　冲突的阶段

资料来源：［美］谢默霍恩·J. R. 等：《组织行为学》，刘丽娟译，清华大学出版社 2005 年版，第 361 页。

先前的冲突可以帮助确定那些相同或相类似的未来冲突，即可以为后来冲突发生的可能性建立了条件。当先前的条件成为个人或组织之间实质性或情绪性的分歧产生的基础时，可感知的冲突阶段就产生了。可感知的冲突可能只存在于冲突的一方，也可以存在于双方。在冲突双方都感觉到冲突并且感觉到有对之采取行动的必要性时，冲突将易于解决。"当冲突在行动中被公开表达出来时，也就是说冲突展现出来了。冲突展示的阶段可以通过消除或者纠正其先例来解决。它也可以被抑制住。"[1]

基于以上冲突，应当建立一个积极型冲突的组织。积极型

----

〔1〕　［美］谢默霍恩·J. R. 等：《组织行为学》，刘丽娟译，清华大学出版社 2005 年版，第 361 页。

冲突组织包括四个步骤：一是重视多样性并面对差异；二是寻求共同利益，并统一在相同的目标之下；三是向员工授权，让他们感到自信和熟练；四是对成功进行总结、奖励，从错误中学习。[1]图 2-2 解释了具体的步骤。

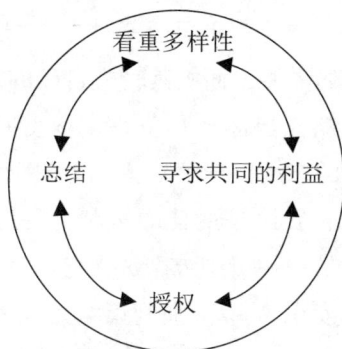

图 2-2　积极型冲突

资料来源：[美] 詹姆斯·坎贝尔·奎克：《组织行为学：现实与挑战》，刘新智等译，清华大学出版社 2013 年版，第 447 页。

当出现冲突时应当积极进行管理。冲突管理可以遵循以下基本原则[2]：一是倡导建设性冲突，避免破坏性冲突，将冲突控制在适当的水平。在冲突管理中应当善于区分不同类型的冲突、正确处理和引导冲突过程和冲突行为，尽量避免破坏性冲突的发生。二是实行全面、系统的冲突管理，而不能仅仅局限于事后的冲突控制。三是具体问题具体分析，因地制宜地处理

---

〔1〕　参见 [美] 詹姆斯·坎贝尔·奎克：《组织行为学：现实与挑战》，刘新智等译，清华大学出版社 2013 年版，第 446~447 页。

〔2〕　杨忠等：《组织行为学：中国文化视角》（第 2 版），南京大学出版社 2013 年版，第 351~352 页。

冲突。面对冲突时，必须针对具体的情况，实事求是地分析，因地制宜地处理。具体分析，冲突管理的策略有回避、迁就、合作、妥协和强制等。回避策略是一种消极的策略，当冲突程度很小、冲突水平较低时，这时没有必要立即处理，可以让其继续存在。迁就策略是一种让步策略，当冲突程度不大、冲突水平不高时，顺从对方的需要而迁就对方。"迁就一方注重最大限度地满足另一方的需要，而极其轻视自己的需要。"[1]合作策略是一种双赢的策略，当冲突具备一定程度时，积极听取双方的意见，采取合作的态度，理解双方的差异，满足共同的利益。当冲突水平较大时，妥协是最佳的策略，妥协要求双方都做出相应的让步。妥协是一种折中方案，"它比专制法妥协幅度大，但比迁就法妥协幅度小"[2]。强制策略是一种权力型策略，它是运用专制手段解决冲突的方式。

组织冲突是组织变革的前奏，冲突在一定意义上意味着变革的开始。"随着组织环境的不断变化，组织内部的结构以及职权关系也要随之变革以适应环境的变化。组织冲突可以激发或建立这样的变革机构，使组织关系的调整成为可能，达到强化企业组织对外部环境的适应与参与能力。"[3]因此，行政组织冲突有利于促进行政体制的完善与发展、促进行政执法体制的变革。通过对行政组织冲突的研究，可以提高我们对冲突理论的认识，推动我国行政体制改革，促进行政执法体制

〔1〕［美］约翰·M.伊万切维奇等：《组织行为与管理》，邵冲等译，机械工业出版社 2006 年版，第 294 页。

〔2〕［美］约翰·M.伊万切维奇等：《组织行为与管理》，邵冲等译，机械工业出版社 2006 年版，第 296 页。

〔3〕谢作渺："组织冲突与组织冲突协调策略"，载《首都经济贸易大学学报》2002 年第 6 期。

创新。

组织作为人类社会的常态，存在各种组织形态，包括社会组织、企业组织、行政组织等。在组织冲突理论中，涉及最多的是企业组织冲突，而本书研究的则是行政组织冲突。行政组织作为社会组织的一种，它特指国家的行政机关系统，"具有公务性、权威性、合法性和系统性的特点"[1]。行政组织冲突和其他形态的冲突一样，都是冲突的具体表现形式。在行政执法实践中，组织冲突无处不在。行政组织冲突是指政府组织内部和外部两个或两个以上行政机关之间在行使职权过程中所形成的对方状态或行为过程。因此，组织冲突既存在于同一个行政机关的内部，也存在于不同行政机关之间。囿于研究旨意，本处主要探讨不同行政机关之间的冲突，即外部冲突。

行政组织冲突具有鲜明的特点，突出表现在以下方面：一是冲突起因于公务，具有公务性。行政机关就是执行机关，主要负责执行公务。因此，行政组织的冲突一般因公务而产生，主要发生在行政组织决策、组织、领导、控制等过程中。二是冲突及其化解具有复杂性。行政组织冲突不同于企业冲突或个人冲突，冲突的管理具有复杂性、长期性。在实践中，行政组织冲突最常见的是行政职能冲突。由于职能取决于法律的规定，因此要解决职能冲突，必须依法转变、调整政府组织职能。故而，行政组织冲突具有复杂性和长期性。三是冲突影响的深远性。行政组织冲突不但影响行政目标的达成、行政效率的提高和行政服务质量的改善，还可能影响到执政党的威信和形象，影响行政组织的存在意义。

---

〔1〕　包国宪："行政组织冲突分析"，载《兰州大学学报（社会科学版）》1995年第2期。

行政组织冲突的类型是多样的，引起组织冲突的原因也具有多样性。结合行政实践，引起行政组织冲突的因素主要有以下几个方面：

首先，冲突根源于公共事务的复杂和关联。经济社会事务向来是复杂多样的。特别是随着全球化、信息化和网络化时代的来临，人类社会变得越来越复杂，复杂性逐步成为热门话题。目前，复杂性已经成为时代的基本特征。"随着复杂性时代的到来，人类社会的复杂性日益凸显……公共事务系统的复杂性可以从组分复杂性、结构复杂性与功能复杂性三个方面进行分析。"[1]具体而言，表现在以下方面：一是从组分复杂性来看，公共事务系统由数量庞大、异质性明显的各种要素构成。就主体要素而言，公共事务的主体越来越多，形成了多种主体共治的态势。就非主体要素而言，公共事务系统包涵了自然要素、资源要素、政治要素、经济要素、社会要素和文化要素等各类不同的要素。二是从结构复杂性来看，公共事务系统不仅由大量的要素构成，而且这些要素之间具有广泛的联系性，它们在治理过程中相互作用，从而使公共事务在互动过程中呈现出非线性效应。三是从功能复杂性来看，对公共事务治理的功能也越来越呈现出多样性的特点。由于公共事务系统不是一个孤立、封闭的系统，而是开放包容的，这就会使得公共事务系统与政治系统、社会系统、经济系统等其他系统产生耦合现象。公共事务的复杂性、关联性与行政分工的专业化、分工性正是一对矛盾，于是冲突的产生就不可避免。

其次，部门行政与部门利益必然会发生冲突。从整体上看，

---

〔1〕 李宜钊、孔德斌："公共治理的复杂性转向"，载《南京农业大学学报（社会科学版）》2015年第3期。

行政机关是公共利益的代表，具有相同的利益。但在执法实践中，各个行政机关都具有自己的部门利益。利益问题是一切冲突的根本性原因，"政府也是有独立利益的，政府部门也是有相对独立利益的，这是一个基本事实"。[1]行政组织具有理性"经济人"的角色，在现实行政中掌握着大量的社会资源。"部门利益是指行政部门的行政行为偏离了'公共利益'导向，以追求部门自身局部利益的形式变相地实现个人利益。"[2]"部门利益是产生权限争议的'罪魁祸首'，但部门利益只是'部门行政'延续的结果，真正导致权限冲突的基础是部门行政。"[3]部门行政是行政职能部门化造成的必然结果，在各自的部门职责范围内，每个行政组织都实行自我封闭的管理，局限于部门角度，自成一体。部门化的分工使得行政组织的自我保护意识和本位主义意识非常突出。特别是在具体的执行过程中，各部门和机构的行为大都以本单位的利益为目的，忽视组织的总目标和其他单位的目标，从而引起冲突。[4]因此，为了本部门的利益，行政组织会竞相争夺资源。"一般地，行政官僚机构都会要求扩大自己的机构规模和财政预算，以及增加自己制定法规和条令的权力。很少有行政官吏要求削弱自己的权力，削减自己的项目或者减少自己的预算和人员编制。"[5]特别是在冲突各

---

〔1〕　孙长生："正确认识'部门行政'与'公共行政'的关系建立服务型政府"，载《黑河学刊》2005年第2期。

〔2〕　徐鸿武、宋世明："遏制'部门职权利益化'的多种途径探析"，载《学术研究》2002年第3期。

〔3〕　金国坤：《行政权限冲突解决机制研究——部门协调的法制化路径探寻》，北京大学出版社2010年版，第22页。

〔4〕　参见竺乾威主编：《公共行政学》，复旦大学出版社2008年版，第50页。

〔5〕　[美]托马斯·R.戴伊：《自上而下的政策制定》，鞠方安译，中国人民大学出版社2002年版，第181页。

方利益不平衡的情况下，行政组织的利益竞争与博弈尤为明显。

再次，行政管理体制的不健全和不完善，权力变迁与发展也会引起冲突。我国的行政管理体制在不同程度上仍然存在着行政组织职能不清、越位错位等问题。这些问题的存在必然会引发行政组织冲突现象。同时，由于执法实践的发展与变迁，各个行政机关的权限总是处于动态变化之中。为了扩大本机关的权限，行政机关总是热衷于扩权。

最后，其他方面的原因。比如公务员与组织目标和价值的认同度不同、行政组织管理不当、行政组织环境的影响等。[1]同时，专业化的发展也在一定程度上加速了冲突现象。现代市场经济的急剧发展，必然会使社会分工的精细化、技术性与专业化程度越来越高。与之相对，政府职能部门的分工也越来越专业，而专业化也加剧了组织冲突。

基于组织冲突的客观存在，我们在行政执法体制改革过程中必须正视行政机关之间的矛盾与冲突，应当积极构建适度的行政组织。首先，在行政执法体制改革中应当克服部门利益，在追求共同利益的基础上建构行政执法的共同目标。借助于共同目标，将行政执法体制彻底理顺。更大的共同目标是整个行政执法机关整体的目标，关系着各个行政机关和执法组织的利益，比单纯的各个执法机关的个体利益更重要。以公共利益为行政执法的共同追求，摒弃片面的、狭隘的部门利益。其次，基于冲突的阶段性，在行政执法体制改革中应当区分不同的阶段与冲突类型，进行类型化建构，探索差别化的标准与结构。最后，行政执法体制改革必须因势利导，善于管理冲突。行政

---

〔1〕 包国宪："行政组织冲突分析"，载《兰州大学学报（社会科学版）》1995 年第 2 期。

执法体制改革也是一个因地制宜处理冲突、管理冲突的过程。

第二节　整体性政府理论

20 世纪 70 年代末至 90 年代，西方国家相继兴起了新公共管理改革，在反思、批判与回应的过程中积极寻找"公共部门协调与整体机制"的治理良策。随着实践的深入发展，提出了一些新的治理模式，比如科层治理、横向治理、协同治理、网络化治理等，其中整体性政府就是比较有影响的一种。"整体治理着眼于政府部门间、政府间的整体性运作，强调公共管理与服务机构为了完成共同目标而展开跨部门协作，主张政府管理'从分散走向集中，从部分走向整体，从破碎走向整合'。"[1]整体性政府自提出以来，便立即受到了理论界与实务界的高度关注，呈一枝独秀之势，成了 20 世纪 90 年代中后期行政改革的一个国际性潮流，可望成为 21 世纪的大型理论和新的治理范式[2]，建立健全"整体性政府"成为不少西方发达国家公共服务改革的普遍性需求。因此，对之进行探讨与研究具有重要的意义。本节将从理论层面对整体性政府理论进行梳理，从其产生背景、发展脉络、基本内容等方面进行诠释。

关于整体性政府，在西方的界定中，与之相关的概念非常多，包括协同政府（Joined-up Government）、全观型治理（Holistic Governance）、无缝隙政府（Seamless Government）、伙伴关系合作（Partnership Working）、水平化管理（Horizontal Manage-

---

〔1〕　孙迎春："现代政府治理新趋势：整体政府跨界协同治理"，载《中国发展观察》2014 年第 9 期。

〔2〕　参见彭锦鹏："全观型治理：理论与制度化策略"，载《政治科学论丛》2005 年第 23 期。

ment）等等。所有这些术语都在表达政府的管理应当注重整体治理和部门协作，都在突出"政府为实现共同的公共目标而采取多中心、多主体、多角度、多层次的跨界合作"。[1] 因行文需要，本书将在梳理现有文献的基础上，统一使用"整体性政府"的表述，而不作细化区分。整体性政府理论是在新公共管理运动走向衰微而新信息技术日益发展的背景下出现的，它是在反思由新公共管理导致的碎片化、部门化和裂解性困境基础上形成的理论体系。

自 20 世纪 70 年代末开始，随着新公共管理改革的推进，一些学者在管理层面上致力于解决传统行政体制效率低下、人浮于事等问题，开始摒弃官僚制组织模式，推行执行机构改革。新公共管理理论反映了当代西方公共管理实践的发展趋势，成了公共行政的一种新的范式。相较于传统的政府模式，新公共管理改革为政府结构及其运作带来了显著的变化，主要表现在以下几个方面：第一，强调分散化，在公共组织内部实施扁平化组织结构。"将大的等级部门分开，其方式就像早期一些大的私人公司从 U 型结构到 M 型结构的变化一样。在内部实施扁平的结构，重新规定信息和管理系统，以促进不同的控制形式。"[2] 第二，强调竞争，在公共服务供给中引入竞争机构。"'新公共管理'主张用市场的力量来改造政府，在公共部门中引入市场机制，在公共部门与私人部门之间、公共部门机构之间展开竞争，以缩小政府规模，提高公共物品及服务供给的效率。竞争机制的引入带来了公共部门服务的一系列变化尤其是形成了市

―――――――――

〔1〕 孙迎春：《发达国家整体政府跨部门协同机制研究》，国家行政学院出版社 2014 年版，第 6 页。

〔2〕 竺乾威："从新公共管理到整体性治理"，载《中国行政管理》2008 年第 10 期。

场检验、优胜劣汰的局面。"〔1〕这种竞争是以公共服务的分散化、服务机构小规模化和公众的自由选择为前提的，通过竞争来提高服务质量和效率。第三，强调激励，通过具体的绩效考核进行相应的激励。"新公共管理理论抛弃了官僚制行政模式的繁杂行政规制，部分规章用合同取代，实施明确的绩效目标控制，政府管理由原来的重视过程管理发展到重视结果管理，即确定组织、个人的具体目标，与之签定绩效合同，并根据绩效目标对完成情况进行测量和评估。在这一模式下，政府可以像一个用户那样，不必过问作为新产品提供者的组织或个人完成目标的过程，只需要按既定目标对其工作结果进行考核。"〔2〕"传统行政模式所强调的科层制、专业分工基础上的部门化，就隐含着部门主义、本位主义等'碎片化'元素。20世纪80年代以来新公共管理改革所倡导的分散化、分权化的改革措施，则加剧了这一趋势，导致了'碎片化'（fragmentation）的制度结构。"〔3〕新公共管理的"碎片化"产生了一系列问题，诸如部门之间相互转嫁问题与成本、项目和目标冲突、重复建设与浪费、缺乏沟通和各自为政、服务质量差等问题。〔4〕因此，新公共管理运动引发的问题为整体性政府改革提供了催化剂，推动了整体性治理模式的出现。

　　在行政实践中，整体性政府改革起源于英、美等发达国家。

---

　　〔1〕　陈振明："评西方的'新公共管理'范式"，载《中国社会科学》2000年第6期。

　　〔2〕　李晓玉："官僚制和新公共管理理论在中国行政改革中的适用性分析"，载《理论月刊》2007年第10期。

　　〔3〕　黄小勇：《中国行政体制改革研究》，中共中央党校出版社2013年版，第225页。

　　〔4〕　See Perri 6, Diana Leat, Kimberly Seltzer and Gerry Stoker（2002），*Towards Holistic Governance：The New Reform Agenda*，New York：Palgrave，p. 37.

1997 年英国工党执掌政权，布莱尔政府时期，面临许多迫在眉睫的管理问题。"当时许多复杂的公共政策问题几乎都是跨部门性质的，如飙升的犯罪率、恐怖主义和贫困等，无法被整齐划一地划入某一个部门或某一级政府加以管理，有效应对和解决这些复合型问题必须依赖各部门和组织间的联合协作行为。由此，'协同政府'的理念被提出，期望政府在处理复杂公共事务时用一种合作的理念不统揽全局。"[1]在此背景下，布莱尔首相在《公民服务会议》（*Civil Service Council*）中明确提出了"协同"的施政理念，随后在由教育部、环境部、运输部等部门代表组成的社会排斥小组中首次使用了"协同政府"（Join-up Government）概念。"'协同政府'是布莱尔政府改革的一个目标框架，目的在于整合相互隔阂的不同政府组织，以实现政府整体的共同目的。随着改革的深入，'协同政府'发展为'整体政府'。"[2]英国是整体性政府改革的首创国家，"获得水平和垂直的协调性的思维模式与行动范式"。[3]从理论上对整体性政府进行系统阐述的当属英国著名学者佩里·希克斯（Perri6），其于 1997 年就出版了《整体性政府》（*Holistic Government*），主张"利用'协同政府'或'整体政府'的方式来解决社会和经济问题"[4]，提出了建构跨部门协调和合作的整体性政府。"随着时间的推移，希克斯对整体性治理理论的分析的建构也逐渐成熟和深入，关注

---

〔1〕 黄小勇：《中国行政体制改革研究》，中共中央党校出版社 2013 年版，第 233 页。

〔2〕 黄小勇：《中国行政体制改革研究》，中共中央党校出版社 2013 年版，第 224 页。

〔3〕 ［美］约翰·基恩：《公共生活与晚期资本主义》，马音等译，社会科学文献出版社 1999 年版，第 51 页。

〔4〕 ［瑞典］埃里克·阿姆纳等：《趋向地方自治的新理念——比较视角下的新近地方政府立法》，杨立华等译，北京大学出版社 2005 年版，第 130 页。

的问题的层次和阐释的问题的焦点以及对问题研究的深度和广度也得到日渐拓展和深化。"[1]1999 年出版的《圆桌中的治理——整体性政府的策略》一书针对新公共管理的诸多措施造成的政策执法的浪费和政策的不连贯性，认为最好的解决办法就是整合，联合性工作（joint working）、联合开发（joint venture）、辅助工具（satellite）、策略联盟（strategic alliance）、同盟（union）、合并（merger）。[2]2002 年出版的《迈向整体性治理》主张"二十一世纪的政府不应该再放任政府各不同功能与专业部门间的单打独斗，而应当推动整体治理，通过制度化以落实政府各机关间的沟通协调"[3]，提出了合作性整合的概念。合作性整合是一种以公民和需求为面向的整合，包括治理层级的整合、治理功能的整合和公私部门的整合。[4]综上所述，"整体性治理经历了理念的倡导、策略的提出和理论的进一步深化三个阶段，尤其是第三阶段中关于整合过程、碎片化政府、棘手问题与协调的阐述，是理论完整性和精致度较高的阶段"。[5]

"整体性治理是政府再造过程的系统体现，包括政府的治理

---

〔1〕　曾凡军：《基于整体性治理的政府组织协调机制研究》，武汉大学出版社 2013 年版，第 22 页。

〔2〕　See Perri 6, Diana Leat, Kimberly Seltzer and Gerry Stoker（1999），*Governing in the Round*：*Strategies for Holistic Government*，London：Demos，p. 24.

〔3〕　See Perri 6, Diana Leat, Kimberly Seltzer and Gerry Stoker（2002），*Towards Holistic Governance*：*the New Reform Agenda*，New York：Palgrave，p. 32.

〔4〕　See Perri 6, Diana Leat, Kimberly Seltzer and Gerry Stoker（2002），*Towards Holistic Governance*：*the New Reform Agenda*，New York：Palgrave，p. 29.

〔5〕　曾凡军：《基于整体性治理的政府组织协调机制研究》，武汉大学出版社 2013 年版，第 24 页。

理念、组织结构、运行机制和服务方式四个方面的整体性策略。"[1]首先,责任与公共利益导向是整体性治理的理念(或称之为治理目标)。整体性的责任感把有效性或项目责任提升到了最高地位,确保诚实和效率责任不与这一目标相冲突。"整体性治理是为了能为我们的社会提供更低成本和更好的社会效果及更有效的服务。"[2]政府运作的目标应当以公共服务功能为基础,"以解决人民的生活问题作为政府运作的核心"[3]。其次,无缝隙政府(整体性整合)是整体性治理的组织结构。整体性治理是以结果和目标进行组织设计和创新的,需要在不取消部门专业化分工的前提下实行跨部门合作,"既要克服内部的部门主义、视野狭隘和各自为政的弊病,提高对涉及不同公共部门、不同行政层级和政策范围的复杂问题的应对能力,又要调整与社会、市场的横向关系,以政府为纽带,发挥其战略协作的作用,构建政府与市场、社会通力合作、运转协调的治理网络"[4]。"整体性政府坚持主张机构联合,避免部门主义,崇尚无缝隙政府。"[5]因此,"整体性治理的实质应是服务的整合,而不是部门的整合"[6]。再次,"一站式服务"(One Stop Service)是整

---

[1] 胡佳:"迈向整体性治理:政府改革的整体性策略及在中国的适用性",载《南京社会科学》2010年第5期。

[2] 转引自翁士洪:"整体性治理模式的兴起——整体性治理在英国政府治理中的理论与实践",载《上海行政学院学报》2010年第2期。

[3] 彭锦鹏:"全观型治理:理论与制度化策略",载《政治科学论丛》2005年第23期。

[4] 刘伟:"论'大部制'改革与构建协同型政府",载《长白学刊》2008年第4期。

[5] Tom Christense:"后新公共管理改革——作为一种新趋势的整体政府",载《中国行政管理》2006年第9期。

[6] 史云贵、周荃:"整体性治理:梳理、反思与趋势",载《天津行政学院学报》2014年第5期。

体性治理的运行机制。整体性治理强调运用信息技术，实行网络简化和一站式服务。"即通常所说的'政府的整体的'计划和报告安排，提供'一站式服务'模式，即将联邦、州、地方政府和非政府的人员并入到同一个组织中，协同政府创新要求充分考虑各种伙伴关系中的多种关系。"[1]"一站式服务"是整合性服务的典型代表，不能让公民为了解决一个问题而奔波于多个政府部门，减少民众与公共部门的接触点。最后，供给方式的优化是整体性治理服务方式的特色。"通过发展共同的知识和信息策略，增进公共服务中各供给主体之间持续地进行知识和信息的交换与共享，形成协同的工作方式，为公众提供联合服务。"[2]在供给的提供上，存在着多个供给主体，政府主要通过制定多中心制度中的宏观框架和参与者的行为规则，运用经济、法律、政策等手段为公共物品和公共服务的供给提供依据和便利。因此，整体性政府是一种理想的治理形态，也是在原有官僚制模式、新公共管理模式的基础上发展起来的全新范式（具体见表2-2）。

表2-2 公共行政三种典范的比较

	传统官僚制	新公共管理	整体性治理
时期	20世纪80年代前	1980-2000年	2000年后
管理理念	公共部门形态	私营部门形态	公私合作

〔1〕 Peter Wilkins, "Accountability and Joined Government", *Austrian Journal of Public Administration*, Vol. 61, 2002.

〔2〕 Bath Priory, "Toward a Common Framework-Delivering Joined-up Services Through Better Knowledge and Information Management", *KM Review*, Sep/Oct 2005, Vol 8, Issue 4.

续表

	传统官僚制	新公共管理	整体性治理
运作原则	功能性分工	部分整合	政府整合
组织形态	层级管理	直接管理	网络服务
核心关怀	依法行政	绩效指标	公众需求
成果检验	注重投入	注重产出	注重结果
权力运作	集中权力	单位分权	扩大授权
财务运作	公务预算	竞争	整合性预算
政府服务项目	政府提供服务	强化政府掌舵	强化政策整合
时代特征	政府内部改进	引入竞争	资源整合

资料来源：彭锦鹏：《全观型治理：理论与制度化策略》，载《政治科学论丛》2005 年第 23 期。

不同的治理方式来源于对社会公共管理的不同理解与诠释，整体性政府是适应时代发展需要的。整体性政府作为一种治理理论，它来源于公共管理改革的现实，本身具有两面性。一方面，它以全新的视角来认识当下的治理，对西方政府改革的理论与实践产生了重要影响。"在相当程度上，整体性治理是对新公共管理和一种修正。"[1]另一方面，它也暴露了不少问题，有其缺陷与障碍。比如，整体性治理与其所依赖的组织基础间有张力、政府内部协调与整合困难重重、治理责任认定困难等。[2]

---

[1] 竺乾威："从新公共管理到整体性治理"，载《中国行政管理》2008 年第10 期。

[2] 史云贵、周荃："整体性治理：梳理、反思与趋势"，载《天津行政学院学报》2014 年第 5 期。

"整体性治理作为一种公共管理的新范式，并不是在任何时候、任何地点都是管用的灵丹妙药，它只是一种选择。而且它的建立是一项长期的工程，需要很长的时间。"[1]

尽管，"从某一个国家的行政环境归纳出来的概论，不能立刻予以普遍化，或被应用到另一个环境的行政管理上去"。[2]但毫无疑问，"整体性政府的理论和机制对我国政府管理具有重要的现实意义"。[3]首先，从理念上看，行政执法体制改革应当具有整体性治理的理念。"整体性原则是系统论的主要内容。系统论的基本思想方法，就是把所研究和处理的对象，当作一个系统，分析系统的结构和功能，研究系统、要素、环境三者的相互关系和变动的规律性，并优化系统观点看问题……其核心思想是系统的整体观念，即任何系统都是一个有机的整体……"[4]面对支离破碎、各自为政的部门执法，最好的解决方法就是整合与合并，由各级人民政府统一集中行使执法权限。世界发展的趋势充分证明，整体性政府是克服部门主义、分散执法等碎片化现象的良方。其次，从组织结构上看，行政执法体制改革应当坚持机构合并，建构一体化政府的模式。只有真正做到执法组织的一体化，才能实现综合执法的推进。应在整体性政府理论的指导下，探索大部门体制、推行综合执法、健全部门协调机制。为了避免行政执法中的职能交叉、多头管理等问题，应当

---

〔1〕　胡象明、唐波勇："整体性治理：公共管理的新范式"，载《华中师范大学学报（人文社会科学版）》2010 年第 1 期。

〔2〕　［美］罗伯特·达尔：《公共行政科学：三个问题》，彭和平等译，中共中央党校出版社 1997 年版，第 165 页。

〔3〕　周志忍："整体政府与跨部门协同——《公共管理经典与前沿译丛》首发系列序"，载《中国行政管理》2008 年第 9 期。

〔4〕　康良辉：《相对集中行使行政权制度研究》，中国政法大学出版社 2014 年版，第 199 页。

进行执法权限的整合，将执法职能相近的业务统一集中，实行综合执法体制。当下行政改革的重要任务就是推进大部门制改革、开展综合执法改革，这些改革都涉及职能配置和部门间协作的问题。如何运用整体性政府理论进行政府职能的整合、归并，解决机构重叠、职权交叉、权限冲突等问题，是摆在当下的现实问题。特别是在本届政府推行简政放权、加强顶层设计的背景下，如何以整体政府为理念，系统推进跨部门协作能力，提高整体治理效能，是当下的重点和关键。再次，从服务水平的提升来看，整体性政府是提升公共服务效率和水平的重要途径。"只有通过整合服务的方式为公众提供无缝隙的公共服务才能真正实现以公共需求为目标的整体性治理。"[1]"整体政府的实质就是一种新型的公共服务模式，是对公共服务的有效管理，它意味着组织在从事公共服务的活动中需要作出战略规划、整合种类资源、协调各种关系、提升公共服务效率和水平。"[2]最后，整体性政府理论是强化政府核心能力的客观要求。实践证明，建立政府核心能力是推动整合和协作的必要前提。"一个具有强大核心能力的整体性政府，不仅能够确保中央过程对其他政府运作的战略领导，也是确保地方灵活性和自主性的前提。"[3]

---

〔1〕 史云贵、周荃："整体性治理：梳理、反思与趋势"，载《天津行政学院学报》2014年第5期。

〔2〕 郭金云、李翔宇："整体政府：服务型政府建设的治理方向"，载《上海行政学院学报》2014年第1期。

〔3〕 黄小勇：《中国行政体制改革研究》，中共中央党校出版社2013年版，第249页。

第三节　行政效率理论

"在西方公共行政百余年的发展历程中,行政效率一直倍受推崇。"[1] "政府再造背后的核心价值,为效率考量(Effizienz)。"[2] "对行政效率的关注可以说是行政学产生、发展的持久动力。"[3] 效率,一般是指从一个给定的投入量中获得最大的产出,即以最少的资源消耗取得同样多的效果,或以同样的资源消耗取得最大的效果。[4] 在公共行政实践中,任何国家从事相应的管理活动都需要消耗一定的人力、物力和财力资源。因此,如何处理好消耗与产出效果的关系就是一个行政效率问题。纵观行政管理的发展史,我们不难发现,行政效率一直是公共行政的核心问题,行政效率的使用频率最多、分歧最大。从这个意义上讲,公共行政史就是一部与效率相关的学科史。

效率的语义学含义是总产出中有用产出的百分比和单位时间内产出率即生产率或速率。[5] 效率原本是电学和机构力学的概念,指产出的能量与消耗的能量之间的比率。后来,这一概念日益发展到社会学领域。在效率管理理论中,效率被定义为单位时间内完成的工作量。行政效率是指行政所获结果与所付之代价的衡比,即政府机关以一定之时间、空间及一定之人力、

---

〔1〕　但洪敏:"西方公共行政效率研究的新趋势",载《地方政府管理》2001年第9期。

〔2〕　黄锦堂:《行政组织法论》,翰芦图书出版公司2005年版,第15页。

〔3〕　闫鹏:"三种行政效率观及当下启示",载《湖北社会科学》2007年第8期。

〔4〕　参见张文显主编:《法理学》(第4版),高等教育出版社、北京大学出版社2013年版,第268页。

〔5〕　参见何传启:《效益管理》,中国科学技术出版社1992年版,第19页。

财力、物力执行国家政策的作业对其所获有效功之衡比。申言之，"行政效率＝行政成就÷行政所费"。[1]因此，行政效率主要反映行政机关在完成目标过程中产出与投入的比值。单位投入的产出高或单位产出的投入低，证明效率就高。"行政效率是现代行政学和行政法学非常重视的问题之一，在一些发达国家提高行政效率已成为行政法治中的一项重要原则，也是一些国家的行政法制度所重点考虑的。"[2]

西方公共行政效率的研究经历了三个不同的阶段：

第一阶段为机械效率观阶段，从公共行政学建立时起至20世纪40年代中期。在这一时期，行政效率深受管理学的影响，效率被提升到突出的地位，公共行政就是效率行政。从渊源上讲，对效率的研究是从行政管理学开始的，管理学对效率的研究长期居于领先地位。管理学是以企业为主要研究对象的，其对效率的研究必然是以企业效率为主，主要体现企业的特点，适应企业的需求。在管理学中，效率被置于优先和至高无上的地位，效率至上是根本原则。因此，从伍德罗·威尔逊开始，为提高政府运作的效率，学者们开始以私有企业的管理为样本，效率被公认为公共行政追求的基本目标。威尔逊曾明确提出："公共行政的研究目标在于：一是研究政府应如何适当而成功地运作；二是政府如何能在花费最少的金钱与资源的条件下，以最有效率的方式来从事各种活动。"[3]伦纳德·怀特说："公共行政的目标是最有效地利用行政人员可以支配的资源。"[4]"从

---

[1] 萧文哲：《行政效率研究》，商务印书馆1942年版，第5~6页。

[2] 关保英：《执法与处罚的行政权重构》，法律出版社2003年版，第66页。

[3] ［美］伍德罗·威尔逊："行政学之研究"，载《国外政治学》1987年第6期。

[4] Leonard D. White, *The Federalist*, New York Maomillan, 1948, p. 2.

纯技术的观点说，行政组织的纯粹官僚制形态能够达到最高程度的效率……相比于任何其他形式的组织，它具有精确性、稳定性、可靠性和纪律严明方面的优势。"[1]"在威尔逊、古德诺的政治——行政二分理论和韦伯的官僚制理论、泰勒的科学管理理论之后，西方的各种行政管理理论均把行政效率和经济发展作为公共行政的根本目标。"[2]很显然，"传统行政效率研究基本上是嫁接了普通管理学效率研究范式，是一种简单的移植，没有看到公私部门有质的区别，忽视了公共管理的公共性"。[3]

第二阶段为效率观的反思期，从第二次世界大战结束后到20世纪70年代末。随着经济与社会的发展，公共事务越来越复杂，社会公众对公共行政的需求也越来越多元化。在这种背景下，公共行政不再能够仅仅追求效率，还必须追求民主、回应、参与等目标，传统的效率模式已经不能适应发展需要了。"鉴于这种情况，公共行政的研究不能仅限于对行政过程的狭隘研究，还必须关注民主社会中政策的形成、确定和实施的方式等。"[4]因此，行政效率被赋予了新的内涵。20世纪60年代末期，新公共行政学为了突出社会公平，力图以"社会效率"取代"机械效率"，但效率的核心地位并没有改变。彼得·德鲁克指出：

---

〔1〕 [英] 戴维·毕瑟姆：《官僚制》，韩志明译，吉林人民出版社2005年版，第6~7页。

〔2〕 靳凤林："效率与公平：现代行政的价值尺度"，载《南昌大学学报（人文社会科学版）》2013年第5期。

〔3〕 但洪敏："西方公共行政效率研究的新趋势"，载《地方政府管理》2001年第9期。

〔4〕 柴生秦："公共行政的历程：从效率到服务"，载《西北大学学报（哲学社会科学版）》2007年第2期。

"服务机构缺少的是效果，而不是效率。"〔1〕"从内部效率至整体效率直至外部效率，充分反映了人们认识的基本规律——由表及里、由具体到一般。"〔2〕

第三阶段为行政效率与效益并重时期，从20世纪80年代至今。公共行政实施以"3Es"——经济（Economy）、效率（Efficiency）和效果（Effectiveness）——为标准的系统、全面的评估，以此提高公共行政的质量和效率。围绕着政府效率、责任和回应，西方各国相继推行"绩效战略""核心战略""顾客战略"，着力提高组织效能、效率、适应性及创新能力。盖伊·彼得斯明确提出："市场模式的根本要求是，政府所提供的服务应该符合公众的需求。市场模式对政府批评最多的是施政成本过高而办事缺乏效率。为了实现降低成本的目标，政府可能不得不以非常规的方式开展工作，例如通过允许许多服务提供者展开竞争的方式来开展工作。"〔3〕"从西方国家绩效评估的实践来看，80年代经济和效率示标占据主要地位，90年代以来，质量示标无论在绝对数量上还是在相对比重上都在大幅度增长。这可以说是质量与效率地位转换在实践中的例证。"〔4〕

诚如行政学家英格拉姆所言："有许多理由说明为什么政府不同于私营部门。最重要的一条是，对许多公共组织来说，效率不是所追求的唯一目的，还存在其他目标⋯⋯在世界许多国

〔1〕 ［美］彼得·F.德鲁克：《管理——任务、责任、实践》，孙耀君等译，中国社会科学出版社1987年版，第181页。

〔2〕 武玉英："行政效率的解析"，载《中国行政管理》2001年第3期。

〔3〕 ［美］B.盖伊·彼得斯：《政府未来的治理模式》，吴爱明等译，中国人民大学出版社2001年版，第52页。

〔4〕 周志忍："行政效率研究的三个发展趋势"，载《中国行政管理》2000年第1期。

家中，公共组织是'最后的依靠'。它们正是通过不把效率置于至高无上的地位来立足于社会。"[1]"由于不同行为主体的性质和组织特征很不相同，其效率的体现方式必然存在巨大的差别，效率研究在重点、内容和方法上应该反映这些差别。"[2]公共部门具有自己的独特性，因此呈现出了自己的特点。综合分析，公共部门效率的体现方式表现在以下几个方面：第一，公共部门的垄断性。第二，公共部门具有目标多元性和目标弹性。第三，公共部门产出的特征具有无形性、不可储藏性等。第四，公共部门生产过程具有劳动密集型性、生产技术具有不确定性。第五，公共管理环境具有复杂性、动态性、多样性、差异性等。[3]上述固有特点决定了政府机构容易出现效率低下、政府失灵等现象。公共选择理论认为，与市场失灵相对应，政府也存在着失灵之处，政府的介入只是增加把事情办得更好的可能性，而不是必然性。缺乏竞争力、没有激励机制、监督信息不完备等诸多原因都会引发政策低效率、机构工作低效率等现象。因此，应当建立公与公、公与私、私与私等各种类型组织之间的竞争机制，采取分权化、小规模化、自由化的方式提供公共服务。[4]

行政执法作为一种行政活动，行政机关及其公务人员在执法活动中必须考察效率的因素，即在一定单位时间内投入的资

---

〔1〕　国家行政学院国际合作交流部编译：《西方国家行政改革述评》，国家行政学院出版社1998年版，第62~63页。

〔2〕　周志忍："行政效率研究的三个发展趋势"，载《中国行政管理》2000年第1期。

〔3〕　周志忍："公共性与行政效率研究"，载《中国行政管理》2000年第4期。

〔4〕　周志忍：《当代国外行政改革比较研究》，国家行政学院出版社1999年版，第23~24页。

源量与所得的劳动效果与社会效益的比率。在一定的时间范围之内，行政执法效率的高低与行政执法中所消耗的人力、物力、财力成反比，即资源消耗得越少，行政执法的效率越高。与之相反，行政执法的高低与执法中所得到的劳动效果、社会效益成正比关系，执法所得到的劳动效果、社会效益越多，行政执法的效率就越高。行政效率原则在行政执法体制改革中有两个基本要求：首先，行政执法领域具有天然的低效率性，行政执法体制改革必须把提高效率作为重要目标。"行政执法要实现其既定目标，完成其管理组织社会的职能，促进社会经济文化的发展，追求行政效率自是其题中应有之义，毋须论证。"[1]行政执法机关作为一种法定组织，具有垄断性，它可以稳定地、无压力地存在。当面临社会的变迁与发展时，行政执法机关的这种稳定与保守往往无法适应，必然会表现出僵化与低效。行政执法实践中存在的推诿、拖延、扯皮、草率等不良现象，正是这种执法低效率的缩影。为什么行政组织在经历一段时间的发展后，总会呈现出机构臃肿、行政效率低下的局面？这正是帕金森定律告诉人们的官僚现象。帕金森定律深刻地揭示了行政权力扩张所引发的人浮于事、效率低下的"官场传染病"。行政执法的低效必然会影响执法机关在人民群众心目中的形象，必然会阻碍市场经济的健康发展。因此，必须把提高行政执法的效率作为我国行政执法体制改革、完善行政执法的重要内容。其次，高效行政是行政执法的基本趋势，行政执法体制必须回应这种趋势。"当代全球各国政府的行政改革都把提高行政效率作为改革的重点，建立高效行政已成为各国政府行政发展的一

---

[1] 王光龙等："行政执法中效率与公平的对立统一"，载《云南大学学报（法学版）》1994年第3期。

种基本趋势。"〔1〕"如果没有有效的政府，经济的、社会的可持续的发展是不可能的，有效的政府——而不是小政府——是经济和社会发展的关键。"〔2〕"高绩效组织应该具有以下的特点：任务清楚；明确规定目标和强调效果；授予雇员权力；促进和鼓动人们成功；灵活并极易调节以适应新环境；保持与利益共享者的联系。建设效率政府，应当围绕这些方面展开，采取相应措施以使政府组织具备这些特征。"〔3〕

提高行政效率是一项艰巨的系统工程，它不仅仅是一个公共行政领域研究的重大课题，更是各国政府推进体制改革的重要目标。"随着行政理论研究的深入和政府行政实践的发展，在我国理论界和实践领域都出现了两种趋势，一是用'行政效能'取代'行政效率'的趋势；二是用'绩效途径'代替'效率途径'的趋势。"〔4〕当下的中国正处于全面深化改革的攻坚阶段，提高行政效率对于政治、经济、社会的发展意义重大。"提高行政效率是加快国家建设步伐，减轻人民负担，实现国家富裕强盛的重要条件。因此，行政效率的高低，是衡量行政活动成功与否的一个重要标准，也是检验行政管理现代化、科学化水平的一个重要标准。"〔5〕特别是在全面推进改革的背景下，降低成

〔1〕 胡象明等：《应对全球化：中国行政面临的挑战与对策》，北京师范大学出版社 2011 年版，第 152 页。

〔2〕 世界银行：《1997 年世界发展报告：变革世界中的政府》，蔡秋生等译，中国财政经济出版社 1997 年版，第 15 页。

〔3〕 刘文俭、王振海："政府绩效管理与效率政府建设"，载《国家行政学院学报》2004 年第 1 期。

〔4〕 俞可平等：《政府创新的理论与实践》，浙江人民出版社 2005 年版，第 171 页。

〔5〕 叶美霞、毛义文："公共行政效率的新旧范式比较及启示——兼论中国公共行政效率改革"，载《湖北社会科学》2007 年第 10 期。

本、提高效率是行政执法体制改革的出发点和落脚点。"从价值取向来说，行政权的基本价值取向效率……行政权更为注重投入和产出之间的关系……行政权的这一特征使得效率当然成为行政执法的价值目标。"[1]当下的行政执法机构设置不合理，部门林立、机构臃肿、层次繁多，增加了不必要的人力、物力、财力等资源的投入，导致人浮于事，效率低下。"我国行政改革的目标之一就是要建立一个高效的政府。"[2]"因此，提高政府效率的首要举措就是不断深化机构改革，精简不必要的机构和人员，减少管理层级。"[3]"通过政府机构组织的调整和人员分流，解决行政效率低下的问题；转变政府职能，精简行政机构，建立科学合理的行政体制。政府机构应做到职能配置较为优化，机构设置大体合理，分工明确，运作协调，效率较高，适应WTO 的高效要求。"[4]

第四节　公共服务理论

"向社会提供公共服务，是政府的最基本的职责之一，也是公共部门存在的一个主要理由。"[5]"公共服务具有悠久的历史。工业社会以前，在中世纪西欧的封建采邑制和中国传统社会的家产制统治模式下，公共服务就已经存在，只不过二者都

---

〔1〕 刘恒：《行政执法与政府管制》，北京大学出版社 2012 年版，第 36 页。

〔2〕 李平："政府领导体制与行政效率研究"，载《政治学研究》2001 年第 1 期。

〔3〕 刘文俭、王振海："政府绩效管理与效率政府建设"，载《国家行政学院学报》2004 年第 1 期。

〔4〕 参见胡象明等：《应对全球化：中国行政面临的挑战与对策》，北京师范大学出版社 2011 年版，第 171 页。

〔5〕 俞可平等：《政府创新的理论与实践》，浙江人民出版社 2005 年版，第 126 页。

从属于政治统治的目的，是统治者为增强统治能力、缓和社会矛盾的延伸物，无论在质还是量上都不能与工业社会以来的公共服务同日而语……人类社会进入到工业社会以后，私人行政演变为公共行政，政府提供公共服务的职能相对于前工业社会日益凸显，一系列的有关公共服务的理论也浮出水面。"[1]"从管理型政府向服务型政府的转变，是政府治理模式的转型性变革，这一变革是一个极其复杂的制度变迁过程。"[2]自由资本主义时期，公共服务的范围非常狭小，政府只是充当个人财产和国家安全的"守夜人"角色。随着经济社会的发展，政府的公共服务由单纯的司法、警察、国防等主权类服务向经济、教育、卫生、生存照顾等方面延伸，先后经历了全面干预、减少干预和适度干预时期。特别是在 20 世纪 70 年代末至 80 年代初，西方掀起了新公共管理运动，强调将市场力量引入到公共服务的提供，公共服务必须市场化、社会化。"只有顾客驱动的政府，才能提供多样化的社会需求并促进政府服务质量的提高。"[3]因此，服务行政、公共服务就是西方行政学理论研究的一个重要课题。在反思新公共管理运动的基础上，新公共服务理论应运而生。新公共服务理论本质上是对新公共管理理论的一种扬弃，最先是由珍妮特·丹哈特和罗伯特·丹哈特于 20 世纪末提出来的。"新公共服务理论强调公民权利和民主价值在公共服务中具有至高的地位，主张用社会和民主的标准来衡量公共服务的质

---

〔1〕　吴爱明等：《服务型政府职能体系》，人民出版社 2009 年版，第 52 页。

〔2〕　于千千等编著：《服务型政府管理概论》，北京大学出版社 2012 年版，第 5 页。

〔3〕　[美] 戴维·奥斯本、特德·盖布勒：《改革政府：企业精神如何改革着公营部门》，上海市政协编译组等译，上海译文出版社 1996 年版，第 164 页。

量。"〔1〕"新公共服务是建立在公共利益维护之上的，是建立在公共行政人员为公民服务，并确实全心全意为公民服务的基础之上的。"新公共服务理论的核心内容如下：第一，服务于公民而不是服务于顾客。公务员不应仅仅满足于回应顾客的需求，而是要聚集于公民，并与公民建立信任和合作关系。第二，追求公共利益，公共利益是目标而非副产品。公共行政是公共利益和共同责任的创新。第三，超越企业家身份，重视公民权和公共服务。第四，思考要具有战略性，行动要具有民主性。政府应当是开放的、可以接近的。第五，承认责任并不简单。公务员应该关注的不仅仅是市场，他们还应该关注法令和宪法、社区价值观、政治规范、职业标准以及公民利益。第六，政府的作用是服务而不是掌舵。第七，重视人的价值而不只是生产率。公务员需要同公民分享领导权，在彼此尊重和相互支持的状态下更好地满足公众的公共服务需求。〔2〕如上所述，西方各国对政府职能进行重新定位与改革，最终选择了服务职能，实现了从"以政府为中心"向"以公众服务为中心"的价值转换。如何实现"更好的治理、更好的服务"，是现代各国政府追求的共同目标。早在1994年美国全国绩效评鉴委员会出版了该国第一本政府服务手册《顾客至上：服务美国民众的标准》，联邦政府共有200多个机构全力执行3000多种服务标准。〔3〕英国则以不断的改革来提升政府管理的服务性。比较有代表性的改革是公民宪章运动，用宪章的形式把政府公共部门的服务内容、标准、

---

〔1〕 吴爱明等：《服务型政府职能体系》，人民出版社2009年版，第80页。

〔2〕 [美] 珍尼特·V.登哈特、罗伯特·B.登哈特：《新公共服务：服务，而不是掌舵》，丁煌译，中国人民大学出版社2004年版，第40~41页。

〔3〕 周静："美国创建服务型政府的做法及启示"，载《决策探索》2004年第10期。

责任公之于众，充分接受民众的监督，从而提高公共服务的质量、标准和责任。西方各国相继开展公共行政改革，明确树立政府服务的理念，注重政府的服务作用，建设服务型政府已经成为国际共识。

在中国，服务于民的思想早已有之，"民为贵，社稷次之，君为轻"即是明证。当然，我们在谈及公共服务理论时一般都要追溯到马克思主义经典作家。"我国服务型政府建设是一场伟大的实践活动，伟大的实践无疑需要科学的理论作为理论基础，这个理论基础应该是马克思主义的民主理论，而不是一般的民主理论或西方公共管理运动中兴起的理论。"[1]这是由当下中国的社会性质决定的。在《法兰西内战》中，马克思提出："旧政权的合理职能则从僭越和凌驾于社会之上的当局那里夺取过来，归还给社会的负责任的勤务员。"[2]马克思肯定了资产阶级民主思想家们提出的"主权在民"思想，并创造地运用在巴黎公社中。"公社采取了两个正确的办法。第一，它把行政、司法和国民教育的一切职位交给由普选选出的人担任，而且规定选举者可以随时撤换被选举者。第二，它对所有公职人员，不论职位高低，都只付给跟其他工作同样的工资。"[3]马克思主义认为，人民当家作主是社会主义民主政治的本质。"在马克思看来，人民群众是历史的创造者，是社会的主人，党和国家机关及其工作人员必须做人民的公仆，为人民服务。"[4]列宁从无产阶级的角度论述了"为人民服务"问题。他在1917年6月的《六月十

---

〔1〕　肖陆军：《服务型政府概论》，对外经济贸易大学出版社2007年版，第34页。

〔2〕　《马克思恩格斯选集》（第3卷），人民出版社1995年版，第57页。

〔3〕　《马克思恩格斯选集》（第3卷），人民出版社1995年版，第52~55页。

〔4〕　吴爱明等：《服务型政府职能体系》，人民出版社2009年版，第84页。

八日》一文中写道："无产阶级，只有无产阶级，才能保证为大多数人的利益服务，即为受战争和资本压迫但有能力战胜战争和资本的被剥削劳动者的利益服务。"〔1〕

随着社会主义实践的推进，马克思主义的为民服务思想得到了新的发展。早在 1942 年，毛泽东就指出："我们的文艺应当'为千千万万劳动人民服务'。"〔2〕1944 年 9 月，毛泽东在张思德同志追悼会上首次完整的使用了"为人民服务"的概念。1945 年 4 月，毛泽东在党的第七次代表大会上做了题为《论联合政府》的政治报告，系统论述了为人民服务理论。"全心全意地为人民服务，一刻也不脱离群众；一切从人民的利益出发，而不是从个人或小集团的利益出发；向人民负责和向党的领导机关负责的一致性；这些就是我们的出发点。"〔3〕1985 年 5 月，邓小平指出："什么叫领导？领导就是服务。"〔4〕"中国共产党的含义或任务，如果用概括的语言来说，只有两句话：全心全意为人民服务，一切以人民利益作为每一个党员的最高准绳。"〔5〕2001 年 7 月，江泽民阐述了"三个代表"重要思想。公共服务理论在当代中国的社会建设中衍生为服务型政府建设，在行政执法实践中活化为执法为民理念。在中国的地方政府实践中，早在 2001 年，上海市就率先提出建设服务型政府。随后，成都市、南京市、重庆市等地相继以建设服务型政府为目标，进行各具特色的创新探索。在中央层面，2004 年 2 月 21日，温家宝同志在中央党校省部级主要领导干部"树立和落实

---

〔1〕《列宁全集》（第 30 卷），人民出版社 1985 年版，第 335 页。

〔2〕《毛泽东选集》（第 3 卷），人民出版社 1991 年版，第 854 页。

〔3〕《毛泽东选集》（第 3 卷），人民出版社 1991 年版，第 1094～1095 页。

〔4〕《邓小平文选》（第 3 卷），人民出版社 1993 年版，第 121 页。

〔5〕《邓小平文选》（第 1 卷），人民出版社 1994 年版，第 257 页。

科学发展观"专题研究班结业仪式上发表《提高认识,统一思想,牢固树立和认真落实科学发展观》的讲话,第一次提出"努力建设服务型政府"。同年3月8日,在参加全国人大会议期间,温家宝同志又强调"我们要把政府办成一个服务型的政府,为市场主体服务,为社会服务,最终是为人民服务"。2005年3月5日,温家宝同志在十届全国人大三次会议上所做的《政府工作报告》中指出,要"努力建设服务型政府,创新政府管理方式,寓管理于服务之中,更好地为基层、企业和社会公众服务"。2007年10月15日,胡锦涛同志在党的十七大报告中强调指出,要"加快行政管理体制改革,建设服务型政府"。2008年2月23日,胡锦涛同志在中共中央政治局第四次集体学习时强调,要"扎扎实实推进服务型政府建设,全面提高为人民服务能力和水平"。2012年11月15日,习近平同志在党的十八届一中全会上的讲话中明确指出:"我们要牢记全心全意为人民服务的根本宗旨,认真组织开展以为民务实清廉为主要内容的党的群众路线教育实践活动,始终保持同人民群众的血肉联系,牢固树立正确政绩观,多做打基础、利长远的事,不搞脱离实际的盲目攀比,不搞劳民伤财的'形象工程''政绩工程',坚决反对形式主义、官僚主义。要坚持真理,坚持原则,真抓实干,勇于担当,言必信、行必果,真正做到对历史和人民负责。"2014年2月7日,习近平在索契接受俄罗斯电视台专访时表示:"中国共产党坚持执政为民,人民对美好生活的向往就是我们的奋斗目标。我的执政理念,概括起来说就是:为人民服务,担当起该担当的责任。"当然,中国在论及公共服务理念的时候,"必须做到两个方面的区别:一是中国建设的服务型政府与西方国家所倡导的服务型政府的区别;二是中国当前建设的服务型政府与传统计划经济时代提出的'为人民服务'的区别"。[1]

值得说明的是,在践行为人民服务的过程中,结合行政执法的基本特点,党中央提出了社会主义法治理念。社会主义法治理念是马克思列宁主义关于国家与法的理论同中国国情和社会主义法治建设实践相结合的产物,是社会主义民主与法治建设实践经验的理论总结。其核心内容之一就是"社会主义法治的本质要求是执法为民"。执法为民,最初是在全国政法工作会议上提出的,它是在突出党的全心全意为人民服务的基本宗旨的基础上对政法工作的基本要求。执法为民,是现代执法理念的深化和发展。牢固树立执法为民理念,这是由我国政权的性质和中国共产党的根本宗旨决定的,它是"立党为公,执政为民"执政理念在政法工作中的具体体现,是政法工作中执法机关和执法者必须坚持正确的政治方向和重要保障。具体而言,在行政执法中坚持执法为民,就是要坚持一切权力属于人民,把执法工作的出发点和落脚点切实放在最广大人民群众的根本利益上,既要维护法律的权威性,为人民执法,又要尊重和保障人权,依靠人民来执法。2005年底,中央明确提出了社会主义法治理念。在2006年的"两会"期间,胡锦涛同志系统地阐述了社会主义法治理念的具体内容,明确提出了社会主义法治理念包括"依法治国、执法为民、公平正义、服务大局、党的领导"。在这之后,胡锦涛同志就政法机关开展社会主义法治理念教育活动专门作出重要批示。他指出:"开展社会主义法治理念教育是加强政法队伍思想政治建设的一项重大举措。"党的十

---

[1] 沈荣华、钟伟军:《中国地方政府体制创新路径研究》,中国社会科学出版社2009年版,第85页。

七大报告进一步强调指出："要坚持依法治国基本方略，树立社会主义法治理念。""执法为民理念体现了社会主义法治的本质和方向，从根本上反映了我们党的执政宗旨、我们国家的权力本质以及构建社会主义和谐社会对政法工作的核心要求。"[1]执法为民彰显了执法的主旨就是为人民服务，"现代行政法实质上是服务行政法，它的价值取向在于维护社会正义，增进社会福利，实现法治社会"。[2]"因此，社会成员需要这样的服务机关，行政机关只能是服务机关。社会主义国家的行政机关，应当是真正为公众服务的国家机关。因为，它是在共产党领导下的行政。"[3]在行政执法体制改革中，正确理解与践行公共服务理念，必须做到以下几点：首先，正确理解执法为民的内涵，深刻领会行政执法体制改革的宗旨。行政执法体制改革，其最终目的是服务于民，实现执法为民。行政执法体制改革和创新的出发点和落脚点都是为人民执法。执法为民是与一切权力属于人民相一致的，也是执法的最高追求。执法为民，"是社会主义法治的本质要求，是执政为民理念的具体体现，其基本内涵包括以人为本、保障人权、文明执法等内容"[4]。"因此，我们只有把执法为民的理念置于党中央重大战略部署的整体要求中去认识思考，并对照执法工作的现实来进行反思体会，才能使我们对这一理念把握得更为准确、更为深刻。"[5]行政执法必

---

[1]　袁曙宏："牢固树立执法为民的理念"，载《中国司法》2007年第10期。

[2]　陈泉生：《行政法的基本问题》，中国社会科学出版社2001年版，第79~80页。

[3]　叶必丰：《行政法的人文精神》，湖北人民出版社1999年版，第181页。

[4]　中共中央政法委编：《社会主义法治理念读本》，中国长安出版社2009年版，第70页。

[5]　张文宽："试论执法为民是社会主义法治理念的本质要求"，载《当代法学》2008年第S1期。

须服务于人民，行政执法体制改革要回应人民的需求，要把人民群众的呼声作为第一信号，把人民群众的需要作为首要选择，把人民群众的利益作为首要考虑。"执法体制创新的出发点和目的必须正当，行政执法的出发点必然是为了人，服务人，以人的自由、平等的实现为最终目的。以人为本，作为一种理念，应当贯穿于执法体制创新的全过程，既是出发点，也是落脚点。"〔1〕其次，行政执法体制改革必须重视人民的参与，关注民生热点。行政执法体制改革，一方面要注重顶层设计，从全局上进行考虑；另一方面，也要联系实际，关注民生，从人民群众身边的事情做起。特别是在公共服务理念的指导下，行政执法体制改革需要深入基层、深入一线，真诚倾听群众心声，真实反映群众愿望，坚持进百家门、访百家情，真正解决群众关注的热点与难点问题。让广大人民群众能真正看得见摸得着地体会到，行政执法体制改革时时处处为人民着想，时时刻刻为人民排忧解难。

第五节　部门职权相对集中理论

"部门行政职权相对集中"是石佑启教授近些年基于相对集中行政处罚权、深圳行政三分制等行政实践而抽象出来的一种概念与理论，随后也有学者称之为"相对集中行使行政权"〔2〕。由于两者表述的意思相同，因此本书统一称之为"部门行政职权相对集中"。部门行政职权相对集中的社会环境是权力的下放和

---

〔1〕　司春燕：《马克思恩格斯法正义观研究》，人民出版社 2014 年版，第 271 页。

〔2〕　参见康良辉：《相对集中行使行政权制度研究》，中国政法大学出版社 2014 年版，第 56 页。

分散，部门行政职权相对集中的现行实践是通过单行法的授权实现的。部门职权相对集中的初衷是解决我国行政权力的分散行使造成的多头执法、重复执法、执法扰民等问题。部门职权相对集中开始于行政处罚领域，随着《行政处罚法》《行政许可法》的颁布实施，在行政处罚与行政许可领域集中了处罚权与许可权后，产生了良好的社会效果，在一定程度上解决了多头执法、重复执法等积弊，但也暴露了一些问题。在行政复议领域，2007 年，地方率先开展了相对集中行政复议权的试点，随后在全国大范围内开展与推广。

2008 年 1 月，石佑启教授首次在《江苏行政学院学报》上发表了《中国部门行政职权相对集中初论》。随后相继发表了《中西方部门行政职权相对集中之比较与启示》《论部门行政职权相对集中行使的法律规制》《部门行政职权相对集中之求证与分析》等系列文章。作为具有中国特色问题的部门职权相对集中，是在回应行政实践中的处罚权与许可权等集中基础上提出的。通过理论的系统分析，实际的实证研究，总结梳理出了部门职权相对集中。其意在"构建一种局部性的甚至是阶段性的行政改革模型并对之进行系统阐述和挖掘，反过来指导行政改革的系统化和实践形式的多样化"。[1]它所要表述的基本意义是指："有权机关按照一定的原则和标准对行政权力进行分化组合形成相对集中状态，配置给某一个行政组织由其统一行使，在此基础上形成合理的行政组织结构、行政权力结构和行政运行机制。"[2]因此，部门职权相对集中具有两个突出特点，即集中

---

〔1〕　石佑启、杨治坤：《论部门行政职权相对集中》，人民出版社 2012 年版，第 34 页。

〔2〕　石佑启、杨治坤：《论部门行政职权相对集中》，人民出版社 2012 年版，第 35 页。

性与相对性。集中性表明权力由分散状态转身集中状态，相对性表明权力集中时需要分析哪些权力能够集中、集中到什么程度、如何集中等问题。[1]据此，部门职权相对集中是一种相对集中而不是绝对集中，是在职权进行分化、重组与集中的过程中采取的一种最优化方案。"即部门行政职权相对集中不是单纯地为了集中而集中，而是据此对政府及其职能部门的职责权限、机构设置、人员编制进行相应调整，从体制上、源头上改革创新行政体制，解决行政管理与执法工作中存在的诸多弊端。"[2]部门职权相对集中具有宪法基础。因此，"宪法和宪法性法律关于权力和权利体系中对行政权力进行架构和对公民基本权利作出规定的法律规范为部门行政职权相对集中提供了宪法规范基础"[3]。综上所述，"部门职权相对集中，旨在通过对政府职能的配置与整合，建立合理的行政职权结构，变革行政组织以优化行政组织结构，疏通行政运行机制以建立顺畅的行政运行结构，完善行政协调机制，健全公共财政保障与制约机制，并通过配套的制度创新联动，从而推进我国行政体制改革和法治政府建设的进程"[4]。因此，部门行政职权相对集中可以说是集权与分权的一种折中，是两者的有机结合。诚如学者所言："我们若停止集权制与分权制理论上相反抗的辩论，而平心考虑二者相结合

---

〔1〕 参见康良辉：《相对集中行使行政权制度研究》，中国政法大学出版社2014年版，第57~58页。

〔2〕 石佑启、杨治坤：《论部门行政职权相对集中》，人民出版社2012年版，第39页。

〔3〕 石佑启、杨治坤：《论部门行政职权相对集中》，人民出版社2012年版，第52页。

〔4〕 石佑启、杨治坤：《论部门行政职权相对集中》，人民出版社2012年版，第5~6页。

时所产生的结果，则在行政上的长足进展当可立致。"〔1〕"实践证明，在更多的领域中推行相对集中行政处罚权，并在此基础上相对集中其他行政执法权，实行彻底的政企分开、政事分开，是从制度上解决一件事多家管、多头执法问题的有效途径。"〔2〕在相对集中行政许可权领域，集中行政许可权同样不是绝对的。"行政许可权集中是相对的。相对集中行政许可权不是将全部或者大部分行政许可权集中于一个行政机关行使，行政许可权不是越集中越好，大规模调整行政许可权行使主体与职权法定原则精神相违背。"〔3〕"因此相对集中行使行政权，不仅是法治政府的自主选择，也是服务型政府的必然要求。"〔4〕

在行政执法体制改革中，部门职权相对集中理论具有重要的指导意义。首先，行政执法体制改革的方向是综合执法体制。综合执法体制是一种相对的集中而不是绝对的集中。将相关执法部门的行政执法权进行整合，统一配置给一个行政机关行使，形成一种最优的状态。"行政执法权集中的范围应当有限，既不能全部集中行政执法权于一身，否则或造成集权和专制，也不能集中范围过小从而起不到应有的效果。"〔5〕其次，行政执法体制改革的重点是相对集中部门执法权限，进行权力的横向配置。在当下的行政执法实践中，我国政府的权力在横向上是分散授予给各个部门来行使的。在通常情况下，法律、行政法规对各

〔1〕　张金鉴：《行政学典范》，三民书局1986年版，第246页。

〔2〕　姜明安主编：《行政执法研究》，北京大学出版社2004年版，第68页。

〔3〕　徐继敏："相对集中行政许可权的价值与路径分析"，载《清华法学》2011年第2期。

〔4〕　康良辉：《相对集中行使行政权制度研究》，中国政法大学出版社2014年版，第57页。

〔5〕　昌永岗等："相对集中行政执法权探究"，载《理论与改革》2015年第1期。

部门的权力都有原则性的规定，在权力配置上往往将某一公共事务的管理权限按照不同的标准同时授予几个不同的职能部门。在此原则下，每通过一部法律，就要在横向上进行分权，并成立相应的执法队伍。最终的结果，就是行政权力高度分散在各个职能部门之中。"为提高行政的效能，实施相对集中行政权就是对特定领域内的法定权力进行重新调整和合理配置，其性质是依法对有关行政机关行使的行政权的划转，它使部分行政权与原享有机关实现了分离，是行政权在不同行政机关之间的重新配置。"[1]因此，行政执法体制改革的重点是横向权力的合理配置。

---

〔1〕 康良辉：《相对集中行使行政权制度研究》，中国政法大学出版社 2014 年版，第 194 页。

我国行政执法体制改革的实践探索

近些年来，我国各地各部门陆续进行了行政执法体制方面的探索与创新，为推进行政执法体制改革积累了丰富的实践经验，提供了具有地方特色的实践样本。"若单纯作概念形式的操作，往往无法与现实衔接，造成法律与现实的疏离。"[1]因此，必须关注当下的行政执法实践，"我们首先要理解我们面对的是怎样的一个真实世界"[2]。本章将从实证分析的视角，围绕相对集中行政处罚权实践、相对集中行政许可权实践、相对集中行政强制权实践、不动产统一登记的实践、政府机构改革的实践，以点带面，系统总结行政执法体制改革之经验，仔细挖掘行政执法体制改革之问题，探索阐述行政执法体制之方向。

第一节 相对集中行政处罚权的实践
（综合行政执法）

相对集中行政处罚权与综合行政执法具有天然联系。从最

---

[1] 叶俊荣：《行政法案例分析与研究方法》，三民书局 1999 年版，第 27 页。
[2] 强世功："中国法律社会学的困境与出路"，载《文化纵横》2013 年第 5 期。

初的"合二为一"（在同一意义上使用）到后来的"正式区分"（两者的内涵具有本质不同），相对集中行政处罚权与综合执法经历了共同的发展过程。没有相对集中行政处罚权的实践，就没有综合执法的发展，综合执法是在相对集中执法处罚权实践的基础上发展起来的。因此，为了合理地梳理出相对集中行政处罚权的改革实践，在本节的许多地方两者具有同一性。

一、公安领域的综合执法实践

自 1988 年南京、抚顺两市首先组建公安领域的"巡警队"以来，公安领域的综合执法进入了大众视野。起初，巡警只是作为公安的一个警种，职能单一，只能从事形式上的巡逻勤务工作，不享有事件的处置权。直至 1993 年 1 月，时任副总理的朱镕基在浙江温州考察工作时说："我在上海工作时就想搞巡警综合执法，把城市的治安、工商管理工作都由穿一种制服的警察管起来。"[1] 1993 年 7 月 7 日，上海市人大常委会正式通过《上海市人民警察巡察条例》，并于同年 10 月 1 日起施行。自此，巡警综合执法在公安领域正式启动。根据规定，市和区、县公安机关设立巡察部门，负责本辖区道路、广场上的巡察工作。巡察部门的职责在于维护治安秩序和公共安全、维护交通秩序、维护市容环境整洁、市政公用设施的完好以及维护经济管理秩序等。实际上，"巡警执法重点是在交通管理、市容卫生和工商行政管理三个方面"[2]，巡查综合执法是维护社会治安秩序、提高城市管理水平的有效途径。1994 年 2 月，公安部制

---

〔1〕 汪勇：《警察巡逻勤务教程》，中国人民公安大学出版社 2000 年版，第 177 页。

〔2〕 常宁法："让巡警真正成为您的保护神——巡警综合执法亟待解决的几个问题"，载《上海人大月刊》1995 年第 6 期。

定了《城市人民警察巡逻规定》，明确规定了巡逻警察的职责和权限，确立了警察巡逻综合执法制度。

很显然，这一时期的警察巡逻综合执法具有如下基本特征：（1）从执法主体看，综合执法由公安机关负责，通过地方性法规授权公安机关统一行使道路、广场的执法权。（2）从执法权限看，公安机关享有广泛的职责，履行多个机关的职能，但主要限于处罚权，而不包括审批权、许可权等权力。（3）从社会效果来看，综合执法提升了城市管理的水平，能够及时处置各种违法活动，维护公共安全和秩序，得到社会的肯定。但由于巡警担当起了维护城市市容环境整洁的职责，因此与传统的公安职责发生了冲突，也引起了部分质疑。

1997 年 9 月，江苏省公安机关率先进行交警、巡警"两警合一"改革。江苏省盐城市公安局实行交警与巡警合并，组建成新的交通巡逻警察支队，明确职责为管交通、管治安，为民服务。通过定点执勤和流动巡逻相结合，实现了一警多能、一警多用，取得了良好效果。[1]随后，上海市、福州市等地也进行了尝试。1999 年 1 月，佛山市公安局推行巡警、交警、派出所民警"三警合一"机制。"三警种的主体不变，落实三警种的责任制，把派出所民警、交警、巡警拧成一股绳，三位一体，统一布防，合理使用警力，实施防区的全天候监控，强化快速反应，共同担负起防区治安管理、交通管理、城市管理和服务群众的责任。"[2]此后，全国各地纷纷开展"三警合一"改革。2006 年 3 月，深圳市在全市推行"四警合一"新模式。通过打

---

〔1〕　参见苏宁："盐城实行交巡警合一"，载《人民日报》1998 年 7 月 15 日。

〔2〕　胡新祥、幸亦泉："社区警务改革的新尝试——佛山市公安局在市区推行'三警合一'新警务工作机制的调查报告"，载《广州市公安管理干部学院学报》2000 年第 1 期。

破原有设置，"不再区分治安警、社区警、巡警和刑警等警种，变'坐班制'为'巡逻制'，将逾半警力放在路面"〔1〕，取消警种限制，组建社区巡逻队。此后，"四警合一"〔2〕成了公安行政中常见的模式。

不同于初期，这一时期的警察巡逻综合执法特征有所变化，体现在以下几个方面：（1）从执法主体看，综合执法由公安机关负责，只涉及公安机关的内部关系。比如，巡逻警察、治安警察、交通警察、消防警察等之间的关系问题。（2）从执法权限看，综合执法的职权范围仅限于公安机关的法定职责，不涉及其他行政机关的职权。"警察巡逻综合执法是公安机关各个警种执法权限的集中行使，其核心内容是从事巡逻的警察在巡逻过程中行使警务行政检查权与处罚权的执法行为。"〔3〕（3）从综合执法的方向看，综合执法趋向于精细化，在公安内部进行互补重组，力求达到效果最大化。

二、农业领域的综合执法实践

农业是国民经济的基础，农业行政执法事关国家根本。我国是农业大国，农业主要包括种植业、林业、畜牧业、渔业四个产业。1949 年中华人民共和国成立初期，国家设立农业部和林垦部作为农业管理的主管机关，1951 年林垦部改为林业部。

---

〔1〕 李伟雄："深圳推行四警合一新模式"，载《法制日报》2006 年 3 月 30 日。

〔2〕 近年来的相关报道显示了"四警合一"的普遍性，如"河南推广'四警合一'现代新型警体制"，载新华网：http://www. xinhuanet. com/chinanews/2010-08/31/content_ 20765848. htm；"常德：'四警合一'构筑城区快速反应防控圈"，载中国警察网：http://news. cpd. com. cn/n12021581/n12021599/c30014904/content. html，最后访问时间：2015 年 9 月 2 日。

〔3〕 杜育群："警察巡逻综合执法的几点思考"，载《中国人民公安大学学报（社会科学版）》2009 年第 6 期。

1970 年，国家将农业、农垦、渔业、畜牧、林业等六个单位合并，设立农林部。1979 年，国家再次恢复设立农业部、林业部、农垦部、国家水产总局，将农业、林业、农垦、水产等事务细化管理。1982 年，国家又合并农业部、农垦部、国家水产总局等部门，统一设立农牧渔业部，主管全国的农业、农垦、畜牧业、渔业等事务。林业部继续保留，主管全国林业事务。1993 年，国家制定并颁布《农业法》，这是中国的第一部农业基本法。1998 年，国家决定撤销农牧渔业部，成立农业部（2018 年调整为"农业农村部"）〔1〕，此后一直保留农业部的设置。原农业部作为国务院主管全国农业的主管部门，综合管理种植业、畜牧业、水产业、乡镇企业和饲料工业等产业。农业部下设农业机械化管理司、兽医局、乡镇企业局、农村经济体制和经营管理司、种植业管理司、畜牧业司、农垦局、渔业局等职能机构。在省一级，省级的主管部门主要是农业厅，下设种子管理站、农业环保站、土壤肥料站、植物检疫站、植物保护站等机构。市、县一级的主要是农业局，下设种子管理站、土壤肥料站、农业技术站、植物保护站等。

　　从上述农业机构的沿革我们可以清楚地看出，农业行政执法体制属于典型的职能交叉、分散执法模式。"一部法规、一支队伍、一条线"是农业执法的基本特征。上述特征决定了农业行政执法领域是全国较早推行综合执法的机关。

　　自 1996 年开始，原农业部印发《关于农业系统贯彻实施〈中华人民共和国行政处罚法〉的通知》（农政发〔1996〕6号），确定在浙江省开展农业综合执法试点工作，探索行政执法体制改革。1998 年，原农业部开始准备在全国积极推广浙江省

---

〔1〕　为表述清楚，本书把 1998 年至 2018 年之间的农业部称为"原农业部"。

的综合执法经验。1999 年 1 月，原农业部正式印发《关于进一步开展农业行政综合执法试点工作的意见》，明确开展农业行政综合执法试点的指导思想和目标、主要内容及基本安排等。在试点中，各试点单位积极开展综合执法工作，取得了一定的成效。比如，开展试点的新乡市，大胆探索，形成了三种各具特点的农业执法模式。一是统一管理，集中办公，实行大综合执法；二是统一管理，分区域执法（即执法大队下设 2 个~3 个中队，每个中队负责几个乡）；三是统一管理、综合与分散相结合执法。[1] 同年 7 月，原农业部又印发了《关于加强渔业统一综合执法工作的通知》，明确提出强化综合执法，积极推进渔业行政执法体制改革。根据上述要求，各地在现有渔政、渔港监督执法队伍的基础上，组建了一支处罚主体统一的渔业综合执法队伍。2002 年，原农业部印发了《关于开展农业行政综合执法的工作方案》，对农业综合执法进行了明确规定。2002 年修订实施的《农业法》第 87 条明确规定，县级以上农业行政主管部门要实行综合执法，提高执法的效率和水平。2004 年，在总结综合执法试点经验基础上，农业部印发了《关于继续推进综合执法试点工作的意见》，选择了 100 个县启动第三批试点，综合执法进入全面规范发展阶段。2008 年，原农业部印发《关于全面加强农业执法扎实推进综合执法的意见》，明确提出综合执法的五个原则，农业综合执法全面铺开。综合执法的五个原则分别为：综合的内容依照法律法规规定；综合的范围限于现行体制之内开展；综合的职能主要是行政处罚权；综合的重点在县级；综合的形式是因地制宜。"截至 2010 年年底，全国已有 30 个省

---

[1] 罗健："农业综合执法专题报道之一——新乡市如何开展农业行政综合执法"，载《中国牧业通讯》2001 年第 4 期。

220个市、2137个县开展了农业综合执法工作，县级覆盖率已达91%，比上一年提高了13个百分点。"[1]

与之相对应，2003年国家林业局印发《林业综合行政执法的试点方案》，开始在全国林业领域进行大面积综合执法试点，并在河北、山西、辽宁、湖南、湖北等11省、直辖市的21县和县级单位，开始首批综合执法试点工作。

纵观农业领域的综合执法改革，具有如下基本特征：（1）从执法主体看，综合执法在原农业部的主导下启动，自上而下地开展，通过在农业部门建立综合执法机构，代表农业行政部门进行执法。这是一种内部分工与优化的调整，属于典型的内部行政安排。（2）从执法权限看，将执法职能相对集中，由综合执法机构行使，不涉及其他行政部门的职权。相对集中行使的是法律、法规、规章规定的农业行政部门的执法职能，而法律、法规明确授权其他执法主体行使的职权仍然保持不变。执法中所涉及的试验、检测、鉴定等技术性工作由各专业机构承担。因此，相对集中不涉及法律、法规的调整，而是在法律规定的框架之内。（3）从综合的执法职能来看，主要采用三种模式：①综合行政处罚权、行政许可权和行政收费权；②综合行政处罚权和部分许可权；③仅仅综合行政处罚权。（4）从综合执法的主体来看，执法主体主要有三种不同的模式。①组建综合执法机构和法制工作机构，实行一套班子、两块牌子、合署办公。②单纯设立综合执法机构，由综合执法机构实施相关执法工作。③没有设立综合执法机构，由法制工作机构实施综

---

[1]　魏百刚等："农业行政执法体系建设问题研究"，载农业部管理干部学院、中国农业经济法研究会编：《农业法律研究论丛（2011）》，法律出版社2011年版，第109~110页。

合执法。[1](5) 从综合执法模式来看，综合执法从松散型日益向紧密型综合执法转变。"综合执法模式的变化规律是：由单独执法至联合执法再到综合执法，由松散型模式走向紧密型模式，由高度集中走向专项集中。"[2]

三、城市管理领域的综合执法实践

随着中国城市化速度的加快，城市管理的复杂性日益加强，如何有效地进行城市管理成了摆在各大城市面前的突出难题。从 20 世纪 90 年代开始，各地相继开展了城市管理领域行政执法的探索，特别是在相对集中行政处罚权工作开展的背景下，全国各大城市先后建立了城市管理综合执法部门。梳理这一发展过程，城市管理综合执法大致经历了以下几个阶段：

从 1990 年至 1997 年，城市管理综合执法处于自发摸索阶段，缺乏系统性。自 1990 年开始，上海市开始在个别地区开展综合执法试点工作，探索行政执法体制改革。1990 年，经上海市政府批准，静安区政府率先进行委托式综合执法。同年 3 月，静安区政府组建静安区城市管理监察队，内设中队和街道分队，正式接受区环卫、交通市容、工商、园林、环保等 11 个部门委托的综合执法权限，执法范围涉及区内道路、广场、街坊等公共场所。1994 年，静安区城市管理监察队被撤销。[3]

---

〔1〕 "认真总结试点经验大力推进农业行政综合执法——刘坚副部长在全国农业行政综合执法试点工作总结会议上的讲话"，载《江西农业经济》2000 年第 5 期。

〔2〕 魏百刚等："农业行政执法体系建设问题研究"，载农业部管理干部学院、中国农业经济法研究会编：《农业法律研究论丛（2011）》，法律出版社 2011 年版，第 115 页。

〔3〕 王立帆、何小英："上海城市管理综合执法的基本经验"，载《上海城市管理职业技术学院学报》2001 年第 5 期。

这一时期的城市管理综合执法具有如下基本特征：（1）从执法主体看，综合执法由城市管理监察队负责，通过政府部门的委托授权统一开展执法工作。（2）从执法权限看，城市管理监察队享有非常有限的职责，只有委托授权的职能，缺乏法定的授权。（3）从社会效果来看，综合执法取得了一定效果，但也暴露出了委托执法的局限性和临时性，缺乏规范性和长期性。

从 1997 年至 2002 年，城市管理综合执法处于试点创新阶段。1996 年 3 月 17 日，第八届全国人民代表大会第四次会议通过《行政处罚法》。同年 4 月 15 日，国务院印发《关于贯彻实施〈中华人民共和国行政处罚法〉的通知》（国发［1996］13号），要求各省、自治区、直辖市人民政府要认真做好相对集中行政处罚权的试点工作，探索建立有利于提高行政执法的权威和效率的行政执法体制。原国务院法制局于 1997 年 3 月 7 日批复了《关于在北京市宣武区开展城市管理综合执法试点工作的复函》（国法函［1997］12 号），同意在北京市宣武区（今属西城区）开展城市管理综合执法试点工作，这是地方政府进行城市管理综合执法试点的最早批复。随后，国务院法制局相继批复了《关于在广东省广州市开展城市管理综合执法试点工作的复函》（国法函［1997］186 号）、《关于在广西壮族自治区南宁市开展城市管理综合执法试点工作的复函》（国法函［1997］187 号）。据此，北京市宣武区和广州市、南宁市开始了城市管理综合执法改革的试点工作。1997 年 4 月，北京市人民政府决定在宣武区开展全国首家城市综合执法试点工作，并印发了《关于在宣武区开展城市综合执法试点工作的通知》（京政办函［1997］77 号）。同年 5 月 23 日，北京市宣武区正式组建了全国首个城管综合行政执法试点单位原宣武区城管监察大队，集中行使原市容环卫、园林绿化、规划、工商、交通等部门的查处职能。1998 年 7 月 28 日，北京市人民政府决定在东城区、西城区、崇文区（今属东城区）、朝阳区、海淀区等 7 个区扩大城市管理综合执法的试点工作，并印发了《关于本市城市管理综合执法试点工作扩大区域的通知》（京政办函〔1998〕110 号）。在试点区组建综合执法组织，名称为区城市管理监察大队，集中行使市容环境卫生、城市园地绿化、城市规划管理、工商行政管理、公安交通管理等相关违法行为的调查与处罚。2000 年 11 月 8 日，经北京市人民政府同意，决定在门头沟区、房山区、通州区、顺义区、昌平区的市区和大兴县（现大兴区）、平谷县（现平谷区）、怀柔县（现怀柔区）、密云县（现密云区）、延庆县（现延庆区）的县政府所在地的镇推广城市管理综合执法试点工作，并印发了《关于在本市远郊区县组建城市管理综合执法组织的通知》（京政办函〔2000〕42 号）。

1999 年 6 月 1 日，广州市人民政府决定在全市推进综合执法试点工作，并印发了《关于推进城市管理综合执法试点工作的决定》（穗府〔1999〕39 号）。广州市城市管理综合执法支队是广州市人民政府在城市管理方面的综合执法机关，在各区设立城市管理综合执法大队。市支队、区大队分别作为行政执法主体。市城市管理综合执法队伍行使的职权包括市容环境卫生管理、城市规划管理、城市绿化管理、环境保护、工商行政管理、公安交通管理和市政管理方面的法律、法规、规章规定的相应行政处罚权。2001 年 3 月 20 日，为进一步加强城市管理，广州市人民政府决定将广州市建设系统等部门部分行政处罚权委托市城市管理综合执法队伍行使，并印发《关于委托市城市管理综合执法队伍行使部分行政处罚权的通告》（穗府［2001］17号）。具体包括市建设委员会的建筑施工、城市路灯照明、建筑行业劳保金管理，市国土局房地产管理局的城市房屋拆迁管理、修缮管理、安全管理，市公用事业管理局的燃气、供水、出租小客车管理，市防空办公室的人民防空工程建设管理等部分行政处罚权。在委托执法范围内，由市城市管理综合执法队伍以委托机关的名义行使行政处罚权。各委托机关负责对市城市管理综合执法队伍实施行政处罚的行为进行监督，并对该行为承担法律责任。

在各地城市管理综合执法试点的基础上，原国务院法制办公室于2000年7月在深圳市召开全国相对集中行政处罚权试点工作座谈会，对这一阶段的试点经验进行总结与交流，对存在的问题进行研究并提出了完善意见。2000年9月，国务院办公厅印发《关于继续做好相对集中行政处罚权试点工作的通知》（国办发［2000］63号），明确要求积极、稳妥地扩大试点范围，把试点的经验运用于市、县机构改革，进一步理顺市、县行政管理体制。随后，原国务院法制办公室又批准了64个城市开展相对集中行政处罚权的试点工作。

这一时期的城市管理综合执法具有如下基本特征：（1）从推动机关看，城市综合执法是在原国务院法制办公室的批复、指导下开展的，政府法制系统是开展城市综合执法的主导力量。（2）从执法主体看，综合执法都是以城市管理监察队的形式出现的，称为监察总队、监察大队、监察支队等，组建一个综合执法机关，所需编制主要从现有编制中调剂解决。（3）从执法权限看，城市管理综合执法权限相对集中，主要集中在市容环境卫生管理、规划管理、工商管理、公安交通管理和强制拆除等方面。(4) 从试点范围来看，综合执法试点的范围不大，属于初步试点。"截止到 2002 年 8 月，按照国务院有关文件的规定，已经有 23 个省、自治区的 79 个城市和 3 个直辖市经批准开展了相对集中行政处罚权试点工作。"[1]当时，各方对试点的认识并未统一，试点的合法性也有争议。比如，有观点认为："城市管理综合执法当前不适宜在全国推广，因为城市管理综合执法还缺乏足够的法律依据……试点复函确定的一个行政机关集中行使行政处罚权的内容，与现行有关法律关于行政处罚的实施主体的规定发生了法律冲突……"[2](5) 从社会效果来看，综合执法具有直接的法律依据，对于解决多头执法、职责交叉，提高行政执法水平和效率具有重要意义。"综合执法成效明显，成效之一是执法体制初步理顺；成效之二是执法力度显著增强；成效之三是执法形象明显改善。"[3](6) 从综合试点看，综合执法实际上等同于相对集中处罚权，"'相对集中行政处罚权'与'综合执法'的概念在行政执法实践中没有作严格区分甚至相互混用"[4]，两者在一个意义上使用。

2002 年至今，城市管理综合执法处于全面推进阶段。2002年 8 月，国务院印发《关于进一步推进相对集中行政处罚权工作的决定》（国办发 [2002] 17 号），为了进一步在全国推进相对集中行政处罚权工作，依照行政处罚法的规定，国务院授权

---

〔1〕 章志远："相对集中行政处罚权改革之评述"，载《中共长春市委党校学报》2006 年第 1 期。

〔2〕 参见王毅："城市管理综合执法依据及其法律冲突"，载《吉林师范学院学报》1999 年第 4 期。

〔3〕 夏俊生："城市管理综合执法改革试点的启示——一个'大盖帽'比几个'大盖帽'管得好"，载《瞭望新闻周刊》1998 年第 41 期。

〔4〕 屈向东："从部门执法到综合执法"，载《云南大学学报（法学版）》2009 年第 4 期。

省、自治区、直辖市人民政府，可以决定在本行政区域内有计划、有步骤地开展相对集中行政处罚权工作。因此，城市管理领域的相对集中行政处罚权工作开始在全国全面铺开。2002 年10 月，经国务院同意，国务院办公厅转发了中央机构编制委员会办公室《关于清理整顿行政执法队伍实行综合行政执法试点工作意见》（国办发［2002］56 号），明确提出在开展相对集中行政处罚权的基础上，做好综合行政执法试点与相对集中行政处罚权有关工作的相互衔接，重点在城市管理、文化市场管理、资源环境管理、农业管理、交通运输管理以及其他适合综合行政执法的领域，合并组建综合行政执法机构，实行综合行政执法。2002 年 11 月，党的第十六次全国代表大会召开，会议通过了《全面建设小康社会，开创中国特色社会主义事业新局面》的报告，明确提出要按照精简、统一、效能的原则和决策、执行、监督相协调的要求，继续推进政府机构改革，科学规范部门职能，合理设置机构，优化人员结构，实现机构和编制的法定化，切实解决层次过多、职能交叉、机构臃肿、权责脱节和多重多头执法等问题。2003 年 2 月，中央机构编制委员会办公室和原国务院法制办公室联合发出《关于推进相对集中行政处罚权和综合行政执法试点工作有关问题的通知》（中央编办发［2003］4 号），明确要求将相对集中行政处罚权工作与综合行政执法四点工作统一起来，做到统一规划、统一部署、统一组织、统一抓落实。相对集中行政处罚权必须与清理整顿行政执法队伍、实行综合行政执法联系起来，作为共同解决多头执法、重复执法、执法扰民和执法队伍膨胀的重要举措。2003 年 3 月，第十届全国人民代表大会第一次会议通过了国务院机构改革方案。按照完善社会主义经济体制和推进政治体制改革的要求，坚持政企分开，精简、统一、效能的依法行政原则，进一步转变政府职能，调整和完善政府机构设置，理顺政府部门职能分工，提高政府管理水平，形成行为规范、运转协调、公正透明、廉洁高效的行政管理体制。

2002年12月，北京市人民政府办公厅正式印发《北京市城市管理综合行政执法局职能配置、内设机构和人员编制规定的通知》（京政办发〔2002〕59号），正式批准组建北京市城市管理综合行政执法局，授予市政管委、市环保局、市园林局承担的相关行政处罚权，编制150名。2004年1月，北京市人民政府决定扩大城市管理综合行政执法局的职责，将部分行政机关相应的行政处罚职责交由城市管理综合行政执法队伍统一行使。包括：原由交通行政管理部门、工商行政管理部门和区、县人力三轮车管理机构行使的相关行政处罚权和原由旅游行政管理部门行使的对无导游证相关行为的行政处罚权。

2004年2月，上海市将综合执法的范围扩大到建设、市容环卫、市政工程、绿化、水务等部门的行政处罚实践中。2005年6月，上海市人民政府发布《关于本市开展市级层面城市管理领域相对集中行政处罚权工作的决定》，专门设立上海市城市管理行政执法局。2012年4月，上海市人民代表大会常务委员会通过《上海市城市管理行政执法条例》，明确了城市管理执法权限，规范了城管执法行为。2014年12月，上海市市委、市政府印发《关于进一步完善本市区县城市管理综合执法体制机制的实施意见》（沪委办发〔2014〕36号），明确要求规范机构设置，理顺职责关系，推动重心下移，提高执法效能，建立资源整合、职责清晰、权责一致、运作高效的城市管理综合执法体制机制，全面提升本区城市管理综合执法水平。2015年6月，上海市人民代表大会常务委员会通过《关于修改〈上海市城市管理行政执法条例〉的决定》，将原有的市和区县两级执法体制调整为市、区县、镇乡人民政府三级执法体制，城管执法机构由区县派驻改为"镇属、镇管、镇用"，同时在街道范围内仍维持区县城管执法部门派驻的方式。2015年11月，上海市人民政府通过了《上海市城市管理行政执法条例实施办法》，细化了城市管理综合执法改革，推动执法重心下移。

2008年8月，广州市人民代表大会常务委员会通过了《广州市城市管理综合执法条例》，明确城管综合执法部门是本级人民政府实施城市管理综合执法的行政机关，使城管综合执法有法可依。2009年3月，广州市人民政府办公厅印发《关于全面推进区街（镇）城市管理综合执法工作方案的通知》（穗府办〔2009〕16号），明确要求各区城管分局在区属各街（镇）设立执法队，作为区城管分局的派出机构，街（镇）执法队以区城管分局的名义实施行政处罚。街（镇）执法队实行条块结合、以块为主的管理体制，街（镇）执法队接受区城管分局和街道办事处（镇人民政府）双重领导，业务工作接受区城管分局的领导和监督，人事、财务由街道办事处（镇人民政府）管理，日常工作由街道办事处（镇人民政府）指挥、调度和考核，行政执法责任由街道办事处（镇人民政府）承担。2009年7月，广州市开始推进城管综合执法中队下放属地街道管理的试点工作，将城市管理综合执法中队的人、财、物移交给属地街道办事处，由街道办事处统一调配城管综合执法中队。2009年9月，广州市组建了广州市城市管理委员会，将原市容环卫局、市爱卫办的全部和原市政园林局、城管执法局的部分职能划入市城市管理委员会。2006年7月，深圳市开始在龙华、布吉等六街道开展综合执法试点。2006 年 12 月，深圳市人民政府印发《关于全面推进街道城市管理综合执法工作的决定》（深府〔2006〕268 号），明确要求合理划分市、区、街道相关行政机关的权限与责任，实行重心下移、以块为主，在强化属地管理责任的基础上，相应加强基层的执法权限，丰富基层的执法手段。街道综合执法的范围包括市容环境卫生、规划和国土资源管理等 21项综合执法事项。2013 年 6 月，深圳市人民代表大会常务委员会通过《深圳经济特区城市管理综合执法条例》，规范城市管理综合执法行为。

这一时期的城市管理综合执法具有如下基本特征：（1）从执法依据来看，各地相继启动地方立法，城市管理执法告别了无法可依的时代，进入了有法可依的时代，城市管理执法主体地位有了法律保障。城市管理领域的地方立法是中国城市化进程发展的必然选择，城市管理综合执法客观上需要被纳入法制化轨道。（2）从执法权限看，城市管理综合执法权限合法化、明确化。城市管理执法是经过法定授权的执法，有法可依。（3）从综合执法的实践来看，综合执法改革进入快车道，在全国各地全面进行，取得了良好的效果。同时，综合执法的重心开始下移，由综合执法机构向基层（街道办事处）转移。一方面，城市管理综合执法就是以相对集中行政处罚权为基础，归并城市管理职能部门的相关职权，进行综合集中。另一方面，在集中的基础上进行了权力下放，执法重心下移，城管中队下街道。（4）从执法理念来看，综合执法和相对集中处罚权得到了科学区分，两者具有不同的内涵和要求。综合行政执法是在相对集中行政处罚权基础上对执法工作的改革，综合执法的范围更为广泛、职能配置更为科学、改革效应更加明显。[1]

四、文化领域的综合执法实践

从 20 世纪 80 年代以来，为了规范文化经营行为，维护文化市场秩序，国家相继成立了分别由文化、新闻出版、广电等部门为主的行政执法机构，形成了"三管齐下"的局面。由于涉及包括演出、娱乐、美术品、广播电影电视、音像制品、图书报刊、电子出版物和文物等诸多领域，因此文化市场执法必然涉及诸多部门。为了加强对文化市场的管理，早在 1989 年深圳就率先组建了第一支综合执法队伍——深圳市文化稽查大队，将文化艺术、新闻出版和广播电视三个部门合并，专门成立了文化委员会。1996 年又加上了版权局的牌子，在全国最早建成了"四局合一"的大文化管理架构。在大文化理念下实施的文化综合执法，既精减了行政人员，又减少了行政管理成本。从建立之初至 2004 年底，"深圳市文化局全部行政编制才 67 人，文化稽查大队 32 人，每年至少节约行政管理经费上千万元"。[2] 2000年 1 月，上海市开展了文化领域综合行政执法试点工作，并配套出台了《上海市文化领域行政执法权综合行使暂行规定》，设立了全国第一家独立建制的文化领域综合行政执法机构——上海市文化稽查总队。之前的文化执法基本是按条线分割进行管理，即娱乐归文化局、音像归广电局、图书归出版局、文物归文管会、体育场所归体委，形成各自为政的局面。上海市文化稽查总队受市文化广播影视、新闻出版、文物、体育等行政管理

---

〔1〕　陈中伟："从相对集中行政处罚权到综合行政执法改革"，载《上海城市管理职业技术学院学报》2004 年第 4 期。

〔2〕　易运文："深圳文化综合执法调查——加强文化市场管理促进文化产业发展"，载《光明日报》2004 年 11 月 3 日。

部门的委托，综合行使文化娱乐、艺术展览、广播、电影、电视等文化市场的行政处罚权。随后，全市各区（县）也相继成立文化稽查分队，形成了两级文化综合执法机构设置。2002 年 11 月，党的十六大之后中央先后出台了数个关于文化体制改革的文件，明确要求在改革试点的基础上积极推动文化市场综合行政执法机构的建立，并将文化、广电、新闻出版等机构的行政处罚以及相关的行政强制、监督检查职权委托给综合行政执法机构行使。根据中央的部署，上海、广东等地先后开展了文化市场综合行政执法试点工作。2004 年 9 月，中共中央办公厅、国务院办公厅转发《中央宣传部、中央编办、财政都、文化部、国家广电总局、新闻出版总署、国务院法制办〈关于在文化体制改革综合性试点地区建立文化市场综合执法机构的意见〉的通知》（中办发［2004］24 号），要求各文化体制改革综合性试点地区建立文化市场综合行政执法机构，并且明确直辖市、副省级城市组建文化市场行政执法总队，暂作为政府直属的行政执法机构，对同级文化市场管理工作领导小组负责，县级市和县现有的文化局、广播影视局、新闻出版局合并，设立文化广电新闻出版局，统一履行文化、广播影视、新闻出版等部门的行政管理职能，组建文化市场行政执法队，作为其直属机构，以文化广电新闻出版局的名义对属地文化市场实施综合执法。2004 年 10 月，浙江省委办公厅、省政府办公厅转发《省委宣传部、省编委办、省财政厅、省文化厅、省广电局、省新闻出版局、省政府法制办关于建立文化市场综合执法机构的实施意见》（浙委办发［2004］45 号），明确要求建立集中、统一的文化市场综合执法机构，杭州市、宁波市建立文化市场行政执法总队，暂作为政府直属的行政执法机构，其他 9 个省辖市建立文化市场行政执法大队，作为文化广电新闻出版局直属机构，以文化广电新闻出版局名义对属地实施综合执法。县（市）组建文化市场行政执法队，作为文化广电新闻出版局直属机构，以文化广电新闻出版局名义对属地实施综合执法。2004 年 12 月，上海市政府印发了《关于本市进一步完善文化领域相对集中行政处罚权工作的决定》和《上海市文化领域相对集中行政处罚权办法》，批准设立市文化市场行政执法总队，作为市人民政府直属的行政执法机构，在全市行政区域内行使文化领域的行政处罚权以及与行政处罚权相关的行政强制权和行政检查权，同时撤销原市文化稽查总队建制。至 2005 年 9 月，全市 19 个区县相继设立区、县文化市场行政执法大队，作为区（县）人民政府直属的行政执法机构，在本行政区域内行使文化领域的行政处罚权以及与行政处罚权相关的行政强制权和行政检查权。总队和大队分别是市政府和县政府直属的行政执法机构。2005 年 2 月，深圳市文化市场行政执法总队挂牌成立，以市文化（广电、新闻出版）局的名义对外执法。2006 年 5 月，南京市印发了《中共江苏省委、江苏省人民政府关于印发〈江苏省文化体制改革试点工作方案〉的通知》（苏发［2006］33 号），明确要求设立市文化市场管理工作领导小组、组建市文化综合执法机构。为落实上述方案，南京市机构编制委员会印发了《关于印发南京市文化综合执法总队主要职责内设机构和人员编制规定的通知》（宁编字［2010］10 号），明确规定南京市文化综合执法总队为市文化广电新闻出版局（市文物局、市版权局）所属副局级全额拨款事业单位，受南京市文化广电新闻出版局（市文物局、市版权局）委托，承担组织开展文化行政综合执法的责任。2008 年以后，随着大部制改革的推进，各地开始从大部制的视角对文化市场执法进行改革，力图将分散于党政文化职能部门的不同管理职能进行有效整合，实行文化部门、广电部门和新闻出版部门"三合一"的文化综合执法体制。2008 年 7 月，《国务院办公厅关于印发文化部主要职责内设机构和人员编制规定的通知》（国办发〔2008〕79 号），明确规定文化部文化市场司的职责包括"指导文化市场综合执法，推动副省级城市和地市级以下文化、广电、新闻出版等部门执法力量的整合"。2009 年，中央宣传部、中央编办、原文化部、原广电总局、原新闻出版总署联合印发《关于加快推进文化市场综合执法改革工作的意见》（中宣发〔2009〕25 号），明确要求整合行政资源，创新监管机制，实行文化市场统一综合执法，是中央关于政府机构改革的明确要求，也是文化市场自身不断发展的迫切需要。2010 年 3 月，中央编办印发了《关于整合组建文化市场综合执法机构加强文化市场综合执法人员编制管理的实施意见》（中央编办发〔2010〕47 号），明确要求推动副省级及以下城市、县文化市场综合行政执法机构的整合组建，并强调规范机构的整合与设立。2011 年 3 月，济南市人民政府办公厅印发《济南市文化市场综合行政执法局主要职责内设机构和人员编制规定》，明确了综合行政执法局集中行使文化产业、文物经营、广播电影电视、新闻出版、著作权、计算机软件管理方面法律、法规、规章规定的市级行政处罚及相关行政强制、监督检查职责，并设立了三个执法处具体负责文化市场的执法。2011 年 10 月，北京市人民政府颁布了《北京市文化市场综合行政执法办法》，明确规定由市文化市场综合行政执法部门行使的职权，市文化、广播电影电视、新闻出版版权、文物等原职能部门不再行使。2011 年 12 月，原文化部颁布《文化市场综合行政执法管理办法》，明确提出要建立统一、完善的文化市场综合行政执法工作制度。

文化市场综合行政执法改革使文化市场由分头管理、多头执法向统一领导、综合执法转变，执法力量明显加强，执法效能显著提高，执法成本显著降低。文化市场综合执法改革从执法体制上彻底革除了分散执法模式存在的各自为政、政出多门、职责不清、多头管理等弊端，并在实践中形成了委托性综合执法模式和授权性综合执法模式。这两种模式相对于改革前的分散型的执法模式，都具有明显的优势。

五、交通领域的综合执法实践

在传统交通体制中，由于条块分割的原因，采取的是典型的多头执法、分散执法模式。交通行政执法体制是以交通运输部、省（自治区、直辖市）交通运输厅为领导，以公路局、道路运输局、规费征稽局和港航局等专业管理机构为主线，以条块关系为内容，形成了国务院、省（自治区、直辖市）、地市、县、乡分级管理的结构。交通运输部作为国务院主管公路、水路交通的行政主管部门，负责和监督全国的交通行政执法工作；省交通厅的主要职能是制订辖区的交通运输发展战略、法规、方针和政策；负责辖区的交通行政执法工作。各专业管理机构则是相应专业的行业管理职能的具体执行者。因此，在交通系统中按照路政、运政、港航、稽征等职能分工，成立了与之对应的执法机构，从上至下形成了纵横交错、多头执法的局面。具体情况如下表：

表 3-1　省、市交通行政执法体制概况

执法门类		道路运政	公路路政	水路运政	港口行政	航道行政	海事行政
执法机构	省级	交通厅公路运输管理处	交通厅路政管理处	港航局水运管理处	港行管理局港口处	航道局	海事局
	市级	道路运输管理局或交通管理总站或运输管理站	路政管理科或路政管理所或地方公路管理总站	港航管理局（所）	港行局（所）	航政监理所	海事分支局

　　因此，交通执法体制具有两个典型特征，"从横向看，执法权过于分散，职能交叉而导致多头执法；从纵向看，执法权力又过于集中，缺乏适度分离和制衡，导致一条龙执法、趋利执法等问题"。[1]针对这种情况，各地开始探索交通联合执法、综合执法。早在 1994 年，重庆市人民政府就率先在高速公路管理实践中实行"统一管理，综合执法"的管理体制，组建统一的高速公路综合执法大队，统一行使路政、运政、征稽和交通安全等执法权。《行政处罚法》颁布实施后，1998 年 3 月，重庆市

---

　　[1]　刘恒主编：《行政执法与政府管制》，北京大学出版社 2012 年版，第 295 页。

第一届人民代表大会常务委员会第八次会议通过了《关于加快高等级公路建设和加强高等级公路管理的决议》，以地方立法确立了统一管理、综合执法的模式。广东省交通运输厅从 2000 年开始探索交通行政执法的联合执法模式，在韶关、湛江、佛山等地的交通局、公路局抽调执法人员进行联合执法。自 2001 年 9 月开始，重庆市永川市（今永川区）交通局率先进行交通行政执法体制改革，实行相对集中执法模式（即一局、三所、一队）。随后，重庆市大足县、南岸区等区县相继实施行政执法体制改革。当时，针对县级交通行政执法的现状，各地采取的改进做法主要是：撤销县区路政执法大队、运政执法中队等机构，缩减运管、公路管理等机构编制，将运管执法、路政执法、海事执法等职能合并，组建交通行政执法大队，由执法大队统一集中行使行政执法权。2003 年，中央编办、原国务院法制办印发《关于推进相对集中行政处罚权和综合行政执法试点工作有关问题的通知》（中央编办发［2003］4 号），确定在重庆市和广东省进行试点，将综合行政执法推广到交通运输行政管理、文化市场管理、农业管理等行政执法领域。2004 年 1 月，交通运输部印发了关于《开展交通综合行政执法改革试点工作的意见（征求意见稿）》，决定在公路、水路开展交通综合执法试点，建立统一的交通综合行政执法机构或按照公路执法、水路执法分别组建综合行政执法机构，相对集中行使有关法律、法规、规章赋予交通部门的行政执法职能。在此背景下，交通综合行政执法在全国范围内正式启动。2005 年 1 月 31 日，广东省办公厅印发《广东省综合行政执法试点方案》（粤府办［2005］9 号），确定集中交通执法的多项职能和执法机构，整合省、市、县交通部门及交通领域事业、企业单位的公路运政、水路运政、公路路政、航道行政等各种职能，在省、市、县交通行政机关内设立交通综合执法机构。2005 年 6 月 21 日，重庆市人民政府印发《关于在全市交通领域实行综合行政执法试点工作的意见》，明确在市级将路政、运政、港航、征费稽查、高速公路五个方面的交通监督处罚职能进行整合，统一交由市交通综合行政执法机构承担。其中，主城九区之内的交通执法由市交通综合行政执法机构为主，主城九区以外的其他区县（自治县、市）将路政、运政、港航等三个方面的交通监督处罚职能进行整合，交由区县（自治县、市）交通综合行政执法机构承担。在机构设置上，市级组建重庆市交通行政执法总队，为市交委自属的统一行使监督处罚职能的综合行政执法机构；主城九区以外的其他区县（自治县、市）设立交通行政执法大队，为区县（自治县、市）交通行政主管部门直属的统一行使监督处罚职能的综合行政执法机构，机构规格与区县（自治县、市）交通行政主管部门内设机构一致。同年 6 月 29 日，重庆市交通行政执法总队挂牌成立。这是全国省级交通行政部门推行交通综合执法成立的第一个综合执法机构。2007 年 3 月，成都市交通执法部门在全国推行"分区域综合执法"，即在一个区域内只设置一支执法队伍，由统一的交通执法队伍对路政、运政、海事、稽征、城市交通等方面实行综合执法。[1]继 2005 年重庆市交通行政综合执法试点之后，广东省成了交通部在全国推行综合行政执法的第二个试点地区。2007 年 7 月，广东省交通运输厅综合行政执法局挂牌成立，将原本分散的道路运政、公路路政、水路运政、航道行政、港口行政、交通规费稽查等六大执法职能，统

---

〔1〕 参见黄颖："成都将推行'分区域综合执法'"，载《成都日报》2007 年 3 月 13 日。

一由各级交通综合行政执法机构以同级交通行政主管部门的名义实施综合执法。2010 年 12 月，福建省交通运输厅成立福建省交通综合行政执法总队，对分散在各级公路管理机构、运管机构、港航管理机构及地方海事机构中的公路路政、道路运政、港政、航政、水路运政、地方海事等方面的监督处罚职能进行整合，统一由交通综合行政执法机构承担。在各地试点的基础上，针对交通执法机构的设置，机构职能的配置，交通执法的管理和监督等方面积累了许多宝贵的经验，形成了"一厅多局一总队""一厅两局一总队""一厅一队一中心"等多种综合执法模式。相比较而言，综合行政执法改革的可行模式为"一厅二局一总队"，即省（自治区）级形成交通运输厅加公路及运输管理局、港航管理局和交通执法总队模式；市级形成交通局加公路及运输管理局、港航管理局和交通执法支队；县级为交通局加公路及运输管理局、港航管理局和交通执法大队。[1]客观地讲，综合执法较好地解决了交通执法实践中多头管理、力量分散、各自为政等弊端，统一了执法主体，整合了执法资源，提高了执法效率，形成了执法的合力。2013 年 11 月，中国共产党第十八届三中全会作出《中共中央关于全面深化改革若干重大问题的决定》，明确提出深化行政执法体制改革。在此背景下，各地又相继推进交通行政执法体制改革。2014 年 8 月，河南省人民政府印发《关于全省交通运输行政执法体制改革的意见》（豫政〔2014〕65 号），明确要求将分散在各级交通运输管理、公路管理、农村公路管理、道路运输管理以及省高速公路管理等部门的行政处罚、行政强制、监督检查等职能予以整合，

---

〔1〕 参见吕长红等："论交通行政执法体制的创新"，载《武汉交通职业学院学报》2006 年第 3 期。

交由各级新组建的交通运输行政执法机构承担，将现有各级各类公路执法机构和道路运输执法机构予以整合，省、市、县三级原则上只设一个交通运输行政执法机构，统一机构名称。

交通领域的综合执法具有如下基本特征：一是时间跨度不长，起步相对较晚。从时间上看，交通领域大规模的综合执法改革相对较晚，是在 2003 年之后相继启动的。交通领域的综合执法的探索起初并没有一个统一的主导机关，而是由各地根据本地实际开展的。二是简化机构，统一执法主体。各地撤销原有的路政大队、运政执法中队等执法单位，对各种执法监督检查职能进行合并，组建统一的执法机构，实现了一顶"大盖帽"执法。"据了解，实施综合执法后，主城区交通执法机构由 31 个减至 12 个，执法人数由 1000 多人减至 365 人，执法成本降低 50%以上。"[1]三是理顺了体制，集中了执法职能。省一级设立交通综合执法总队，市一级设立交通执法局（或行政执法总队），区县一级设立交通行政执法大队，将省、市、县交通部门及交通领域事业、企业单位的公路运政、水路运政、公路路政等方面的职能集中起来，职责分工明确，行政执法体制单一。四是综合执法是一种交通部门内的职能整合，而不是跨部门的综合。综合执法涉及的职能调整只局限于交通行政主管部门内部的重新分工和调整。

六、综合执法实践的归纳与总结

综合执法是近些年出现频率较高的概念，但究竟何为综合执法却是一个不易说清的问题。"所谓行政综合执法（以下简称

---

〔1〕"交通综合行政执法重新定义'大盖帽'"，载《重庆日报》2007 年 5 月 21 日。

综合执法），是指一个行政机关或法定组织通过一定的法律程序，集中行使有关几个行政机关的行政检查权和行政处罚权的一种行政执法体制。"〔1〕实际上，综合执法是指一个行政执法主体集中行使其他行政执法主体职权范围内的执法权限而形成的一种综合性的执法模式。相对集中其他执法部门的执法权限，实行综合执法，必须遵循依法行政的原理。梳理上述综合执法的历程，我们不难发现，其经历了四个不同的阶段，每个阶段呈现出不同的特点：

第一阶段，1996 年之前，这一阶段可被称为"综合执法探索期"。这一时期，综合执法名不副实，综合执法机构实质上不具备执法主体资格，只是一种徒具表象的改进。归纳其基本特征有如下几个方面：一是综合执法的推动机关主要是本级机关或本级政府，属于"内生型"的改革，缺乏足够的外部推动力。二是综合执法处于自发摸索状态，具有临时性和局限性。这一点在实践中表现得尤为明显，"行政综合执法队伍稳定性差，人员变动随意性大，难以保证执法人员素质和综合执法质量"。〔2〕上海市自 1990 年组建静安区城市管理监察队进行委托执法，至 1994 年便予以撤销。南京市自 1988 年组建公安领域的巡警队开始综合执法，只从事形式上的巡逻勤务工作，不享有事务处置权。三是综合执法的范围较窄，只是行政机关内部的职能调整，涉及面不大，尚未引起社会关注。四是综合执法的实践采取委托执法的方式，缺乏综合执法的法律依据。"行政综合执法的实

---

〔1〕　吴金群："综合执法：行政执法的体制创新"，载《地方政府管理》2000年第 9 期。

〔2〕　雷新明、杨临宏："关于行政综合执法几个理论问题的研讨"，载《河北法学》2003 年第 4 期。

践先于《行政处罚法》的颁布。"[1]

第二阶段，从 1996 年至 2002 年，这一阶段可被称为"行政处罚背景下的综合执法时期"。《行政处罚法》第 16 条规定，国务院或国务院授权的省、自治区、直辖市人民政府可以决定一个行政机关行使有关行政机关的行政处罚权。这一时期，综合执法具有特定的内涵，即相对于分散执法而言，主要是指相对集中处罚权方面的试点内容。从规范意义上分析，最早使用"综合执法"的应当是 1996 年农业部印发的《关于农业系统贯彻实施〈中华人民共和国行政处罚法〉的通知》（农政发 [1996] 6 号)，确定在浙江省开展农业综合执法试点工作。1997 年，北京市人民政府向原国务院法制局申请《关于开展城市管理综合执法试点工作的函》（京政办函 [1997] 2 号)。随后，原国务院法制局批复了《关于在北京市宣武区开展城市管理综合执法试点工作的复函》（国法函 [1997] 12 号)。值得注意的是，当时开展综合执法试点的深层次原因系《行政处罚法》中"相对集中行政处罚权"的贯彻实施。因此，综合执法与相对集中行政处罚权密切相关。实际上，综合执法与相对集中行政处罚权原本是包含与被包含的关系，是两个不同的概念与范畴。为什么在实践当中没有进行科学地区分呢？"有一个概念问题需要说明，试点初期我们给国务院领导汇报时使用了'综合执法'概念，是因为当时的认识仅仅达到这一步，而'综合执法'是相对分散执法而言，从这个角度讲是可以的。"[2] 据此，当时使

---

[1] 张吕好："城市管理综合执法的法理与实践"，载《行政法学研究》2003 年第 3 期。

[2] 青锋："关于相对集中行政处罚权的几个问题"，载《城市开发》2001 年第 10 期。

用"综合执法"的概念主要是相对于"分散执法"而言的，它是以开展相对集中行政处罚权试点工作为内容的。2000 年 7 月，原国务院法制办公室在深圳召开全国相对集中行政处罚权试点工作座谈会。从会议的名称即可以看出，原国务院法制办公室已经没有继续使用"综合执法"的概念，而代之以"相对集中行政处罚权"。正如国务院法制办公室时任副主任曹康泰所说："从这个制度的本来含义讲，更准确的提法应当是相对集中行政处罚权。"〔1〕

　　这一时期的综合执法具有如下基本特征：一是综合执法的推动机关是原国务院法制办（农业执法领域的综合执法为原农业部推动），属于自上而下的试点改革，动因主要是行政处罚法中"相对集中行政处罚权"的规定。二是综合执法的内涵狭小，实践中将综合执法等同于相对集中行政处罚权。此时的综合执法主要是指与相对集中行政处罚权试点相关的工作，是相对于分散执法而言的。三是综合执法的执法领域相对单一，主要局限于城市管理领域，而农业管理领域是例外。四是综合执法的执法职能比较集中，主要是行政处罚权的综合。"在诸多国家权力中最为重要的一种就是行政处罚权，因为行政处罚权与行政相对人的权利是最为密切的，也是最容易引起当事人注意的。"〔2〕五是综合执法涉及的主体比较多，既有部门内的综合执法（农业管理领域开展有综合执法属于部门内的综合执法），又有跨部门的综合执法（城市管理领域开展有综合执法涉及市容环境、规划管理、工商管理等几个部门）。六是综合执法的开展具有法

─────────

〔1〕　曹康泰："在全国相对集中行政处罚权试点工作座谈会开幕式上的讲话"，载国务院法制办公室网站：http://www.chinalaw.gov.cn/article/fzjd/zfdt/200307/20030700053563.shtml，最后访问时间：2015 年 9 月 9 日。

〔2〕　关保英：《执法与处罚的行政权重构》，法律出版社 2003 年版，第 12 页。

律依据，试点具有官方导向性，比较规范可行。

第三阶段，2002年至2013年，这一时期可被称为"部门内综合执法时期"，综合执法主要是指在开展相对集中处罚权的基础上进行的执法机关内部统一行政执法机构、集中行政执法权限的活动。2002年9月，中央编办印发了《关于清理整顿行政执法队伍实行综合行政执法试点工作的意见》，再次使用综合执法的概念。同年10月，国务院办公厅转发了中央编办《关于清理整顿行政执法队伍实行综合行政执法试点工作意见》，明确提出要做好综合行政执法试点与相对集中行政处罚权有关工作的相互衔接，一个政府部门下设的多个行政执法机构，原则上归并为一个机构。2003年2月，中央编办和原国务院法制办联合印发《关于推进相对集中行政处罚权和综合行政执法试点工作有关问题的通知》，明确指出综合行政执法不仅将日常管理、监督检查和实施处罚等职能进一步综合起来，而且对政府有关部门的职责权限、机构设置、人员编制进行了相应调整。特别值得注意的是，2003年修订实施的《农业法》规定了"综合执法"的内容，这是我国法律首次使用这一概念。2004年3月，国务院颁布《全面推进依法行政实施纲要》，明确提出推进综合执法试点。

这一时期的综合执法具有如下基本特征：一是综合执法的推动机关发生了变化，由国务院法制办主导变为以中央编办为主，属于从上至下型的改革，动因主要是出于统一行政执法机构、清理行政执法队伍、加强机构编制管理的需要。二是综合执法的内涵日益科学，在实践中已经开始对综合执法与相对集中行政处罚权进行区分，综合执法的定位更加准确，涵盖了相对集中行政处罚权。三是综合执法的执法领域开始扩大，由传统的城市管理扩大至文化市场管理、资源环境管理、农业管理等领域。四是综合执法的执法职能相对集中，主要是行政处罚权的综合。五是综合执法涉及的主体相对单一，主要在部门内进行综合，属于部门内的综合执法。

第四阶段，2013 年至今，这一时期可被称为"由部门内综合执法向跨部门综合执法迈进时期"，综合执法已经成为党的重大决策，成为行政执法体制改革的重大问题。2013 年 11 月，党的十八届三中全会通过了《关于全面深化改革若干重大问题的决定》，明确提出深化行政执法体制改革，要求整合执法主体、相对集中执法权，推进综合执法。2014 年 10 月，党的十八届四中全会通过了《关于全面推进依法治国若干重大问题的决定》，明确要求推进综合执法，大幅减少市县两级政府执法队伍的种类，重点在食品药品安全、工商质检、公共卫生、安全生产、文化旅游、资源环境、农林水利、交通运输、城乡建设、海洋渔业等领域内推行综合执法，有条件的领域可以推行跨部门综合执法。2015 年 12 月，中共中央、国务院印发了《法治政府建设实施纲要（2015—2020 年）》，进一步要求大幅减少市县两级政府执法队伍种类，重点在食品药品安全、工商质检、公共卫生、安全生产、文化旅游、资源环境、农林水利、交通运输、城乡建设、海洋渔业、商务等领域内推行综合执法，支持在有条件的领域推行跨部门综合执法。

这一时期的综合执法具有如下基本特征：一是综合执法的推动机关层级更高，由原国务院法制办、中央编办主导提升至中共中央的决策。综合执法成了未来中国行政执法体制改革的重点。二是综合执法的内涵日益丰富，综合执法的地位更加突出。综合执法不仅涉及执法权的横向配置，而且涉及执法层次的纵向配置；不仅需要整合执法队伍，而且需要提高执法效率；不仅需要在数量上大幅减少执法队伍，而且需要在质量上加强专业化管理。三是综合执法的执法领域日渐扩大，由传统的部门内综合执法扩展至跨部门综合执法。

第二节　相对集中行政许可权的实践

早在中华人民共和国成立之时，党中央就高度重视行政审批制度，行政审批是计划经济体制政府管理的基本方式，是行政管理一种不可或缺的行政手段。虽然从严格意义上讲，行政审批并不是一个规范的法律术语，行政审批与行政许可是两个不同的概念，但"从行政审批制度改革的发展来看，行政许可正从审批这个大概念中日益独立出来，至于以后改革的方向是不是将整个审批制度纳入《行政许可法》的调整范围之中还不明确"。[1]针对这种现状，梳理相对集中行政许可的改革实有必要论及行政审批制度。改革开放以来，行政审批制度与市场经济的矛盾日益凸现。1993 年 11 月，中国共产党第十四届三中全会通过了《中共中央关于建立社会主义市场经济体制若干问题的决定》，明确要求用项目登记制代替行政审批制。"特别是在市场经济建设的过程中，行政审批制度暴露出的问题越来越多，这既极大地阻滞了市场经济的发展，又滋生了大量的腐败现象，行政审批因此而成了一个严重的社会问题。"[2]2001 年 9 月，国务院成立行政审批制度改革工作小组，积极地推进行政审批制度改革，力求建立科学合理的行政审批管理机制、高效规范

---

〔1〕　应松年主编：《行政许可法教程》，法律出版社 2012 年版，第 12 页。
〔2〕　应松年主编：《行政许可法教程》，法律出版社 2012 年版，第 55 页。

的行政审批运行机制、严密完善的行政审批监督机制。2001 年 12 月，我国加入世界贸易组织（WTO），我国行政审批制度的弊端突出地反映出来。"对于政府法制系统和行政系统而言，有效规制行政审批已成为当务之急。"〔1〕2002 年 11 月，国务院印发了《关于取消第一批行政审批项目的决定》（国发〔2002〕24 号），决定取消 789 项行政审批项目。2003 年 2 月，国务院印发《关于取消第二批行政审批项目和改变一批行政审批项目管理方式的决定》（国发〔2003〕5 号），再次取消 406 项行政审批项目，同时对 82 项行政审批项目作改变管理方式处理，移交行业组织或社会中介机构管理。2003 年 8 月，第十届全国人民代表大会常务委员会通过《行政许可法》。2004 年 5 月，国务院印发《关于第三批取消和调整行政审批项目的决定》（国发〔2004〕16 号），决定取消和调整 495 项行政审批项目。国务院高度重视行政许可法的贯彻实施，国务院常务会议专题研究了行政许可法的实施工作，并印发了《国务院关于贯彻实施〈中华人民共和国行政许可法〉的通知》（国发〔2003〕23 号），对实施工作进行了安排和部署。2003 年 12 月，国务院办公厅又印发了《关于贯彻实施〈行政许可法〉工作安排的通知》（国办发〔2003〕99 号），要求各地进行宣传、学习和培训，继续做好行政审批的清理和行政许可规定的清理工作。2004 年 1 月，国务院召开全国贯彻实施行政许可法工作会议，专门部署行政许可法的实施工作。2004 年 7 月 1 日，《行政许可法》正式施行。《行政许可法》第 25 条规定，经国务院批准，省、自治区、直辖市人民政府根据精简、统一、效能的原则，可以决定一个行政机关行使有关行政机关的行政许可权。根据上述规定，相对集中许可权

---

〔1〕 关保英："行政审批的行政法制约"，载《法学研究》2002 年第 6 期。

制度具有三个基本特征：一是集中性，即将多个行政机关的多项行政许可权集中到一个行政机关。二是相对性，即将业务相近的几个行政机关的行政许可权部分集中。三是严格性，即不是哪个机关都具有集中许可权的权限，只有省、自治区、直辖市人民政府才有权决定，而且必须经国务院批准后才能集中。四是转移性，即行政许可的实施主体发生转移，原行政机关不再行使集中后的许可权。[1]"相对集中行政许可权的核心是许可权的集约化行使，从许可程序来看，许可权可以划分为受理、审核、决定等步骤……集中行政许可权，既可以是受理权、送达权等程序的集中，如集中受理、集中送达，也可以是审核权、决定权等行政许可实质权限的集中。"[2]自此，相对集中行政许可具有了法律依据，各国可依法开展相对集中许可权的探索与试点。令人吊诡的是，相对集中许可权呈现出了一种异样的场景。"从行政许可实施到目前，还没有一个地方正式向国务院申请开展相对集中行政许可权。"[3]直至2015年4月，中央编制办公室、原国务院法制办公室印发《关于印发〈相对集中行政许可权试点工作方案〉的通知》，这一状况才得以改观。

相对集中行政许可权的发展大致可以分为三个不同的阶段：

第一阶段，1993年至2004年，即《行政许可法》实施之前的审批创新，此时行政审批的相对集中是为了提高效率。1993年，基于发展市场经济的需要，国家开始全面接受市场机制在资源配置中的基础作用。为适应这种需要，一些地方开始考虑在政府部门进行行政审批改革。广东省深圳市在1997年开始第

---

[1] 汪永清主编：《行政许可法教程》，中国法制出版社2011年版，第91页。
[2] 王敬波：《法治政府要论》，中国政法大学出版社2013年版，第57页。
[3] 汪永清主编：《行政许可法教程》，中国法制出版社2011年版，第92页。

一轮全面的审批改革，由此成为第一个开始审批改革的地方政府。1998 年 1 月，深圳市市委、市政府颁布《深圳市政府审批制度改革实施方案》（深发〔1998〕1 号）。其中明确规定：凡是能由市场调节的就坚决放开，切实减少行政审批；对关系到社会经济发展的重大事项，要依法审批；加强行政审批的后续监管。到 1999 年为止，深圳市政府部门的行政审批项目数量由 732 个减少到 305 个。[1] 2001 年 2 月，深圳市成立了新的审批制度改革领导小组，制定了《进一步深化审批制度改革实施方案》，明确提出了再精简审批、核准事项的目标，正式启动了第二轮行政审批改革。中央层面的正式改革始于 2001 年 9 月，从启动之日至 2004 年 8 月，国务院及其部委、直属机构废除并修改了 1806 项行政审批要求，这一数量占当时审批要求数量的 50.1%。

第二阶段，从 2004 年至 2008 年，行政许可的形式集中阶段，这一阶段只是实现了集中到一个大厅办理，解决了"一站式"办公的形式问题。在形式集中阶段，"行政许可权仍由原职能部门行使，原职能部门向行政服务中心派出人员，工作人员由原职能部门管理，代表原职能部门作出行为"。[2]《行政许可法》的颁布实施，促进了行政审批制度的法制化、规范化发展。"在《行政许可法》的引导下，各地如雨后春笋般地涌现出一大批便民服务中心、'一站式'或'一条龙'审批中心等审批服务机构。"[3]"结合《行政许可法》，各地政府实施了一些创新

〔1〕 参见《深圳商报》1999 年 10 月 17 日。

〔2〕 徐继敏："相对集中行政许可权的价值与路径分析"，载《清华法学》2011 年第 2 期。

〔3〕 肖金明、李卫华主编：《行政管理体制法治化研究》，山东大学出版社2010 年版，第 143 页。

做法，规范审批事项，加强监督管理。这些创新做法有：窗口办文、联合审批、并联审批、前置改后置、定期会审会签、网上审批、首问责任制、专家会审制、社会听证、建立行政服务中心等。"〔1〕"从相对集中行政许可权制度实施的状况看，全国所有省级地方都不同程度地开展相对集中行政许可制度，据不完全统计，截至2006年，全国设有不同层级的综合服务机构2100多家，几乎覆盖所有县市，一般一个县级行政单位就有一个行政服务中心。"〔2〕从全国各地行政审批大厅的运行情况看，主要采取了三种模式：第一，全能型的审批模式，即一级政府只成立一个审批大厅，将政府部门的绝大多数审批事项集中起来。浙江省湖州市政府成立办证中心，由41个部门组成，设立61个窗口。第二，经济型的审批模式，即将与经济发展相关的行政审批事项纳入审批大厅范围。第三，分散审批型的模式，即成立若干专业审批大厅，分别办理相关领域的审批事项。广东省深圳市设立外商投资服务中心，26家与外商投资审批的部门进驻服务中心。"尽管一些地方的行政审批大厅取得了一定的成效，但是从总体上看，这种政府超市的模式还只是一项治标之举，而非治本之策。"〔3〕"在很多地方，'一站式'服务机构往往成为'收发中心'，仅仅成为各种文件的聚集处或者中转站，文件的最终审批仍然要通过'体外循环'来实现。"〔4〕客观地说，形式集中虽然无法优化行政许可体系，具有很大的局限性，却实现了便民原则，极大地方便了行政相对人。"申请人

〔1〕 陈雪莲主编：《效率政府》，中央编译出版社2013年版，第153页。
〔2〕 王敬波：《法治政府要论》，中国政法大学出版社2013年版，第62页。
〔3〕 姜明安主编：《行政执法研究》，北京大学出版社2004年版，第63页。
〔4〕 沈荣华、钟伟军：《中国地方政府体制创新路径研究》，中国社会科学出版社2009年版，第99页。

在申请行政许可时，一般只需与行政机关确定的一个统一的机构接触，由这个统一的机构受理申请，并由该机构向申请送达行政许可决定，这样就避免了申请人为办理一项行政许可而跑多个内设机构的辛劳，降低了申请人的成本。"[1]从这个意义上讲，行政许可的形式集中也是各级政府面向社会、服务群众的一个重要窗口。

第三阶段，从 2008 年之后，进入行政许可的实体集中阶段，原行政许可机关不再行使行政许可权，行政许可职权统一由行政审批局对外行使。2008 年 12 月，成都市武侯区设立行政审批局，集中行使区发改委、物价局、教育局、科技局等 22 个区直部门的 69 项行政审批权，原有职能部门不再行使审批权限。行政审批局的设立，"将其改造享有实质性行政许可权力的、统一办理原由各部门分别办理的经常性行政许可事项的许可实施机构"。[2]因此，实体集中模式改变了行政许可的原有权力配置，涉及行政职权的大范围调整。"行政审批局模式改变了行政许可权隶属关系，原职能部门不再享有行政许可权，多数行政许可权统一由行政审批局行使，这是一种全新的行政管理模式。"[3]2013 年 3 月，第十二届全国人民代表大会第一次会议批准的《国务院机构改革和职能转变方案》明确提出，要减少和下放投资审批事项，减少和下放生产经营活动审批事项，减少资质资格许可和认定，取消不合法、不合理的行政事业性收费和政府性基金项目。2014 年 12 月，成都市武侯区被国家标

---

〔1〕　汪永清主编：《行政许可法教程》，中国法制出版社 2011 年版，第 101 页。

〔2〕　汪永清主编：《中华人民共和国行政许可法教程》，中国法制出版社 2003 年版，第 93 页。

〔3〕　徐继敏："相对集中行政许可权的价值与路径分析"，载《清华法学》2011 年第 2 期。

准委授予"行政服务标准化国家级示范区"。2015 年 5 月，中央编办、原国务院法制办明确将成都市武侯区等地开展相对集中行政许可权改革的试点经验向全国推广。2015 年 8 月，江苏省南通市全面推开相对集中行政许可试点改革，正式成立南通市行政审批局。"南通市行政审批局对外挂牌，这标志着我国第一家经中央编办、国务院法制办确定的地级市行政审批局在通诞生。"[1]与此同时，江苏省苏州市工业园区也正式成立园区行政审批局。通过对分散在各部门的行政许可事项进行全面清理和整合，"截至目前，园区已先后从 16 个部门划转 2 批共计 114 项审批事项，其中，许可类 86 项，另有 28 项为与之相关的管理与服务类事项，所划转事项均以清单形式明确"。[2]行政审批局的成立，努力实现投资项目的"六个一"（一本蓝图管规划、一个窗口管审图、一张表格管评估、一部车子管勘验、一张单子管收费、一枚图章管审批）、实现政府监管与服务的"六个一"（一套清单管边界、一个部门管市场、一支队伍管执法、一个机制管检查、一个平台管信用、一个号码管服务）。2016 年 1 月，成都市武侯区政务服务中心全区行政许可 100%集中，正式搭建了"四中心一平台"，即统一受理中心、要件审查中心、"三并联"中心、现场踏勘中心和网上中介平台，推行"一窗受理、分类办理、受办分离、联合踏勘、一窗出证"，实现了"齿轮传动式高度啮合"的审批运行新模式。[3]2016 年 2 月，四川省人

---

〔1〕 徐亚华等："我市开展相对集中行政许可权改革试点"，载《南通日报》2015 年 8 月 21 日。

〔2〕 江苏省编办、苏州工业园区编办："深入推进相对集中行政许可权改革——苏州工业园区的探索"，载《中国机构改革与管理》2016 年第 9 期。

〔3〕 李娟："深化政务改革 全区行政许可权 100%集中——探访'行政服务标准化国家级示范区'的武侯经验"，载《成都日报》2016 年 1 月 14 日。

民政府正式印发《关于成都市武侯区等地相对集中行政许可权试点工作方案的批复》（川府函〔2016〕25 号），同意成都市武侯区和新津县人民政府、江油市人民政府行使相对集中行政许可权的行政机关——行政审批局作为本级人民政府的工作部门，不得作为政府部门的内设机构或下设机构设置。在相对集中行政许可权后，原有关部门不得再行使统一交由行政审批局行使的行政许可权。2016 年 5 月，南京市在溧水和高新技术开发区设置相对集中行政许可权，并成立行政审批局，政府部门相关职能划转行政审批局，实现"一枚印章管审批"。[1]

综合以上分析，行政许可的形式集中与实体集中具有根本不同，突出的特点如表 3-2 所示：

表 3-2　行政许可的形式集中与实体集中之比较

	形式集中模式	实体集中模式
机构地位	不属于一级政府的行政机构	是一级政府的职能部门
职责定位	不承担行政职能，只提供办公场所	承担行政许可职能，具备行政主体资格
设立原则	不遵循组织法定原则，依据政府文件即可设立	遵循组织法定原则，设立需要由本级政府报上级政府批准
职权范围	无行政许可权	具备行政许可权
责任形式	不承担行政责任	独立承担行政责任

---

〔1〕 参见韦铭等："南京试点'一枚印章管审批'"，载《南京日报》2016 年 3 月 22 日。

第三节　行政强制执行体制的改革

行政强制执行是行政法领域的一个热点问题，近三十年来学界的讨论从未间断过。在中国知网检索，不难发现自 1988 年以来，每年都有相关论文探讨行政强制执行问题。一般认为，行政强制执行是指公民、法人或者其他组织不履行行政机关依法所作行政处理决定中规定的有关国家机关依法强制其履行义务或达到与履行义务相同状态的行为。[1]从规范意义上讲，行政强制执行是指行政机关或者行政机关向人民法院申请，对不履行行政决定的公民、法人或者其他组织，依法强制履行义务的行为。"目前，与相应的宪政体制、法律传统等相适应，各国建立了各具特色的执行主体体制。总体上，没有一个国家把强制执行权完全赋予法院或者行政机关，可以说都形成了法院和行政机关平分秋色的局面，只是在权力配置上，根据执行手段、执行对象不同而有所侧重。"[2]综合世界各国的行政强制执行方式，大致有以下几种不同的模式：第一种，行政机关主导执行的模式。顾名思义，行政机关是行政强制执行的主体，代表国家有德国、奥地利等。"该模式的理论基础在于：行政权当然包含命令权和执行权，行政决定一旦做出，便具法律上的公定力、确定力、拘束力和执行力，相对人必须履行该决定设定的义务。"[3]德国应当说是行政强制执行制度的发源地，早在 19

---

〔1〕　应松年："论行政强制执行"，载《中国法学》1998 年第 3 期。

〔2〕　刘莘、张江红："行政强制执行体制探析"，载《法商研究》2001 年第 1 期。

〔3〕　李微微："试论我国行政强制执行主体模式确立及其完善"，载《行政与法》2001 年第 5 期。

世纪就有了相关的立法规定。虽然如此，但德国并没有形成统一的行政强制执行法律。由于德国实行联邦制，联邦与各州都有自己的行政强制执行法律。德国的行政强制制度离不开具体的行政执法行为。"行政行为既是行政活动的法定方式，其生效并且具有存续力更奠定了行政机关自力强制执行的基础。由于自力强制执行构成了对公民自由与财产的高度干涉，德国行政机关在实际执行中，须遵守严格的程序性规定；在使用裁量权时，须尽量将执行相对人的侵害减少到最低程度。"[1]第二种，司法机关主导执行的模式。行政强制的执行权属于司法机关，当行政相对人不履行行政义务时，行政机关必须请求司法机关强制执行。"例如联邦贸易委员会规定，当事人不服委员会命令停止某种行为的决定，必须在六个月内向上诉法院申请司法审查；六个月的申请期过后，或者在司法审查中上诉法院肯定委员会的决定以后，委员会的决定成为最后确定的决定，当事人不能在执行诉讼中，再以行政决定违法作为抗辩理由。在这种情况下，法院在执法诉讼中只审查当事人是否违反行政决定，不审查行政决定是否违法。"[2]代表性的国家有美国、英国等。第三种，行政机关与司法机关的折中模式。当行政相对人不履行行政义务时，既可以由行政机关自行强制执行，又可以申请司法机关强制执行。代表性国家有日本、葡萄牙等国。根据《行政强制法》第13条的规定，我国是以申请人民法院强制执行为原则，以行政机关自行强制执行为例外的模式。"中国的行政强制执行模式，是一种更加侧重于限制行政

---

[1] 李升、庄田园："德国行政强制执行的方式与程序介绍"，载《行政法学研究》2011年第4期。

[2] 王名扬：《美国行政法》，中国法制出版社1995年版，第582页。

权力，保护相对人合法权益，同时兼顾行政行为的专业性和效率性的模式。"[1]但在行政强制执行实践中，这种模式导致了诸多弊端，产生了一些问题。众所周知，司法机关不仅要行使审判权，立足于社会纠纷的解决，而且要参与许多政府统一部署的行政性活动，还要分出精力进行行政决定的执行。如此一来，容易使司法机关疲于应付，导致司法资源不足。应当说，司法为主的强制执行模式，有其固有的优势，比如"使行政强制执行在实施时多一道法院的审查，有利于减少不当错误，保护公民权利；不用'起诉'，有利于提高行政效率"[2]。面对现实两难的困境，为了解决司法机关在行政执行过程中的问题，最高人民法院开始探索"裁执分离"的行政强制模式。"对于行政机关申请执行的具体行政行为，由人民法院负责审查，具体执行工作由行政机关组织实施……从发展趋势看，'裁执分离'将成为今后人民法院依申请强制执行的主要模式。"[3]

"在我国现有的法律、法规中，仅有少数法律、法规作出了由行政机关强制执行的规定，而大多数法律、法规则规定由行政机关申请人民法院强制执行，即所谓司法强制执行。从拥有强制执行权的机关来看，仅限于公安、海关、税务、物价、审计、监察、外汇管理等为数不多的部门。"[4]"中国'司法为

---

〔1〕 马瑞辰："论中国的行政强制执行模式"，载《中国石油大学学报（社会科学版）》2015 年第 5 期。

〔2〕 陈红：《行政法与行政诉讼法学》，厦门大学出版社 2006 年版，第 204～205 页。

〔3〕 闫尔宝："行政强制执行二题：定位与责任"，载《行政法学研究》2014 年第 1 期。

〔4〕 刘道筠："行政综合执法界说"，载《中南民族大学学报（人文社会科学版）》2007 年第 1 期。

主，行政为辅'的双轨制行政强制执行模式导致的诸多弊端，降低了行政与司法的机能，因此，有必要对现行的行政强制执行双轨制模式进行改革。"[1]改革的呼声日涨，如何进行行政强制执行体制改革并未形成一致的看法。归纳起来，理论界与实务界主要有以下几个方面的主张：第一种观点，改良说，即在坚持现行行政强制执行模式的基础上，将执行和审查职能在司法机关与行政机关之间合理分配。主张在遵守司法审查的前提下，将行政强制执行权回收给行政机关，以行政权为主导进行强制执行。"应该坚持由行政机关统一行使执行权为原则，以涉及重大公共利益的执行案件由法院审查为例外。即一般情况下应由行政机关统一行使执行权，经法院进行合法性审查并裁定执行后行政机关才能强制执行，其中涉及重大公共利益的执行案件，应当由行政机关提交人民法院审查执行，以切实维护相关主体的合法权益。"[2]

第四节　不动产统一登记制度的实践

由于历史原因，我国的不动产登记制度是建立在计划经济时代条块分割的基础之上的，主要的不动产登记机关包括国土资源管理部门、房产管理部门、林业管理部门、草原管理部门、海洋行政管理部门、地质矿业管理部门等。早在 20 世纪 90 年代中期，就有学者专家撰文，呼吁建立统一的不动产登记制度，

---

〔1〕　马瑞辰："论中国的行政强制执行模式"，载《中国石油大学学报（社会科学版）》2015 年第 5 期。

〔2〕　马良全、王梦凯："宪法权力体制与行政强制执行模式调整"，载《湖北大学学报（哲学社会科学版）》2013 年第 1 期。

并就如何建立这一制度提出了若干构想。[1]2007年3月16日，《物权法》正式通过。《物权法》第10条第2款明确规定，国家对不动产实行统一登记制度。统一登记的范围、登记机构和登记办法，由法律、行政法规规定。从规范上讲，法律虽然规定了不动产统一登记制度，但这只是一个原则规定，没有可操作性，无法具体实施。因此，在《物权法》实施后很长一段时间内，不动产统一登记制度事实上一直处于搁置状态。2013年3月14日，第十二届全国人民代表大会第一次会议表决通过了《关于国务院机构改革和职能转变方案的决定（草案）》，明确要求加强基础性制度建设，建立不动产统一登记制度。这个决定的出台，标志着不动产统一登记制度正式启动。同年11月20日，国务院常务会议决定，整合不动产登记职责，由国土资源部负责指导、监督全国土地、房屋、草原、林地、海域等不动产统一登记职责，基本做到登记机构、登记簿册、登记依据和信息平台"四统一"。2014年1月21日，中央编办发布《关于整合不动产登记职责的通知》，明确规定由原国土资源部指导监督全国土地登记、房屋登记、林地登记、草原登记、海域登记等不动产登记工作；会同有关部门起草不动产统一登记的法律法规草案，建立不动产统一登记制度，制定不动产权属争议的调处政策；推进不动产登记信息基础平台建设。2014年5月7日，原国土资源部在地籍管理司加挂不动产登记局的牌子，原国土资源部不动产登记局正式成立。2014年11月24日，国务院正式公布《不动产登记暂行条例》，标志着不动产统一登记制

---

〔1〕 黄永超："不动产登记效力初探"，载《烟台大学学报（哲学社会科学版）》1994年第2期；孙本鹏："论我国不动产登记制度及其完善"，载《法律适用》1996年第7期。

度的正式建立，2015 年 3 月 1 日起开始施行。2015 年 4 月 20 日，原国土资源部、中央编制办公室联合发布的《关于地方不动产登记职责整合的指导意见》（国土资发〔2015〕50 号），明确要求县级以上地方人民政府应当确定一个部门为本地区的不动产登记机构，负责不动产登记工作。2015 年 5 月 4 日，原国土资源部发布《关于做好不动产权籍调查工作的通知》、《不动产权籍调查技术方案（试行）》（国土资发〔2015〕41 号），明确要求准确把握不动产登记的要求，高度重视不动产权籍调查工作。2015 年 7 月 13 日，原国土资源部、住房和城乡建设部发布《关于做好不动产统一登记与房屋交易管理衔接的指导意见》（国土资发〔2015〕90 号），就做好不动产统一登记与房屋交易管理有序衔接进行了规定，以确保不动产统一登记工作平稳推进。2015 年 8 月 3 日，原国土资源部《关于做好不动产登记信息管理基础平台建设工作的通知》（国土资发〔2015〕103 号）、《不动产登记信息管理基础平台建设总体方案》，明确要求高度重视信息平台建设，加快推进重点工作。2016 年 1 月 15 日，原国土资源部官网发布《不动产登记暂行条例实施细则》（国土资源部令第 63 号），规范不动产登记行为，细化不动产统一登记制度。2016 年 2 月，上海市不动产统一登记工作全面启动。在上海市规划国土资源部门设立不动产登记局，负责全市不动产统一登记工作，整合市规划国土资源、住房城乡建设管理等部门及承担不动产登记职能的事业单位，组建市不动产登记事务中心，作为市规划国土资源部门所属事业单位，具体负责登记事务。[1]

---

　　[1]　参见卢为民："上海市不动产统一登记工作全面启动"，载《中国国土资源报》2016 年 2 月 1 日。

相较于传统的登记方式，统一不动产登记制度具有以下突出特点：首先，统一登记机关和登记职责，由自然资源部门统一行使登记职权。"根据职权法定原则，登记机关的职责是立法中不可回避的问题。登记职责应当由登记审查职责和事后监督职责组成。"〔1〕因此，到底由哪个行政机关来行使登记职责即登记机关的统一，是构建统一不动产登记制度的前提与基础。统一登记机关设立在自然资源部门，有其固有优势。这是因为不动产登记物权在本质上直接指向土地的物权或者是建立在土地物权之上的物权。所以，以土地登记为基础，当然可以包容其他的不动产物权的登记。因此，无论从登记理论还是登记实践来看，自然资源部门作为登记机关都具有合理性。

其次，完善不动产统一登记程序和规定。不动产登记程序是指不动产登记所采用的法定步骤及相关手续。登记审查在登记程序中是关键环节，它既是登记机关行使行政管理职能的体现，又关系着登记申请人权利保障的实现。登记机关在审查不动产登记申请的过程中，应该采取什么方式审查？是单纯的形式审查，还是进行实体审查？这是一个重点问题。

第五节　行政体制改革的实践

行政执法体制不是孤立的、封闭的，而是与政府机构改革、行政体制改革密切相关的，是一个有机的整体。行政执法体制作为行政体制的一部分，往往会受到行政体制改革的影响。"改变目前行政执法中存在的职能交叉、权责不清、多头执法与执

---

〔1〕　江玉桥、戚浩飞："'统一'之路 立法为先——对不动产统一登记立法工作的完善意见"，载《中国土地》2014年第5期。

法不力的局面的根本途径就在于根据经济社会发展的需求，积极推进政府机构改革。"[1]改革开放以来，我国先后进行了八轮行政政府机构改革。每次机构改革都涉及政府部门职能的调整、政府机构的合并分设，这些都与执法体制具有关联性。政府机构在行政执法领域是作为行政执法组织出现的，它是行政执法的法定职权主体，在行政执法中处于重要位置。因此，政府机构是行政执法的载体，是行政执法体制改革的组织保障。鉴于政府机构与行政执法体制的这种关系，我们实有必要梳理政府机构改革的基本历程，分析行政执法体制的变化轨迹。严格地说，中国的政府机构改革在中华人民共和国成立后、改革开放前就已经展开，但限于篇幅和研究旨趣，本节仅梳理改革开放后的政府机构改革。特别是涉及行政执法职能调整、体制变革的相关内容。

一、1982 年机构改革

从 1977 年至 1979 年，国务院迅速恢复增设了 38 个机构，主要是经济类的机构。到 1981 年底，国务院共有 100 个工作部门，规模达到中华人民共和国成立后的最大值。当时的现状是，"我们的经济管理工作，机构臃肿，层次重叠，手续繁杂，效率极低……如果现在再不实行改革，我们的现代化事业和社会主义事业就会被葬送。"[2]因此，1982 年，国务院进行了机构改革。这是中国改革开放以来进行的第一次规模较大的行政管理体制改革。这次机构改革的主要任务是，采取有效措施，改变部门林立、机构臃肿、层次繁多、互相扯皮、人浮于事、副职

---

〔1〕　石佑启等：《论行政体制改革与行政法治》，北京大学出版社 2009 年版，第 340 页。

〔2〕　《邓小平文选》（第 2 卷），人民出版社 1994 年版，第 150 页。

虚职过多、工作效率很低的状况，进一步明确行政、事业、企业的界限，精减领导班子和干部队伍，克服官僚主义，提高工作效率。这次机构改革的主要内容如下：一是大幅调整、裁并机构。国务院工作部门由 100 个裁并至 61 个，省、自治区政府工作部门由 70 个左右减至 40 个左右；县级政府工作部门由 40 个左右减至 20 个左右。二是紧缩人员编制，精减人员。国务院工作部门由 5.1 万人减少为近 4 万人，省级政府工作人员由 18 万人减少为 12 万人；县级政府工作人员则精简了 20%。三是组建经济组织，向政企分开迈出步伐。大幅度地撤并了经济管理部门，并将其中一些条件比较成熟的单位改成经济组织，下放经济管理权限、财政收支权限等。四是推进干部队伍建设，提出革命化、年轻化、知识化、专业化原则。五是废弃实际中的领导干部职务终身制，实行干部离退休制度。省部级任职年龄不能超过 65 岁，副部级不能超过 60 岁。

此次机构改革的成效：一是减少了机构，减少了人员，完成了精兵简政的任务。二是精干了领导班子，建立了离退休制度，提升了干部队伍素质。三是明确了职责分工，提高了工作效率。职责分工的明确是提高工作效率的一个重要环节。当然，这次改革也存在一些问题。这次机构改革是在经济体制、政治体制尚未全面开展的情况下进行的，因而是一次不全面、不彻底的改革，基本没有触动高度集中的计划经济管理体制。

从行政执法体制的视角分析，本次机构改革有以下亮点：首先，明确了部门职权，理顺了执法依据。本次改革坚决改变分工不合理、职责不明的状况，要求机构职能明确。"每个机构、每个人负什么责，办什么事，都要有个章程。"[1]其次，减

---

〔1〕 许放编著：《中国行政改革概论》，冶金工业出版社 2012 年版，第 129 页。

少执法机构，合并执法职能相同的部门。在本次机构改革中，重叠的机构一律撤销，业务相近的一律合并，工作交叉的加以调整。因此，一个机构可以办理的事项原则上交由一个机构，不再设立几个机构。国务院部委由原来的 52 个裁并为 42 个，将原有的农业部、农垦部、国家水产总局裁并为农牧渔业部，将原有的水利部、电力工业部裁并为水利电力部，将原有的文化部、对外文化联络委员会、国家出版事业管理局、国家文物事业管理局、外文出版发行事业局裁并为文化部等。综上，本次机构改革在执法职权与执法主体方面改进了执法效能，在一定程度上促进了执法体制的顺畅。

二、1988 年机构改革

1984 年后，中国改革的重心由农村转移到城市。特别是随着《中共中央关于经济体制改革的决定》出台并经两三年的尝试之后，政治体制改革的紧迫性日益凸显。1986 年 6 月，邓小平指出："政治体制改革同经济体制改革应该相互依赖，相互配合，只搞经济体制改革，不搞政治体制改革，经济体制改革也搞不通。"〔1〕至 1987 年底，国务院工作部门膨胀到 72 个。机构臃肿、人浮于事、效率低下的积弊日益显现。1988 年，国务院又进行了一次机构改革。这次改革的任务是，根据政企分开和精简、统一、效能的原则，进一步转变职能，理顺关系，精简机构和人员，提高行政效率，逐步建立一个符合现代化管理要求、具有中国特色的功能齐全、结构合理、运转协调、灵活高效的行政管理体制。这次改革的主要内容如下：一是实行政企分开、政事分开，明确提出转变政府职能。政府部门开始弱化

---

〔1〕《邓小平文选》（第 3 卷），人民出版社 1993 年版，第 164 页。

直接干预企业微观管理的职能，强化综合管理职能，将属于企事业单位的职能向外转移。"强调转变政府职能，是这次行政改革与以往几次行政改革的根本区别所在。"〔1〕二是精简机构，合理设置机构。国务院部委由 45 个减至 41 个，直属机构由 22 个减为 19 个，非常设机构由 75 个减至 44 个。三是合理确定编制，实行定职能、定机构、定编制的"三定"，行政管理开始从经验管理走向科学管理。通过"三定"，各部门明确了内设机构的职责，建立了按规定办事的工作制度。

此次机构改革第一次提出了以转变职能为重点的改革思路，抓住了行政管理体制的根本问题，符合经济体制改革方向和政企分开的客观要求，撤并了部分专业机构，取得了一定的成效。当然，由于客观条件的限制，从总体上看，"多数部门的职能转变工作没有取得实质性进展，管理方式没有发生根本性变化"〔2〕。从行政执法体制的视角分析，本次机构改革有以下亮点：首先，着力于解决执法功能问题，回应执法实践需要。在行政实践中，直接管企业、管产品的执法部门较多，而从事经济调节、市场监督、社会保障的执法部门却较为缺乏。因此，本次机构改革推动政府部门从原有的以产品计划为主导的微观管理开始向宏观管理转变，推动政府由重管控功能向重监督与服务功能转变。〔3〕其次，细化分解执法职权，确立执法部门的"三定"方案。本次机构改革提出了职能转变的思路，注重对政府部门的职能调查、职能分解、职能归并，在一定程度上理顺了执法体制、明确了执法职能。本次机构改革，根据职能转变

〔1〕 许放编著：《中国行政改革概论》，冶金工业出版社 2012 年版，第 129 页。
〔2〕 许放编著：《中国行政改革概论》，冶金工业出版社 2012 年版，第 139 页。
〔3〕 参见张成福、孙柏瑛主编：《社会变迁与政府创新：中国政府改革 30 年》，中国人民大学出版社 2008 年版，第 61 页。

与职责分工的要求，确立定职能、定机构、定编制的"三定"方案，进而精简机构人员。"例如，国家计委与各专业部门之间存在着职能重复。专业部门计划司局有 60% 的工作与原计、经委尤其是计、经委专业局的工作完全重复。组建新计委后，撤销了原有的专业局，明确计委是国务院管理国民经济与社会发展最高层次的权威综合部门与宏观管理部门，它把行业管理职能交给各专业部门。"[1]

三、1993 年机构改革

1992 年 10 月，党的第十四次代表大会提出了建立社会主义市场经济体制的目标。因此，为适应这一目标，与前两次改革相比，1993 年改革的最大不同在于把适应社会主义市场经济发展的要求作为改革的目标，将专业经济部门作为改革的重点。《关于国务院机构改革方案的说明》明确指出："这次机构改革的重点是转变政府职能，转变职能的根本途径是政企分开。要按照建立社会主义市场经济体制的要求，加强宏观调控和监督部门，强化社会管理职能部门，减少具体审批事务和对企业的直接管理，做到宏观管好，微观放开。要坚决把企业的权力放给企业，把应该由企业解决的问题，交由企业自己去解决。"这次改革在认真试点的基础上自上而下开展，历时近三年。依照转变职能、理顺关系、精兵简政、提高效率和因地制宜的原则，这次改革的主要内容如下：一是转变职能，强调政企分开。改革明确要求把属于企业的权力下放给企业，把应当由企业解决的问题交由企业自己去解决，减少具体审批事务和对企业的直

---

〔1〕 张成福、孙柏瑛主编：《社会变迁与政府创新——中国政府改革 30 年》，中国人民大学出版社 2008 年版，第 62 页。

接管理，做到宏观管好，微观放开。二是理顺关系，避免职责交叉。明确要求理顺国务院部门之间的关系，特别是综合经济部门之间以及综合经济部门与专业经济部门之间的关系，合理划分职责权限，避免交叉重复。三是精简机构编制。经过改革，国务院组成部门由41个减至40个，直属机构由19个调整为13个，办事机构由9个调整为5个。这次改革加强了政府宏观管理职能，进一步理顺了政府与企业的关系。

本次机构改革是1988年机构改革的继续，它不仅涉及行政职能的调整和机构的设置，而且还涉及党的机构、人大、政协等机构改革。从行政执法体制的视角分析，本次机构改革有以下亮点：首先，注重执法职能配置和机构设置，确立精简、统一、效能的原则。本次机构改革，调整综合经济部门，撤并专业经济部门和职能交叉或业务相近的管理部门，优化调整政府职能的重点。通过组建国家经济贸易委员会，强化经济发展战略、发展规划职能。国务院原有的18个专业经济部门，撤销了7个，新组建5个。其次，凸显了部门综合执法的趋向，催生了新的执法职能。本次机构改革对国务院直属机构、办事机构进行了大幅度精简，将许多机构并入部委，作为部委的内设职能局。改革后的上述机构在部委的统一领导下开展工作，履行职能，有效避免了政出多门的弊端。"政府工作的核心目标是加强市场培育，加强城市基础设施建设和社会服务，促进城乡协调发展，为企业发展创造良好的外部环境。"[1]民政、劳动、文化、教育等社会管理部门的职能也出现了很大变化。例如，劳动部的职能从侧重管理国有企业的劳动工作转向综合管理全

---

〔1〕 张成福、孙柏瑛主编：《社会变迁与政府创新——中国政府改革30年》，中国人民大学出版社2008年版，第73页。

社会的劳动事业，从主要运用计划方式、行政审批手段管理劳动力转向主要运用经济和法律手段实现劳动资源的管理配置。[1]

四、1998 年机构改革

经过 20 年的改革开放，中国社会正处于一个全面的转型时期，经济社会发展遇到许多新问题，面临许多新矛盾。1998 年 3 月，第九届全国人民代表大会第一次会议通过了《国务院机构改革方案》，正式拉开了第四次机构改革的帷幕。这次改革的目标是建立办事高效、运转协调、行为规范的行政管理体系，完善公务员制度，建立高素质的专业化国家行政管理干部队伍，逐步建立适应社会主义市场经济体制的有中国特色的行政管理体制。这次改革的主要内容如下：一是转变政府职能，实现政企分开，把政府职能切实转变到宏观调控、社会管理和公共服务方面。二是按照精简、统一、效能的原则，调整政府组织结构，实行精兵简政，加强宏观调控部门，调整和减少专业经济管理部门，适当调整社会服务部门，加强执法监督部门，发展社会中介组织。国务院组成部门由 40 个减至 29 个，国务院机关人员编制由 3.2 万人减为 1.67 万人。第三，按照权责一致的原则，调整政府部门的职责权限，明确划分部门之间的职能分工，将相同或相近的职能交由一个部门承担。国务院大幅度地裁并各部门的内设机构，重新界定部门职能。"据资料统计，在 1998 年国务院机构改革中，各部门的内设机构减少 1/4，有 100 多项职能下放给地方政府、企业和社会，还有 100 多项职能在国务

---

〔1〕　参见许放编著：《中国行政改革概论》，冶金工业出版社 2012 年版，第 147 页。

院各部门内进行转移、合并。"[1]

此次改革是改革开放以来机构变动最大、人员调整最多、改革力度最大的一次机构改革。虽然此次改革进展较大，成效显著，但仍然存在一些深层次的问题没有得到根本解决。政府的行政审批和对企业的干预仍然较多，政府的职能转变仍然滞后。经过此次改革，国务院组成部门仍然保留 29 个，机构的总量仍然较多。

从行政执法体制的视角分析，本次机构改革有以下亮点：首先，开始尝试界定政府职能（执法职能），明确职能布局。本次机构改革通过加强宏观调控、调整社会管理职能、强化执法监督聚焦于职能转变。其次，重视政府职能（执法职能）的社会化，充分发挥社会组织作用。本次机构改革确定政府在管理社会公共事务中的职责权限，发挥社会组织供给公共服务的作用。再次，明确部门之间的职能分工，注重综合执法效应。本次机构改革在政府部门之间调整的职能合计有一百多项，实现了行政执法职能的较大调整。按照权责一致的原则，将相同或相近的职能尽可能交由一个部门行使，改善了"九龙治水"的局面。

五、2003 年机构改革

随着改革开放和现代化建设的不断推进，特别是中国加入了世界贸易组织，政府职能和机构存在着一些不适应的问题日益凸现，迫切需要通过深化改革加以解决。2002 年 11 月，在党的第十六次代表大会上明确提出了深化行政管理体制改革的任

---

[1] 唐铁汉等：《深化行政管理体制改革》，国家行政学院出版社 2006 年版，第 6~7 页。

务。2003 年 2 月，党的十六届二中全会通过了《关于深化行政管理体制和机构改革的意见》。"在这样的背景下，2003 年国务院机构改革的重点就和以前有所不同，改革的重点不再是精兵简政，而是建立和完善国有资产管理机构体系，进一步完善宏观调控机构体系，强化政府的市场监管机构体系，建立内外贸统一的大商务管理机构体系。"[1]这次机构改革的主要内容如下：一是深化国有资产管理体制改革，成立专门的国有资产管理机构。二是加强宏观调控的有效性，成立国家发展和改革委员会。三是健全金融监管体制，设立中国银行业监督管理委员会。四是进一步理顺部门职责分工，组建商务部。五是加强食品安全和安全生产监管体制建设，组建国家食品药品监督管理局。

　　从行政执法体制的视角分析，本次机构改革有以下亮点：首先，从宏观上明确了政府职能（执法职能）的四大方面，突出了执法的重点与方向。本次机构改革以转变职能为关键，突出政府经济调节、市场监管、社会管理和公共服务职能。"针对经济调节越位、市场监管不到位、社会管理错位和公共服务缺位的判断，改革致力于进一步明确政府的职能方向、职能归属和职能关系，强化执法监管和公共服务职能。"[2]其次，从执法职能上合并同类项，同一事项整合到一个部门进行管理。本次机构改革将原国务院体改办的职能、原国家经贸委行业规划与产业政策制定等相关职能进行合并，由新组建的国家发改委统一行使。同时，对原国家经贸委内贸管理、对外经济协调等职

---

　　〔1〕 吴爱明、刘文杰：《政府改革：中国行政改革模式与经验》，新华出版社 2010 年版，第 27 页。
　　〔2〕 张成福、孙柏瑛主编：《社会变迁与政府创新——中国政府改革 30 年》，中国人民大学出版社 2008 年版，第 82 页。

能，原国家计委农产品进出口计划组织实施职能，原外经贸委的相关职能进行整合，由新组建的商务部统一行使。在《关于国务院机构改革方案的说明》中，官方用了三个"整合"来表达职能的调整，突出对分散在几个部门的职能进行合并调整。最后，开展相对集中执法权试点，探索综合执法的新模式。在城市管理领域，开始探索建立相对独立、集中统一的行政执法机构，进行行政处罚相对集中试点工作。

六、2008 年机构改革

"2008 年以及之前的机构改革，主要围绕适应经济体制改革和经济发展的需要而展开，政府职能调整和机构裁撤合并主要集中于经济职能领域，对社会管理和公共服务职能的建设重视不够，与社会发展对社会管理和公共服务职能需求的日益凸显的趋势不相适应。"[1]2008 年国务院机构改革的主要任务是围绕转变政府职能和理顺部门职责关系，探索实行职能有机统一的大部门体制，合理配置宏观调控部门职责，加强能源环境管理机构，整合完善工业和信息化、效能运输行业管理体制，以改善民生为重点，建立整体社会管理和公共服务部门。"大部制，也称大部门体制，是指在政府的部门设置中，将那些职能相近、业务范围雷同的事项，相对集中，由一个部门统一进行管理，最大限度地避免政府职能交叉、政出多门、多头管理，从而达到提高行政效率，降低行政成本的目标。"[2]根据第十一届全国人民代表大会第一次会议通过的《国务院机构改革方

〔1〕 黄小勇：《中国行政体制改革研究》，中共中央党校出版社 2013 年版，第 70~71 页。

〔2〕 中国行政体制改革研究会研究部编：《行政体制改革新探索》，国家行政学院出版社 2012 年版，第 44 页。

案》，这次改革主要内容如下：一是合理配置部门职权，建立大部门体制。组建工业和信息化部，加快走新型工业化道路的步伐；组建交通运输部，加快形成综合运输体系；组建人力资源和社会保障部，完善就业和社会保障体系；组建环境保护部，加大环境保护力度；组建住房和城乡建设部，加快建立住房保障体系，加强城乡建设统筹，等等。二是加快政府职能转变，加快推进政企分开、政资分开、政事分开，合理配置宏观调控部门职能，形成科学、权威、高效的宏观调控体系。加强能源管理，保障国家能源安全；国家食品药品监督管理局改由卫生部管理，理顺食品药品监管体制。三是以保障和改善民生为重点，积极推进权力下放。

从行政执法体制的视角分析，本次机构改革有以下亮点：首先，进行执法职能与机构的大变革，建立"大部门"体制。本次机构改革将大部门体制作为重要内容，以有机组合职能、减少职能交叉和多头管理、降低行政管理成本为目标。为了优化交通管理职能，对原交通部、中国民航总局、建设部的相关职责进行整合，由新组建的交通运输部统一行使。大部门体制改革为行政执法体制改革奠定了重要基础，有利于推行部门内综合执法工作。其次，注重执法职能的内部配置，建立"权力三分制"。通过合理设置机构内部的职权配置，建立决策权、执行权和监督权相互制约与相互协调的机制。

七、2013 年机构改革

以党的十八届三中全会为标志，这次的机构改革进入了全面深化改革的新时期。深化行政体制改革，推进国家治理体系与治理能力现代化成为机构改革的重要任务，2013 年进行的行

政体制改革呈现出了一些新特点。根据《国务院机构改革和职
能转变方案》精神，第七次行政体制改革的宗旨是："以职能转
变为核心，继续简政放权、推进机构改革、完善制度机制、提
高行政效能"，"为全面建成小康社会提供制度保障"。这一方案
对中国行政体制改革已经作出了整体部署，兼顾了行政管理体
制改革沿着既定方向分步骤推进。此次行政体制改革的新特点
可被概括为"三重点"和"三转变"：以实现经济增长方式由
政府主导向市场主导转变为重点，使政府从经济建设主体向公
共服务主体转变；以基本公共服务均等化为重点，使政府尽快
成为社会性公共服务的主体，强化政府的再分配职能；从政府
职能转变上推进政企、政事、政社分开，给市场主体"松绑"，
发挥市场对资源配置的调节作用；着重精简行政审批、行政许
可、资质认定、项目收费、工商登记以及社会组织管理的环节，
政府的监管从事前审批改革为事后监管。以强化政府自身建设
和行政管理体制为改革重点，政府彻底摆脱部门利益、行业利
益、地区利益的束缚，为社会公平正义提供重要的制度保障。
这次政府机构改革的重要内容有：一是推行机构整合，趋向于
大部门制改革。这次机构改革，稳步推进大部门制改革，实行
铁路政企分开，整合加强卫生和计划生育、食品药品、新闻出
版和广播电影电视、海洋、能源管理机构。在过去的基础上，
明显加强了组织机构整合力度，稳步推进大部门制改革，最大
限度地整合分散在国务院不同部门的相同或相似的职责、整合
业务相同或相近的机构、整合分散在不同部门管理的资源。正
部级机构减少了 4 个，组成部门减少了 2 个，国务院组成部门
降至 25 个。二是加快转变政府职能，强化职能转变和转移，这
是本次改革的一大亮点。通过减少审批、减少许可、简化登记、

减少收费等管理行为，大幅度地向市场让渡自主空间；通过改革社会组织登记制度、减少对社会组织的双重管理、促使权力与社会组织脱钩等措施，大幅度向社会让渡自主空间；通过下放投资审批权限、下放项目审批权限、下放转移支付支配权限等，向地方政府让渡自主空间。这次改革以更大力度，在更广范围、更深层次上着力推进向市场、社会、地方放权，减少对微观事务的干预，切实转变政府职能。三是加强基础性制度建设，夯实基础，依法行政。行政体制改革的根本目标就是建立一个完善的现代国家运行体制。

从行政执法体制的视角分析，本次机构改革有以下亮点：稳定推进大部门制，调整合并政府部门，为行政执法体制改革奠定了基础。本次机构改革通过整合相关部门的职权和机构组建了国家卫生和计划生育委员会、国家食品药品监管总局、国家新闻出版广电总局等部门。

八、2018 年党和国家机构改革

中共中央十九届三中全会通过《深化党和国家机构改革方案》正式拉开了第八次机构改革的帷幕。本次机构改革最大的特点是以坚持和加强党的全面领导为统领，全面统筹党政军群改革，将党纳入机构改革，提高党把方向、谋大局、定政策、促改革的能力。具体内容如下：一是以全面加强党的领导为统领，统筹设置党政机构，统筹党政军群机构改革。本次机构改革通过统筹党政军群机构改革，具体包括各级党组织、政府部门、人大、政协、司法机关、事业单位、社会组织、军队等八大类。理顺这些领域的重大关系，较好地解决机构重叠、职能重复等问题，形成权责清晰、正向互动、顺畅高效的工作格局。

"完善党领导 16 项重大工作的体制机制，在党中央领导下设置决策议事协调机构发挥决策、协调、统筹作用，应对复杂多变的国内外形势；以党的职能部门为依托发挥归口领导作用，通过统一领导、统一管理、优化配置等形式。"[1]二是继续推进大部门制改革，优化政府机构和职能设置。本次机构改革秉持着大农业、大环境、大资源、大市场监督的改革理念，对一些职能有交叉的部门进行了合并整合，比如将国土资源部、文化部、中国银监会、保监会、国务院法制办公室、环保部等部门进行了撤销或合并重组，涉及整合的机构有 80 多个。三是深化"放管服"改革，创新政务服务管理模式。本次机构改革注重精简办事流程、让数据跑腿、减少公众办事成本，

从行政执法体制的视角分析，本次机构改革有以下亮点：首先，高度重视政府职能，更加突出党和国家机构职能体系，着力于推进党和国家机构职能优化协同。结合新时代的发展要求，本次机构改革以问题为导向，突出深刻转变政府职能，不断完善宏观调控体系、市场监管执法体制等，增加生态环境保护职能等。构建系统完备、科学规范、运行高效的党和国家机构职能体系是本次机构改革的目标。"'建设一个什么样的适应中国特色社会主义新时代要求的党和国家机构职能体系与怎样建设机构职能体系'成为这次党和国家机构改革的总命题。"[2]其次，优化执法职权，加强市场监管职能，推进综合行政执法改革。本次机构改革遵循一件事情原则上由一个部门负责，组建了自然资源部、生态环境部、文化和旅游部等，优化了部门执法权

---

〔1〕 张博："改革开放以来党中央部门机构改革的历史与逻辑"，载《理论与改革》2019 年第 9 期。

〔2〕 李瑞昌："机构改革的逻辑：从政府自身建设到国家治理体系现代化"，载《华南师范大学学报（社会科学版）》2018 年第 6 期。

限，实现了执法的统一。同时，整合工商行政管理、质量技术监督、食品药品监督等职能，组建国家市场监督管理总局，理顺了市场监督的执法体制，实现了市场监督的统一。

九、机构改革的启示

七次机构改革经历了三十多年，积累了不少经验与教训。一是必须紧紧抓住政府职能转变这一核心，由全能政府向有限政府转变。"将职能转变放置在政府行政管理体制变革的核心位置，突出了改革的着力点，即由职能转变来引导权力重新配置、利益的重新组合、关系的重新调整和手段的重新选择。"[1]"中国行政体制改革历程也是一个行政职能不断转变的过程。"[2]适应经济发展的需要，转变政府职能是我国机构改革的重点。二是必须严格控制机构与人员这一定量，由规模政府向瘦身政府转变。"机构改革的直接目的就是为臃肿的机构'消肿'，为庞大的行政人员队伍'减肥'。因此，我们必须根据精简、统一、效能的原则，调整机构、精简人员。"[3]从改革的趋势来看，精简机构和人员、保持机构与人员下降是基本做法。"三定"是部门主要职责、内设机构和人员编制的简称。"制定和完善部门'三定'规定是组织实施机构改革方案的重要内容和中心环节，也是巩固改革成果的必然要求。"[4]三是必须高度重视依法行政这一关键，由人治政府向法治政府转变。完善行政运行机制，

〔1〕　孙柏瑛："30年来我国政府职能转变与机构改革"，载张成福、孙柏瑛主编：《社会变迁与政府创新：中国政府改革30年》，中国人民大学出版社2008年版，第94页。

〔2〕　许超：《新中国行政体制沿革》，世界知识出版社2012年版，第108页。

〔3〕　王学辉等：《行政权研究》，中国检察出版社2002年版，第278页。

〔4〕　沈荣华主编：《政府大部制改革》，社会科学文献出版社2012年版，第12页。

改革政府管理方式，加强依法行政和制度建设，是深化行政管理体制改革的重要内容。"中国 30 年来的行政体制改革，如果没有法制的跟进，政府管理的规范化、科学化、民主化是很难实现的。"[1]四是必须保持与经济同步这一原则，由单边推进向同步发展转变。政治体制改革必须与经济体制改革和其他各项改革相同步，整体部署，共同推进，互相促进。五是必须坚持顶层设计，进行渐进改革。七次改革都是在党的领导下进行的，改革的目标、任务和具体措施都是由党中央、国务院按照经济社会发展的需要而部署确定的。改革都是自上而下推动的，都是在党中央、国务院的统一领导下，有步骤、有计划地进行。政府机构改革的过程是政府确立理念、面对问题、回应问题、寻求发展的过程，是一步一个脚印日益深化的过程。因此，机构改革必须循序渐进、分步推进，做到长远目标与阶段性改革相结合。

---

〔1〕 汪玉凯等：《中国行政体制改革 30 年回顾与展望》，人民出版社 2008 年版，第 384 页。

我国行政执法体制改革的基本内容

中国的问题只能立足于中国的实际，行政执法体制改革同样如此，行政执法体制改革必须运用理论解决中国的现实问题。进一步改革和调整行政执法体制，创新行政执法体制和模式，使之适应当下中国发展的需要，是转变政府职能、建设法治政府和法治中国的必然选择。在现行行政执法体制的基础上，梳理党中央、国务院的相关规范，归纳行政执法体制改革之应有内容，找寻行政执法体制改革之重点难点成了当务之急。

第一节 行政执法体制改革的规范梳理

行政执法体制由无到有、从单一至复杂，被日益建立起来。行政执法体制改革则由点及面、从地方至中央日益得到重视。这些年来，党中央、国务院出台了大量有关行政执法体制或行政执法体制改革的文件。梳理这些文件我们不难发现，行政执法体制改革呈现出了其特有的规律性。通过规范梳理，行政执法体制的发展大致可以被划分为如下过程。

一、行政执法体制酝酿阶段（1978 年至 1999 年）

在这一阶段，行政执法领域重点关注执法中的具体制度与突出问题，而没有直接涉及行政执法体制。因此，党中央、国务院尚未明确提出行政执法体制方面的概念与内容，行政执法体制没有引起足够的关注。

1978 年 12 月，中国共产党第十一届三中全会召开，大会通过公报，明确提出"做到有法可依，有法必依，执法必严，违法必究"。

1982 年 11 月，国务院的《政府工作报告》明确要求"任何人违反财经纪律，都要追究责任，情节严重的要依法惩处。执法犯法的，要加重处分。对于那些坚持原则，敢于同违反财经纪律行为作斗争的同志，要坚决给以支持和鼓励。任何人对他们进行打击报复，必须依法从重惩处"。显然，此处的执法还不是我们法定意义上的行政执法。

1983 年 6 月，国务院的《政府工作报告》明确提出"要处处为人民的利益着想，严格按照宪法和法律办事，真正做到有法必依，执法必严，违法必究"。这里提出的"执法必严"主要是针对政法工作提出的要求，当时的执法主要存在于公安执法领域，执法面相对较窄。

1986 年 3 月，国务院的《政府工作报告》明确提出"各级政府及其工作人员，要自觉地接受广大人民群众、各级人民代表大会及其常务委员会的监督，同时在工作中真正做到有法必依，执法必严"。同时强调"必须树立起扶正压邪的好风气，表扬和鼓励那些坚决抵制不正之风的好干部，坚决支持那些敢于坚持原则、秉公执法的好同志"。

　　1987 年 3 月，国务院的《政府工作报告》同样涉及行政执法的内容与要求。一是明确提出"我们要进一步健全和完善社会主义的法律体系，并且真正做到有法必依，执法必严，违法必究，坚定不移地执行法律面前人人平等的原则，切实保证全面改革和各项工作的正常进行，保证国家的长治久安，保证公民的合法权益不受侵犯"。二是明确要求"一切政府工作人员必须进一步提高法制观念，增强法律意识，带头做守法、执法的模范"。三是突出强调"公安、司法部门和广大人民警察要继续努力提高政治素质和业务素质，树立廉洁奉公、执法如山、文明礼貌、忠诚积极的职业道德，形成良好警风，密切警民关系"。

　　1987 年 10 月，中国共产党第十三次全国代表大会召开，大会通过了《沿着有中国特色的社会主义道路前进》的报告。报告共分 7 个部分：历史性成就和这次大会的任务；社会主义初级阶段和党的基本路线；关于经济发展战略；关于经济体制改革；关于政治体制改革；在改革开放中加强党的建设；争取马克思主义在中国的新胜利。[1]该报告的第五部分"关于政治体制改革"中的第（七）部分"加强社会主义法制建设"，涉及执法的内容有三处：一是明确提出"国家的政治生活、经济生活和社会生活的各个方面，民主和专政的各个环节，都应做到有法可依，有法必依，执法必严，违法必究"。这一规定基本上是沿袭三中全会中的提法。二是明确要求"应当加强立法工作，改善执法活动，保障司法机关依法独立行使职权，提高公民的法律意识"。这一规定依据的是立法、执法、司法与守法的逻辑

―――――――――――

　　〔1〕　为凸显行政执法在整个报告体系中的位置与发展变化，故不厌其烦地将报告的具体内容进行细化列举，以期比较不同时期所呈现的不同特点。

进行的总体要求。三是明确指出"几年来，偷税漏税、走私贩私、行贿受贿、执法犯法、敲诈勒索、贪污盗窃等现象在某些共产党员中屡有发生"。这一内容是从整党工作的角度提出的。

1992 年 10 月，中国共产党第十四次全国代表大会召开，大会通过了名为《加快改革开放和现代化建设步伐，夺取有中国特色社会主义事业的更大胜利》的报告。该报告共分四个部分：十四年伟大实践的基本总结；九十年代改革和建设的主要任务；国际形势和我们的对外政策；加强党的建设和改善党的领导。该报告第二部分"九十年代改革和建设的主要任务"涉及行政执法的内容主要是，明确提出"要严格执行宪法和法律，加强执法监督，坚决纠正以言代法、以罚代刑等现象"。在当时的情况下，有法不依、执法不严、以情枉法的现象时有发生。"如果有法不依，或执法不严，就破坏了法律的尊严，也破坏了社会主义民主和法制。这就要求执法人员必须依法办事，严格执行宪法和法律。"[1] 因此，加强法制建设，就必须严格执法，加强执法监督，确保公民在法律面前人人平等，坚决纠正以罚代刑、以言代法、以权压法等现象。尽管在当时的社会条件下，行政执法体制也存在一些问题，比如"行政执法体制中存在的力量分散、叠床架屋、审批寻租、重复处罚、权限不清、责任不明、管理空档等严重问题长期未能从根本上得到解决，突出地表现为滥设审批、滥设罚款、随意处罚、野蛮拆迁、暴力征稽等弊端"[2]。但很显然，由于此时的行政执法的水平较低，重点关注的是行政执法的表层问题与现象，尚未涉及行政执法

---

[1]　中国社会科学院马列主义毛泽东思想研究所编写组：《新阶段·新思考：中国共产党十四大报告研究》，中共中央党校出版 1992 年版，第 215 页。

[2]　袁曙宏：《〈全面推进依法行政实施纲要〉读本》，法律出版社 2004 年版，第 170 页。

体制等深层次内容。

1997年9月，中国共产党第十五次全国代表大会召开，大会通过了名为《高举邓小平理论伟大旗帜，把建设有中国特色社会主义事业推向二十一世纪》的报告。报告共分10个部分：世纪之交的回顾与展望；过去五年的工作；邓小平理论的历史地位和指导意义；社会主义初级阶段的基本路线和纲领；经济体制改革和经济发展战略；政治体制改革和民主法制建设；有中国特色社会主义的文化建设；推进祖国和平统一；国际形势和对外政策；面向新世纪的中国共产党。该报告第六部分"政治体制改革和民主法制建设"涉及行政执法的内容有两点：一是明确提出"实行执法责任制和评议考核制"。党的十一届三中全会以来，行政执法工作不断得到加强，取得了不小成绩，但也存在一些亟待解决的问题，比如有法不依、执法不严、违法不究、越权处罚、以罚代刑等现象仍然存在，乱罚款、乱设卡、乱摊派成了突出的社会问题，人民群众反映强烈。因此，严格执法责任，加大考核力度成了当务之急。二是明确提出"加强执法队伍建设"。行政执法队伍的素质和水平直接决定执法水平的高低。如果不注重行政执法队伍建设，防止和遏制一些不良的行为，提升执法人员的素质问题，势必会影响法律的执行和效果，严重影响党和政府的形象。值得注意的是，各界在当时也是关注行政执法中的具体制度和突出问题，并未直接涉及行政执法体制改革的内容，但提出要深化行政体制改革。行政管理体制作为政治体制的重要组成部分，与行政执法体制密切相关。从机构改革的角度，力求建立办事高效、运转协调、行为规范的行政管理体系，提高为人民服务水平。提出政治体制改革的主要任务是：发展民主，加强法制，实行政企分开、精简机构，完善民主监督制度，维护安定团结。

二、行政执法体制初创阶段（1999 年至 2004 年）

在这一阶段，行政执法体制开始引起重视与关注，理顺行政执法体制成了实践需要。总体而言，呈现出如下基本特点：一是在行政执法实践中，执法体制不顺畅问题开始凸现，行政执法层次过多、多头执法、职能交叉等问题较为突出，开始受到社会关注。二是全国各地进行了一些行政执法体制改革方面的试点与创新，积累了一定的经验，取得了较好效果。三是行政执法体制的创新具有过渡性和临时性，其直接目的是着力解决执法实践中的矛盾和问题，具有"头痛医头，脚痛医脚"的特点。

1999 年 7 月，全国依法行政工作会议在北京召开。会议的议题是：以邓小平理论和党的基本路线为指导，总结政府法制建设的基本经验，明确新形势下政府法制建设的任务和要求，扎扎实实地贯彻依法治国基本方略，全面推进依法行政，从严治政，建设廉洁、勤政、务实、高效的政府。同年 11 月，国务院印发《关于全面推进依法行政的决定》（国发〔1999〕23 号）。《关于全面推进依法行政的决定》主要系统阐明了七个问题：各级政府和政府各部门要统一思想，更新观念，提高对依法行政重要性的认识；各级政府和政府各部门的领导要认清自己的历史责任，带头依法行政；加强政府法制建设，全面推进依法行政；要进一步加强政府立法工作，切实提高政府立法质量，为依法行政奠定坚实的基础；要加大行政执法力度，确保政令畅通；要强化行政执法监督；全面推进依法行政是一个长期的历史过程。其中有两个部分的内容涉及行政执法，归纳起来内容如下：一是首次明确提出"要以政府机构改革为契机，理顺行政执法体制，转变政府职能，转变工作方式，转变工作作风"。各级行政机关履行法定职责，在查处违法行为，维护公民、法人和其他组织的合法权益，维护社会公共利益和社会经济秩序方面发挥了重要作用。特别是以贯彻实施《行政诉讼法》《行政处罚法》等法律为契机，行政执法机关在规范执法行为、完善执法程序、整顿执法队伍方面成效明显。一些城市通过相对集中行政处罚权的试点，为解决多头执法、职权交叉带来的乱收费、乱罚款、执法扰民、效率低下等问题积累了一定的经验。正是基于以上背景，国务院首次明确提出要通过理顺行政执法体制，保证行政执法机关合法、公开、公正、高效执法，防止"九龙治水"、执法扰民。二是明确提出"要加大行政执法力度，必须做到有法必依、执法必严、违法必究"。针对当时的突出问题：有法不依、执法不严、违法不究，有令不行、有禁不止在一定程度上依然存在；有些地方和部门对法律、法规采取实用主义态度，对自己有利的就执行，对自己不利的就不执行；一些基层干部和行政执法人员贪赃枉法、横行乡里。针对这些问题，报告重点提出需要加大执法力度，切实做到有法必依、执法必严、违法必究。三是再次提出"要积极推行行政执法责任制和评议考核制度，不断总结实践经验"。按照党的十五大提出的要求，全国各地在推行行政执法责任制和评议考核制方面进行了积极探索，取得了明显的效果。从不少地方的经验来看，实行行政执法责任制，关键是要明确行政执法机关和行政执法人员的责任，尤其是要明确行政执法机关负责人的责任，层层分解责任，具体落实到人；实行评议考核制，前提是要实行政务公开，行政执法的依据、权限、程序都要公开，办事结果也要公开，还要告知行政管理相对人依法享有的权利，自觉地将行政执法活动置于群众的监督之下。因此，全国各地各部门要在认真总结实践经验的基础上，继续探索实行行政执法责任制和评议考核制的新路径，不断总结成功的经验。四是明确提出要"调整和优化干部队伍结构，进一步整顿行政执法队伍，不断加强对行政执法人员的教育和培训，提高他们的政治素质和业务素质"。行政执法队伍站在行政管理第一线，同人民群众的切身利益关系密切。行政执法人员素质的高低直接影响行政执法的效果，关系政府的形象。因此，行政执法人员是依法行政的推行者，行政执法需要通过执法人员的严格依法办事来体现。故而，优化干部队伍结构，提高队伍素质，既可以弘扬正气、严格执法，又可以促进机关勤政、执法为民，还可以树立党和政府在人民群众中的良好形象。

2002 年 11 月，中国共产党第十六次全国代表大会召开，大会通过了名为《全面建设小康社会，开创中国特色社会主义事业新局面》的报告。该报告共分十个部分：过去五年的工作和十三年的基本经验；全面贯彻"三个代表"重要思想；全面建设小康社会的奋斗目标；经济建设和经济体制改革；政治建设和政治体制改革；文化建设和文化体制改革；国防和军队建设；"一国两制"和实现祖国的完全统一；国际形势和对外工作；加强和改进党的领导。该报告的第五部分"政治建设和政治体制改革"涉及行政执法的内容有两点：一是明确提出"加强对执法活动的监督，推进依法行政，提高执法水平"。受客观环境的影响和条件的制约，当时的行政执法活动仍然带有阶段性和过渡性的特点，还存在着不少问题，主要表现为：行政执法水平较低，行政执法中的越位、缺位和错位的现象依然存在；行政执法随意性较大，执法程序不规范，依法行政、依法办事的能力和水平还不高；行政执法方式和管理手段比较落后，执法透明度与效率不高等。因此，必须坚持有法可依、有法必依、执法必严、违法必究。二是明确提出"切实解决层次过多、职能交叉、机构臃肿、权责脱节和多重多头执法等问题"。在当时的行政管理体制中，政府部门设置上下对口、强求一致的现象还很严重，有的地方的"小政府、大社会"的改革成果也难以巩固；中央与地方的权限还缺乏明确的法律规定。因此，客观上需要"改革行政执法体制，设置精干、统一的行政执法队伍，实行综合执法"〔1〕。通过各方面的改革，切实解决层次过多、职能交叉、机构臃肿、权责脱节和多重多头执法等现实问题。

三、行政执法体制逐步规范、深化发展阶段（2004 年至今）

在这一阶段，行政执法体制日益规范与深化，呈现出如下基本特点：一是深化行政执法体制改革日益成为社会共识。国务院在 2004 年首次提出"深化行政执法体制改革"的要求。十多年来，理论界和实务界逐步形成共识，深化行政执法体制改革是依法治国的必然要求。2013 年，党中央明确把深化行政执法体制改革作为全面深化改革的重要内容。2014 年，党中央再次把深化行政执法体制改革作为全面推进依法治国的重要任务。二是行政执法体制改革的目标与重点日益清晰，形成了比较完备的改革体系。三是行政执法体制改革的范围更广，内容更丰富。

2004 年 3 月，国务院发布《全面推进依法行政实施纲要》（国发〔2004〕10 号）。《全面推进依法行政实施纲要》围绕全

---

〔1〕　党的十六大报告学习辅导百问编写组编著：《党的十六大报告学习辅导百问》，党建读物出版社 2002 年版，第 179 页。

面推进依法行政的重要性和紧迫性；全面推进依法行政的指导思想和目标；依法行政的基本原则和基本要求；转变政府职能，深化行政管理体制改革；建立健全科学民主决策机制；提高制度建设质量；积极探索高效、便捷和成本低廉的防范、化解社会矛盾的机制；完善行政监督制度和机制，强化对行政行为的监督；不断提高行政机关工作人员依法行政的观念和能力；提高认识，明确责任，切实加强对推进依法行政工作的领导等11个问题展开。其中，第七部分重点阐述了理顺行政执法体制，加快行政程序建设，规范行政执法行为。归纳起来，重点内容如下：一是明确行政执法体制改革的目标。明确提出建立权责明确、行为规范、监督有效、保障有力的行政执法体制。二是明确深化行政执法体制改革的重点。继续开展相对集中行政处罚权工作，积极探索相对集中行政许可权，推进综合执法试点。要减少行政执法的层次，适当下移执法重心，对与人民群众日常生活、生产直接相关的行政执法活动，主要由市、县两级行政执法机关实施。在开展试点工作的基础上，要进一步推进相对集中处罚权、相对集中行政许可权等综合执法改革，坚决克服执法权力部门化、部门权力个人化等现象。三是明确完善执法的内部监督。要完善行政执法机关的内部监督制约机制，不仅要强化内部的层次监督即上级行政机关的监督，而且要加强内部的同级监督即不同处（科）室之间的监督。"行政执法机关的内部监督制约机制，主要包括上级监督、审计监督、监察监督，这些常规的层级监督和专门监督机制应当加强和完善。"[1]

2007年10月，中国共产党第十七次全国代表大会召开，大

---

[1] 袁曙宏：《〈全面推进依法行政实施纲要〉读本》，法律出版社2004年版，第180页。

会通过了名为《高举中国特色社会主义伟大旗帜，为夺取全面建设小康社会新胜利而奋斗》的报告。报告共分十二个部分：过去五年的工作；改革开放的伟大历史进程；深入贯彻落实科学发展观；实现全面建设小康社会奋斗目标的新要求；促进国民经济又好又快发展；坚定不移发展社会主义民主政治；推动社会主义文化大发展大繁荣；加快推进以改善民生为重点的社会建设；开创国防和军队现代化建设新局面；推进"一国两制"实践和祖国和平统一大业；始终不渝走和平发展道路；以改革创新精神全面推进党的建设新的伟大工程。报告的第六部分"坚定不移发展社会主义民主政治"涉及行政执法的内容主要有以下三点：一是重视行政执法工作，明确要求"加强宪法和法律实施，坚持公民在法律面前一律平等，维护社会主义公平正义，维护社会主义法制的统一、尊严、权威"。二是首次提出行政执法的基本要求，即"做到严格、公正、文明执法"。三是提出"加强行政执法部门建设，减少和规范行政审批，减少政府对微观经济运行的干预"。该报告从精简机构的角度首次提出了减少和规范行政执法体制的问题。

2008年5月，国务院发布《关于加强市县政府依法行政的决定》（国发〔2008〕17号）。《关于加强市县政府依法行政的决定》从充分认识加强市县政府依法行政的重要性和紧迫性；大力提高市县行政机关工作人员依法行政的意识和能力；完善市县政府行政决策机制；建立健全规范性文件监督管理制度；严格行政执法；强化对行政行为的监督；增强社会自治功能；加强领导，明确责任，扎扎实实地推进市县政府依法行政等8个方面提出具体要求。该决定第五部分"严格行政执法"围绕行政执法体制重点进行阐述，提出了如下具体措施：一是明确要求"适当下移行政执法重心，减少行政执法层次"。二是重申权力下放，"对与人民群众日常生活、生产直接相关的行政执法活动，主要由市、县两级行政执法机关实施"。三是继续推进相对集中行政处罚权和综合行政执法试点工作，建立健全行政执法争议协调机制，从源头上解决多头执法、重复执法、执法缺位问题。

2010年10月，国务院发布《关于加强法治政府建设的意见》（国发〔2010〕33号）。《关于加强法治政府建设的意见》围绕加强法治政府建设的重要性紧迫性和总体要求、提高行政机关工作人员特别是领导干部依法行政的意识和能力、加强和改进制度建设、坚持依法科学民主决策、严格规范公正文明执法、全面推进政务公开、强化行政监督和问责、依法化解社会矛盾纠纷、加强组织领导和督促检查等9个重点方面进行了系统规定。该意见第五部分"严格规范公正文明执法"明确提出"完善行政执法体制和机制"。主要内容如下：一是强调"继续推进行政执法体制改革"，明确改革的基本内容，即"合理界定执法权限，明确执法责任，推进综合执法，减少执法层级，提高基层执法能力，切实解决多头执法、多层执法和不执法、乱执法问题"。二是首次提出"改进与创新执法方式"，力求"实现法律效果与社会效果的统一"。三是首次提出"加强行政执法信息化建设"，"推行执法流程网上管理"，"促进行政执法部门信息交流和资源共享"。

2012年11月，中国共产党第十八次全国代表大会召开，大会通过了名为《坚定不移沿着中国特色社会主义道路前进，为全面建成小康社会而奋斗》的报告。该报告共分十个部分：过去五年的工作和十年的基本总结；夺取中国特色社会主义新胜利；全面建成小康社会和全面深化改革开放的目标；坚持走中国特色社会主义政治发展道路和推进政治体制改革；扎实推进社会主义文化强国建设；在改善民生和创新管理中加强社会建设；大力推进生态文明建设；加快推进国防和军队现代化；丰富"一国两制"实践和推进祖国统一等。该报告的第五部分"坚持走中国特色社会主义政治发展道路和推进政治体制改革"涉及行政执法的内容如下：一是突出严格执法，"要推进严格执法，保证有法必依、执法必严、违法必究"。二是明确执法目标，"切实做到严格规范公正文明执法"。三是要求在深化行政体制改革中"深化行政审批制度改革，继续简政放权"。很显然，十八大报告并没有直接涉及行政执法体制改革的内容。

2013年11月，中国共产党第十八届三中全会通过了《中共中央关于全面深化改革若干重大问题的决定》。《中共中央关于全面深化改革若干重大问题的决定》围绕全面深化改革的重大意义和指导思想、坚持和完善基本经济制度、加快完善现代市场体系、加快转变政府职能、深化财税体制改革、健全城乡发展一体化体制机制、构建开放型经济新体制、加强社会主义民主政治制度建设、推进法治中国建设、强化权力运行制约和监督体系、推进文体体制机制创新、推进社会事业改革创新、创新社会治理体制、加快生态文明制度建设、深化国防和军队改革、加强和改善党对全面深化改革的领导等方面进行了系统化的规定。该决定第四部分"加快转变政府职能"、第九部分"推进法治中国建设"涉及行政执法体制的内容如下：一是明确提出"深化行政审批制度改革"，将直接面向基层、量大面广的经济社会事项，一律下放地方和基层管理。二是明确提出"深化行政执法体制改革"，阐明主要内容，提出具体目标。在现有行政执法体制的基础上，要"整合执法主体、相对集中执法权，推进综合执法，着力解决权责交叉、多头执法问题"，要"建立权责统一、权威高效的行政执法体制"。三是突出重点，"加强食品药品、安全生产、环境保护、劳动保障、海域海岛等重点领域基层执法力量"，"理顺城管执法体制，提高执法和服务水平"。四是重申完善执法程序，规范自由裁量权，加强行政执法的监督。五是首次提出"完善行政执法与刑事司法衔接机制"。

2014年10月，中国共产党第十八届四中全会通过了《中共中央关于全面推进依法治国若干重大问题的决定》。《中共中央关于全面推进依法治国若干重大问题的决定》围绕坚持走中国特色社会主义法治道路，建设中国特色社会主义法治体系；完善以宪法为核心的中国特色社会主义法律体系，加强宪法实施；深入推进依法行政，加快建设法治政府；保证公正司法，提高司法公信力；增强全民法治观念，推进法治社会建设；加强法治工作队伍建设；加强和改进党对全面推进依法治国的领导等重大问题进行了系统规定。该决定第三部分"深入推进依法行政，加快建设法治政府"涉及行政执法体制的内容如下：一是再次重申"深化行政执法体制改革"，提出行政执法体制改革的原则，即"按照减少层次、整合队伍、提高效率的原则，合理配置执法力量"。二是明确行政执法体制改革的重点，"推进综合执法，大幅减少市县两级政府执法队伍种类，重点在食品药品安全、工商质检、公共卫生、安全生产、文化旅游、资源环境、农林水利、交通运输、城乡建设、海洋渔业等领域内推行综合执法，有条件的领域可以推行跨部门综合执法"。三是突出在市县两级行政执法中"加强领导与协调"，既要"理顺行政强制执行体制"，又要"理顺城管执法体制"。四是明确提出严格实行执法人员持证上岗和资格管理制度，严格执行罚缴分离和收支两条线管理制度。五是重申行政执法与刑事司法的衔接，要求"健全行政执法和刑事司法衔接机制，完善案件移送标准和程序"，真正"实现行政处罚和刑事处罚无缝对接"。

2015 年 10 月，中国共产党第十八届五中全会通过了《中共中央关于制定国民经济和社会发展第十三个五年规划的建议》。《中共中央关于制定国民经济和社会发展第十三个五年规划的建议》围绕全面建成小康社会决胜阶段的形势和指导思想；"十三五"时期经济社会发展的主要目标和基本理念；坚持创新发展，着力提高发展质量和效益；坚持协调发展，着力形成平衡发展结构；坚持绿色发展，着力改善生态环境；坚持开放发展，着力实现合作共赢；坚持共享发展，着力增进人民福祉；加强和改善党的领导，为实现"十三五"规划提供坚强保证等方面展开。涉及行政执法体制相关的内容如下：一是强调推进严格执法。第一部分"全面建成小康社会决胜阶段的形势和指导思想"，突出坚持依法治国，推进严格执法。二是要求推进综合执法。第八部分"加强和改善党的领导，为实现'十三五'规划提供坚强保证"，要求加强法治政府建设，推行综合执法，实现政府活动全面纳入法治轨道。

2015 年 12 月，中共中央、国务院印发了《法治政府建设实施纲要（2015—2020 年）》。《法治政府建设实施纲要（2015—2020 年）》从全面贯彻党的十八大和十八届二中、三中、四中、五中全会精神的角度，围绕总体要求、主要任务和具体措施、组织保障和落实机制等三个方面提出明确要求。第二方面第（四）部分"坚持严格规范公正文明执法"围绕行政执法体制重点进行阐述，提出了如下具体措施：一是再次明确行政执法体制改革的目标是建立健全权责统一、权威高效的行政执法体制，要求"按照减少层次、整合队伍、提高效率的原则，合理配置执法力量"。二是推进执法重心向市县两级政府下移，充实基层执法力量。三是要求大幅减少市县两级政府执法队伍种类，重点在食品药品安全、工商质检、公共卫生、安全生产、文化旅游、资源环境、农林水利、交通运输、城乡建设、海洋渔业、商务等领域内推行综合执法，支持在有条件的领域推行跨部门综合执法。四是加大关系群众切身利益的重点领域的执法力度，理顺城管执法体制、行政强制执行体制。五是健全行政执法与刑事司法衔接机制，完善案件移送标准和程序，建立健全行政执法机关、公安机关、检察机关、审判机关信息共享、案情通报、案件移送制度。

第二节　行政执法体制改革的基本内容

　　行政执法体制不仅涉及行政执法机关的设立、职责及其运行，还涉及行政执法权的设立、分配及其整合。因此，如何适应建设法治政府、法治中国的需要，改革现行行政执法体制是全面推进依法治国的重大课题。现行行政执法体制的现状是什么，存在哪些问题，如何进行改革，改革的目标是什么都是目前需要澄清的问题。本节在对行政执法体制的规范分析的基础上，试图对以上问题进行初步的回答。

一、行政执法体制改革的具体要求

　　针对行政执法工作实践，党中央、国务院相继提出了一些具体的要求。这些要求随着执法实践的发展而逐步深入，由表及里、由现象到本质，呈现出以下特点：一是由注重实体、强调严格执法到关注程序、完善程序的提升。早在十一届三中全会的公报中，党中央就明确提出要做到有法可依、有法必依、执法必严、违法必究。这是行政执法必须恪守的十六字方针。党的十四大报告明确提出严格执法，加强执法监督。即要严格执行宪法和法律，加强执法监督，坚决抵制以言代法、以罚代刑等现象。《全面推进依法行政的决定》还强调要加大行政执法力度，必须做到有法必依、执法必严、违法必究。党的十七大报告进一步要求严格、公正、文明执法。"严格执法，简单地说要求有四点：第一，要严格按照法律规定的权限和程序执法，一方面要积极履行法定职责，同时又不超越法定权限履行职责。第二，对违法行为，要严格按照法律的规定立案、调查取证、处理决定和执行。第三，对执法领域中人民群众反映强烈的违法问题，要严格依法办事，不徇私，依法及时采取有效措施进行处理。第四，所有行政执法都要坚持以事实为依据，以法律为准绳，做到执法主体、职权来源、行为种类和程序、执法结果等整个执法环节合乎法律的规定。"〔1〕实际上，这些年来，行政执法机关都不同程度地存在着重实体、轻程序的现象，行政执法对实体的重视（即执法结果）远远超出了对执法过程的重视。2004年国务院的《全面推进依法行政实施纲要》明确提出了程序正当原则，要求行政机关在实施行政管理的过程中应当注意听取行政相对人的意见，要严格遵循法定程序，依法保障行政相对人、利害关系人的知情权、参与权和救济权。同时，明确要求要重视执法程序，严格按照法定程序行使权力、履行职责。2013年党的十八届三中全会中再次重申了程序的重要性，

---

〔1〕　宋大涵主编：《行政执法教程》，中国法制出版社2011年版，第44页。

要求完善执法程序。至此，程序正义原则、重视执法程序得到了行政执法机关的高度重视。这应当说是行政执法（体制）的一大进步。行政执法注重实体，是指行政执法的实体依据从过去的个人意志（比如以言代法）到红头文件，再到不同层级的法律、法规和规章，立法的依据越来越规范。实体依据规范必然会使得行政执法依据从不确定到确定、从封闭到开放。"通过告知、证据、说明、陈述、听证等行政执法程序规范，来控制行政权力的行使过程，这是被各国行政法治实践所证明的一条正确路径，也是 20 世纪后期再次出现行政程序立法高潮（这个高潮至今仍在持续）的根本原因。"[1]二是由注重具体制度、执法机制到关注执法体制、行政体制的转变。这些年来，党中央、国务院先后提出在行政执法过程中应当实行执法责任制、评议考核制、执法监督制、行政执法主体资格制、执法争议协调机制、执法案卷评查制、执法信息制、执法基准制、行政执法与刑事司法衔接制等。这些制度从无到有、从比较幼稚到日益规范，在社会治理、调整社会关系方面发挥了重要作用。特别是行政执法制度在制度中日益创新与规范，取得了很大程度的发展与进步。在制度建设日益完善科学的同时，关注行政执法体制改革。早在 1999 年，国务院便在《关于全面推进依法行政的决定》明确提出要以政府机构改革为契机，理顺行政执法体制，转变政府职能。随后，党的十六大报告、国务院的《全面推进依法行政实施纲要》《关于加强市县政府依法行政的决定》等多次突出强调行政执法体制的改革。特别是党的十八届四中全会再次重申要深化行政执法体制改革。

---

〔1〕 袁曙宏：《〈全面推进依法行政实施纲要〉读本》，法律出版社 2004 年版，第 174 页。

二、行政执法体制改革面临的突出问题

"当组织深化到一定的程度，有其实质上的问题产生时，组织的再设计于焉诞生。"客观而言，行政组织进行变革不外乎以下几个方面的原因：一是行政机关本身的组织结构、运作出现弊病，必须予以革新；二是社会环境要求政府机关进行变革，以提升政府能力；三是法律或政策的变化，需要重组政府。"行政组织在发展过程中，若未能及时回应社会变迁与民众需求，并对应着提出自我调整、修正，则必然出现'制度疲劳''组织运作僵化'乃至于组织成员渎职、腐败，以及与社会期待的差距日渐扩大等现象。"[1]因此，行政执法体制一样存在改革的原因。直面行政执法实践中的问题，指出并明确问题的实质所在是这些年以来党中央、国务院文件的核心内容之一。行政执法体制改革必须解决实践中的突出问题，以解决执法实践中的问题为出发点和落脚点。近三十多年来，对于行政执法体制所面临的问题的认识不断丰富和深化，主要表现在以下方面：

第一，早期的行政执法面临的最大问题是有法不依、执法不严、以情枉法等现象，属于行政执法自身的建设问题。1992年党的十四大报告明确指出，存在以言代法、以罚代刑等现象。1999年《关于全面推进依法行政的决定》再次指出行政执法中存在执法腐败现象，滥用职权、执法犯法、徇私枉法。改革开放以来，我国的行政执法水平明显得到提高，这是不争的事实。但是，由于种种原因，在行政执法实践中存在着有法不依、执法不严等问题，执法违法、徇私枉法的现象在某些领域还较为

---

〔1〕　曹瑞泰："现代日本行政改革过程之研究——以 2001 年中央部会组织减半为标的"，载《通识研究集刊》2003 年第 4 期。

突出。分析其原因，不外乎以下方面：①受到人情的干扰。我国有着重人情、重关系的历史传统，在行政执法中，由于熟人打招呼，有些行政执法人员比较看重感情、人情，以致徇私（情）枉法的现象时有发生。②来自权钱交易的影响。在行政执法中，部分行政执法人员不能抵制金钱的诱惑，以行政权为筹码进行权钱交易，影响公正执法。③绕不开权力的支配。在执法实践中，涉及重大执法事项时，可能面临上级机关或上层领导的直接干预。④滥用职权问题。滥用职权在执法实践中主要表现为以权谋私、假公济私、处罚不当等行为。

第二，随着执法实践的发展，行政执法中的深层次问题日益出现，特别是职能交叉、层次过多等体制性问题得到重点关注。2002 年，党的十六大报告涉及的问题主要是层次过多、职能交叉、机构臃肿、权责脱节和多重多头执法等。2008 年，国务院在《关于加强市县政府依法行政的决定》认为需要从源头上解决多头执法、重复执法、执法缺位问题。2010 年，国务院颁布的《关于加强法治政府建设的意见》涉及解决多头执法、多层执法和不执法、乱执法问题。2013 年，党的十八届三中全会作出的《关于全面深化改革开放若干重大问题的决定》涉及权责交叉、多头执法问题。

行政执法实践中，主要存在以下几个方面的问题：一是职能交叉问题突出，条块关系没有理顺。从横向角度看，行政执法权横向太分散，一级政府存在四十多个职能部门，特别是城市管理、环境保护、建设管理等事项，都存在许多职能部门共管齐抓的局面。从纵向来看，从中央到乡镇一级政府，存在多种垂直管理和属地管理形式。据统计，江苏省省级有 36 支执法队伍，市级平均有 35 支，县（市）级平均有 30 支，区级平均有 19 支。江苏省有 2812 支行政执法队伍，共有人员编制 85 047 名 。[1]因此，总体而言，行政执法机关的设置比较混乱，容易引起权限划分不清，从而导致执法混乱。执法混乱，突出地表现为多头执法、多层执法。"多头执法，是指两个或两个以上执法主体对于同一执法对象就同一事项施行两次或两次以上执法行为的行政现象。多头执法是政府权力运行机制不畅的一种表现形式。"[2]因此，多头执法更多的是从横向方面进行界定的，即行政执法涉及的职能部门太多。多层执法则是指不同层次的执法主体对于同一执法对象或同一执法事项具有执法权限。故而，多层执法更多地涉及执法的层级问题，是从纵向方面进行的界定。行政执法部门之间经常存在职能交叉、权限冲突等问题。究其原因，一方面，由于立法的不科学，存在立法上的不协调与不一致，导致权限冲突的存在；另一方面，也有职权划分方面的原因，由于职权划分不明确，经常出现职能部门互相争利的情况。二是职责脱节、执法责任落实不到位现象存在。权责统一、权责对等是依法行政的基本要求，是制约和促进行政执法权有效运行的重要保障。现实行政执法实践中存在权责脱节的现象，主要表现在两个方面：一方面，立法条款中注重权力的授予，忽视责任的落实。立法上的缺陷必然导致行政执法实践中行政机关的权力过大，而责任模糊或出现责任空白。另一方面，行政级别职务越高，权力越大，责任越小，而级别职务越低，则权力越小、责任却增大。"长期以来，我国政府责任体系不够完善。如行政首长负责制所强调的是首长的权力，所

---

〔1〕 参见江苏省编办："坚持问题导向突出执法惠民——江苏省综合行政执法体制改革探索"，载《中国机构改革与管理》2016 年第 4 期。

〔2〕 李驰："行政管理过程中多头执法的解决路径探析"，载《法制与社会》2009 年第 7 期。

忽视的是责任；所推行的组织追究即对上负责，而不是自觉地向公众负责；所处理的是直接责任人员，而不是行政首长。"〔1〕因此，执法实践中一般只有机关责任，而无个人责任；只有普通执法人员责任，而无领导的责任。三是执法不规范，选择性执法、不作为执法和乱执法问题在一定程度上存在。行政执法作为一种常态性、日常性的工作，应当长抓不懈，深化行政执法规范化建设。特别是行政执法人员应当忠于职守，勤勉尽责，依法履职。目前，行政执法行为不规范的现象在一定程度上还存在。"有的地方罚款有任务，完不成就没有奖金，甚至会被'待岗'。有的地方执法人员暴力执法，有的地方甚至采取'钓鱼执法'。"〔2〕"一些行政执法部门和执法人员价值观念错位，在行政执法时总是居高临下，把人民赋予的公权变成个人任意行使的私权，执法不讲文明、不讲程序，粗暴执法、野蛮执法、执法犯法事件时有发生。"〔3〕

我们知道，组织有其固有的特点与秉性，容易引发问题与冲突，行政执法组织也无法避免。首先，从单个行政执法机关来看，在行政执法实践中必须进行执法革新，不断创新行政执法体制。"事实上，一切组织的职能都在不断的变化过程中。因而，组织会因职能的变化而发生变化。"〔4〕故而，行政执法机关的职能在社会发展过程中总是处于变化之中的。"职能的变迁引起了新的组织边界冲突，这就需要重新来设计任务的执行过程。"〔5〕因此，行政执法职能、行政执法体制需要随之变化与创

---

〔1〕 段红柳：《构建法治政府论》，湖南人民出版社 2007 年版，第 57 页。

〔2〕 宋大涵主编：《行政执法教程》，中国法制出版社 2011 年版，第 46 页。

〔3〕 段红柳：《构建法治政府论》，湖南人民出版社 2007 年版，第 152 页。

〔4〕 张康之等：《任务型组织研究》，中国人民大学出版社 2009 年版，第 68 页。

〔5〕 张康之等：《任务型组织研究》，中国人民大学出版社 2009 年版，第 68 页。

新。其次，从整体上来看，不同的行政执法机关进行分散执法必然会引发矛盾与冲突，加重与催化问题的严重性。"当组织整体性的任务被专业化分工分裂为无数'碎片'的时候，实际上已经使各个分任务偏离总目标的轨道成为可能。"[1]行政执法主体过多，行政执法方式分散带来了部门主义、利益本位。"从根本上讲，组织的一切活动都是围绕着一定的利益展开的。因此，利益追求成为组织活动的动力。"[2]"政府部门间的关系虽然是多种多样的，如权力关系、职能关系、公务合作关系、监督关系、领导关系等，但是其本质是利益关系……每个政府部门作为一个利益群体，本身有自己的利益取向，常常会以本部门利益为出发点来履行职能。"[3]行政执法机关作为一种常规性的组织，无一例外地具有自己的利益与追求。各个执法机关由于利益不尽相同，执法冲突、相互扯皮往往会成为行政执法的惯有现象。"部门利益是指行政部门的行政行为偏离了'公共利益'导向，以追求部门自身局部利益的形式变相地实现个人利益。"[4]利益冲突来源于执法机关追求的目标及其执法人员对执法现实的认识差异。因此，不同的执法机关，即使他们面对相同的执法环境和拥有相同的信息，他们在执法中也将存在不同的观点与方法。因此，在行政执法机关中没有两个执法机关具有完全相同的执法目标和利益追求。各个行政执法机关都会在阻碍、干扰甚至损害整体利益的前提下竭力追求各自的利益，这就是部门

---

〔1〕　张康之等:《任务型组织研究》，中国人民大学出版社 2009 年版，第 87 页。

〔2〕　张康之等:《任务型组织研究》，中国人民大学出版社 2009 年版，第 86 页。

〔3〕　高轩、朱满良:"我国政府部门间关系的探讨"，载《新疆社科论坛》2010 年第 1 期。

〔4〕　徐鸿武、宋世明:"遏制'部门职权利益化'的多种途径探析"，载《学术研究》2002 年第 3 期。

和个体利益使然。即便是在共同协作的场景中，"协作仅仅是过程，是为了达到某一目标的过程，协作各方都不可能为了协作的愿望而开展协作。如果说协作有着共同目的的话，那么这个共同目的是在协作之外的，是外在于该过程和经由协作所要达到的目的的。也就是说，组织成员协作的目的是为了获取协作带来的利益"。[1]利益追求离不开职能扩张，因此"组织有着职能扩张的本性，公共部门尤其如此。在组织的自然发展中，每过一个时期，就会出现职能交叉重叠的问题，从而造成整体上的管理混乱"。[2]这种情况"普遍存在于行政机构中，而且行政机构没有制约这种矛盾的制动装置。因此，问题也就更加严重。结果，出现这样一种局面：有一种事业目的，就增设一个处或局。加之人们都有希望自己的组织发展壮大的心理，于是每年都增加预算和工作人员"。[3]因此，从深层次上分析，只要有行政执法和行政执法组织，必然就存在其固有的矛盾与问题，这是组织的基本规律与特点。

三、行政执法体制改革的基本目标

一般而论，行政执法活动都是围绕行政任务展开的，行政任务决定执法目标。"所以，对于一个组织来说，最首要的问题就是明确组织目标和任务。"[4]当社会进入高速发展时期时，行政执法机关所承担的行政任务会快速增长。行政任务集中地反映了社会需求。因此，分析行政执法体制改革的目标之前有必

---

〔1〕 张康之等：《任务型组织研究》，中国人民大学出版社 2009 年版，第 96 页。

〔2〕 张康之等：《任务型组织研究》，中国人民大学出版社 2009 年版，第 70 页。

〔3〕 [日]占部都美：《现代管理论》，蒋道鼎译，新华出版社 1984 年版，第 288 页。

〔4〕 张康之等：《任务型组织研究》，中国人民大学出版社 2009 年版，第 84 页。

要明确行政执法中的社会需求。行政执法中的社会需求是保障执法发展的基础。在这里，社会需求是指社会在一定成本条件下对法律的需要，对行政执法的需要。当下，中国行政执法过程中的一个尖锐矛盾是：一方面，违法行为大量存在，但行政执法在社会治理诸领域的推进和执行却极为艰难，有法不依、执法不严的现象相当严重和突出。另一方面，行政执法不力，执法权威不够，行政执法遭遇普遍质疑。客观而言，导致执法困境的原因不外乎两个方面：一是立法方面的原因，即立法机关制定了不应该实施的法律，法律的规定脱离了社会现实。二是执法方面的原因，即执法机关没有条件实施法律，法律的执行缺乏条件。如何化解行政执法困境必须围绕行政执法自身寻找原因，特别是在推进行政执法体制改革的背景下反思行政执法领域的社会需求。"当然，社会的法律需求并不是凭空产生的，它来源于一定的经济、政治、文化条件，尤其是社会的经济关系。在不同社会，不同的历史发展阶段，由于经济、政治和文化条件的性质和发展水平不同，社会对法律需求也不能一概而论。"[1]具体到行政执法领域，社会的需求至少包括以下几个方面：首先，行政执法要规范。规范是公权力行使的基本要求，规范就是应当按照法律的要件与程序行使执法权。规范的直接要求就是权责统一，权力与责任是有机统一的。其次，行政执法要有效。有效的最终达成是以执法任务的解决程序为标准的，因此有效意味着权威与高效。行政执法行为既制裁了违法行为，又保障了社会秩序，得到了社会的认同与尊重。最后，行政执法要全面。社会生活的方方面面都需要做到"法网恢恢，疏而不漏"。全面

---

〔1〕　石泰峰："社会需求与立法发展——兼析有法不依的立法原因"，载《中国法学》1991 年第 1 期。

意味着执法的全覆盖，没有遗漏的角落。

传统上，行政执法体制改革的目标比较单一。2004 年，国务院在《全面推进依法行政实施纲要》中明确提出建立权责明确、行为规范、监督有效、保障有力的行政执法体制。这是针对当时行政执法体制的现状，结合行政执法实践提出的基本目标。随着经济、社会的不断深入发展，行政执法面临的环境发生了重大变化。因此，行政执法体制改革的目标呈现出了新的时代内涵。2013 年，党的十八届三中全会通过的《关于全面深化改革开放若干重大问题的决定》明确要求建立权责统一、权威高效的行政执法体制。如何正确认识与分析行政执法体制改革的目标呢？笔者认为，行政执法体制改革的目标至少包括初级目标、中级目标和根本目标三个层级，初级目标是解决行政执法体制自身存在的问题，建立权责明确、行为规范、监督有效、保障有力的行政执法体制；中级目标则是建立权责统一、权威高效的行政执法体制；根本目标则是法治政府与法治中国的建立。"就目前情况而言，要针对现实中行政执法存在的突出问题，确立改革的近期目标，以逐步推进改革的深入，促进改革总体目标的实现。"[1]具体内容详见第六章第一节，这里就不重复了。

四、行政执法体制改革的基本举措

2004 年，国务院在《全面推进依法行政实施纲要》中明确提出了五项重点工作：一是继续开展相对集中行政处罚权工作；二是积极探索相对集中行政许可权；三是推进综合执法试点；

---

〔1〕 汪永清："对改革现行行政执法体制的几点思考"，载《中国法学》2000年第 1 期。

四是减少执法层次；五是适当下移执法重心，对与人民群众日常生活、生产直接相关的行政执法活动主要由市、县两级行政执法机关实施。2007 年，在党的十七大报告明确提出，减少和规范行政审批。2008 年，国务院在《关于加强市县政府依法行政的决定》中明确提出了四项重点工作：一是适当下移行政执法重心，减少行政执法层次；二是重申权力下放，对与人民群众日常生活、生产直接相关的行政执法活动，主要由市、县两级行政执法机关实施；三是继续推进相对集中行政处罚权和综合行政执法试点工作；四是建立健全行政执法争议协调机制。2012 年，党的十八大报告明确提出深化行政审批制度改革，继续简政放权。2013 年，党的十八届三中全会通过的《关于全面深化改革开放若干重大问题的决定》明确提出了六项重点工作。一是整合执法主体、相对集中执法权；二是推进综合执法；三是加强食品药品、安全生产、环境保护、劳动保障、海域海岛等重点领域基层执法力量；四是理顺城管执法体制，提高执法和服务水平；五是完善执法程序，规范自由裁量权，加强执法监督；六是完善行政执法与刑事司法衔接机制。2014 年，党的十八届四中全会通过的《关于全面推进依法治国若干重大问题的决定》明确提出了六项重点工作：一是合理配置执法力量；二是推进综合执法；三是加强市县执法的领导和协调；四是理顺行政强制执行体制；五是理顺城管执法体制；六是健全行政执法和刑事司法衔接机制。

相对集中行政执法权，推进综合执法。"我们应当在更多的领域中推行相对集中行政执法权，按综合职能设置政府机构，将相同、相近的职能交由一个行政部门承担，建立综合执行机构，大大压缩现有的行政执法部门，尽量使执法权从政府部门回归政府，逐步实现行政决策权与行政权相分离。这是从制度上解决一件事多家管、多头执法的有效途径。"[1]

五、行政执法体制改革的时代场景

改革都是在一定的时代场景、话语背景下开展的，行政执法体制改革也不例外。"这是当前我国法治建设无法回避的现实问题，无法脱离的时代背景……与此同时，法治建设的价值取向又会对社会发展起着巨大的推动作用。总之，法治建设的价值取向与社会发展之间呈现出一种互促互动的良好势态。"[2] 2014 年 5 月，习近平总书记在河南考察时指出，从当前我国经济发展的阶段性特征出发，我们要适应新常态，保持战略上的平常心态。这是新一代中央领导首次以新常态来描述发展中的中国经济。2014 年 11 月，习近平总书记在亚太经合组织（APEC）工商领导人峰会开幕式主旨演讲中，对中国经济新常态进行了全面解读和阐释。2014 年 12 月，习近平总书记在中央经济工作会议上又对经济新常态进行了详细阐述。此后，经济新常态成了经济领域的关键词。所谓经济新常态主要包含以下几个基本特征：一是经济增速告别快速增长，由高速增长转变为中高速增长；二是经济结构不断优化升级；三是经济发展的动力由要素驱动、投资驱动转到创新驱动等。"谈到经济新常态，这可能会涉及有些经济方面的指标和标志，当然也必然会涉及法治新常态的问题，因为法治新常态是经济发展新常态的必然要求，也是经济新常态顺利开展的外在保障。从这个角度来说，二者

---

〔1〕 舒小庆、万高隆："论法治视野下我国行政执法体制之重构"，载《南昌大学学报（社会科学版）》2006 年第 5 期。

〔2〕 袁曙宏、韩春晖："社会转型时期的法治发展规律研究"，载《法学研究》2006 年第 4 期。

是紧密联系，并统一于中国特色社会主义现代化建设中的。"[1]
党的十八届四中全会召开以来，全面推进依法治国建设掀起了
新的高潮，建设中国特色社会主义法治体系和法治国家再次受
到理论界的高度关注。随着"四个全面"建设的不断深入，法
治建设也日益形成新常态。"法治新常态是改革开放以来我国法
治建设和法治现代化进程的战略升级，是法治实然态、应然态和
必然态三重叠加而形成的法治发展新状态新局面新趋势。"[2]"法
治新常态是经济增速换挡、经济结构调整、经济增长动力转换、
经济发展转型升级的经济新常态的必然要求。"[3]"法治新常态
是当前和今后相当长时期中国法治发展的大逻辑、总路线，我
们应深入认识法治新常态、深刻把握法治新常态、主动适应法
治新常态、积极引领法治新常态，奋力推进法治现代化。"[4]因
此，法治新常态至少需要把握以下几个重点：

　　首先，法治新常态是在新的形势下提出来的，具有深刻的
时代背景。全面深化改革、全面推进依法治国是"车之两轮"
"鸟之两翼"，共同服务于国家治理现代化进程。法治新常态是
经济增速换挡、经济结构调整、经济增长动力转换、经济发展
转型升级的经济新常态的必然要求。因此，法治新常态下行政
执法体制改革也必须服务于国家治理现代化的进程，与经济新
常态保持同步发展。行政执法体制改革与创新应当在治理现代
化的背景下进行谋划，适应经济新常态的需要。

---

〔1〕　江平、陈宾："法治新常态与经济新常态齐头并进"，载《人民法治》2015
年第4期。

〔2〕　张文显："中国法治新常态"，载《法制与社会发展》2015年第6期。

〔3〕　蒋熙辉："关于法治新常态的若干思考"，载《光明日报》2014年12月
24日。

〔4〕　张文显："中国法治新常态"，载《法制与社会发展》2015年第6期。

其次，法治新常态在一个开放的体系中具有丰富的内涵。在全面推进依法治国的系统工程下，法治中国或者说中国特色社会主义法治体系建设是一个总的目标。在这个总目标下可以从点、线、面的立体结构来诠释。从点上分析，法治新常态下具有几个重点。重点关注科学立法、严格执法、公正司法、全民守法。依法执政，要求坚持以依宪治国为核心，以科学立法为前提，以严格执法为关键，以守住公正司法为防线，以夯实全民守法为基础，以推进依法执政为保证，以树立法治理念、弘扬法治精神、加强法治文化建设为灵魂，进而最终形成完备的法律规范体系、高效的法治实施体系、严密的法治监督体系、有力的法治保障体系和完善的党内法规体系。从线上分析，法治新常态具有两条主线。坚持依法治国、依法执政、依法行政共同推进，法治国家、法治政府、法治社会一体建设，是建设中国特色社会主义法治体系的两条主线，贯穿法治中国建设的全过程、全领域、全环节。从面上分析，党的领导、人民当家作主和依法治国高度统一，无论是立法、司法、执法还是普法宣传教育、依法治理、法治理论体系构建都离不开"三统一"的指导，每一个切面或者截面都能观察到"三统一"的深远影响。因此，在法治新常态下推进行政执法体制改革，需要正确把握点、线、面的结合，有步骤、有重点地推进。

第三节　行政执法体制改革的重点难点

"行政组织的叠床架屋、员额膨胀、劳逸不均、冗员充斥、功能重叠或不彰、权责划分不清等结构失衡情形，促使组织透过重组，予以调适结构、精简组织。"[1]因此，行政执法体制改革应当围绕精简组织（主体整合）与结构调适（职能重组）展开。

一、行政执法主体的整合革新

行政主体是行政法学中一个极为重要的概念，意为"行政所由出的主体"。[2]"行政主体作为一项行政法律制度普遍出现于西方社会，无论是大陆法系的法国、德国或日本，或在普通法系的英国、美国，都无一例外地采用了行政主体制度。"[3]行政主体是大陆法系国家的基本概念，被广泛应用于法国、德国和日本等国。"在我国，行政主体指享有国家行政权，能以自己的名义行使行政权，并能独立地承担由此而产生的相应法律责任的组织。"[4]我国行政法学使用行政主体的概念，与外国一些国家的行政法学中所指的行政主体略有区别。"将行政主体与行政诉讼被告密切联系在一起，是我国引入行政主体概念的重要动因。不可否认，中国行政主体概念的提出及深厚的理论基础，它在很大程度上只是为了解决行政诉讼中的被告确认这一问题。因而难免在理论上显得根底浅薄。"[5]"我国行政法学者使用行政主体概念则通常有两种用法：其一，指行政机关和法律、法规授权的组织；其二，具体指能独立以自己名义对外行使行政

---

〔1〕　连宏华："组织重组理论之探讨"，载《中国行政评论》1999 年第 3 期。

〔2〕　黄异：《行政法总论》，三民书局 1996 年版，第 17 页。

〔3〕　薛刚凌主编：《行政主体的理论与实践——以公共行政改革为视角》，中国方正出版社 2009 年版，第 2 页。

〔4〕　关保英主编：《行政法与行政诉讼法》，中国政法大学出版社 2015 年版，第 33 页。

〔5〕　王丛虎：《行政主体问题研究》，北京大学出版社 2007 年版，第 4 页。

职权和承担法律责任的某一行政机关或法律、法规授权的组织。"〔1〕具体到行政执法实践中，"所谓行政执法主体，是指那些根据法律、法规和规章的规定，可以以自己的名义对外作出具体行政行为，并能独立承担由此产生的法律后果的行政组织"。〔2〕因此，不仅各级人民政府，而且各级政府的工作部门都可以以自己的名义进行行政执法，作出行政处理。同时，法律、法规授权非国家行政机关（比如社会团体、事业与企业组织、专业技术性机构等）都可以依法行使职权，以自己的名义对外行政执法。在行政执法实践中，从政府层级来看，从中央至省、市、县、乡五级政府，除乡镇政府之外，各级政府都有几十个职能部门，每个职能部门都具有自己的行政执法队伍，行政执法主体极为复杂。即使在同一执法部门内，行政执法主体也非常之多。据统计，截至 2015 年底，江苏省交通运输领域共有执法队伍 513 支，其中省级有 3 支，每个市平均有 7 支，县（市、区）则平均有 4 支。〔3〕

鉴于行政主体繁多的现状，在行政执法体制改革中，"组织形式的变革是最为根本的，只有当组织形式发生了变革，其他各种各样的变革成果才能得以巩固；而且，也只有当组织形式发生了变革，其他的变革才能得以进一步展开并顺利进行"〔4〕。因此，行政执法主体的整合应当重点解决两个问题：一是执法主体数量的减少，即对传统的执法主体进行"消肿减肥"，撤销

〔1〕 姜明安主编：《行政法与行政诉讼法》，北京大学出版社、高等教育出版社 2001 年版，第 87 页。

〔2〕 宋大涵主编：《行政执法教程》，中国法制出版社 2011 年版，第 50 页。

〔3〕 参见江苏省编办："坚持问题导向突出执法惠民——江苏省综合行政执法体制改革探索"，载《中国机构改革与管理》2016 年第 4 期。

〔4〕 张康之等：《任务型组织研究》，中国人民大学出版社 2009 年版，第 11 页。

或合并相关行政执法主体，彻底减少行政执法主体的数量。在当下的中国，广为社会所诟病的是行政执法主体太多、太滥。行政执法实践中，一个县级政府部门就有几十个甚至上百个行政执法主体。针对此种情况，有观点认为应当收回职能部门的行政主体资格。"与其这样，还不如将政府和政府职能部门的责任统统收归政府，让政府成为行政责任对外的归属者……一级政府才能成为行政主体，其职能部门不能成为行政主体，其职能部门的组成或派出机构则更不能成为行政主体。"〔1〕虽然此种观点值得商榷，但还是有一定的合理性的。至少在推进行政执法体制的当下，我们应当撤销或合并一些行政执法主体，以期实现行政执法权的相对集中。"整体性治理还主张对整个政府组织机构进行整合，这种整合包括上下层级之间、相同的职能部门之间以及政府与社会三个方面力量的整合。"〔2〕因此，当下至少可以在两个方面开展一些工作，在横向上，可以减少一些部门执法机构；在纵向上，可以减少执法层级，改变多层执法。"毫无疑问，政府结构数量的多少并不是政府结构变革的主旨，仅仅是政府结构变革的表象，不是反映政府结构变革普遍的本质的规律，但却是不可避免地会出现的情况。"〔3〕当然，特别需要提出的是，行政主体的数量减少与行政主体的多元化并不矛盾。"近年来，治理理论在行政管理活动中的广泛应用使得国家行政以外的社会行政行为大量涌现，行政主体的多元化趋势不

---

〔1〕　王丛虎：《行政主体问题研究》，北京大学出版社 2007 年版，第 79 页。

〔2〕　罗重谱："我国大部制改革的政策演进、实践探索与走向判断"，载《改革》2013 年第 3 期。

〔3〕　赵永建：《把脉政府结构变革研究》，西南交通大学出版社 2014 年版，第 101 页。

可逆转。"〔1〕行政主体的多元化已经成为社会共识。二是执法主体结构的优化。结构优化是指执法主体内部各部分、不同机构协调发展，各种要素得到充分、合理的利用，各种资源配置优化合理的过程和状况。"组织之所以不同于一般的群体聚合，就在于它是有着一定结构的，可以说，一切组织都包含着一定的结构。组织的结构是组织秩序赖以发生的前提，也正是因为组织是有着一定的结构的，组织才是可以管理的，才能实现一定的社会功能。而且，一个组织的结构状况，也代表着这个组织整体上的'健康'状况，一个组织能否有效地发挥其社会功能，在很大程度上，是由它的结构所决定的。"〔2〕结构优化是执法主体整合革新、执法良性运行的基础和内容，也是大部制的重要特征之一。在大部制下，大部内各职能部门分工合作，人、财、物等资源得到有机整合和充分利用，部门内资源充分共享。通过结构的优化避免了部门间相互推诿、利益掣肘、效率低下等现象。"因此，我们应该大量减少组织的中间管理层，加强操作执行层与高层决策层的直接沟通，使得组织管理层次减少。当然，从组织理论来看，这有可能导致组织管理幅度加宽，出现所谓行政组织的扁平化。"〔3〕"政府组织结构扁平化、层级简单，易于上情下达、下情上传，因此要按科学性与整体性的要求调整机构，多余的取消，重叠的合并。"〔4〕

---

〔1〕 薛刚凌主编：《行政主体的理论与实践——以公共行政改革为视角》，中国方正出版社 2009 年版，第 73 页。

〔2〕 张康之等：《任务型组织研究》，中国人民大学出版社 2009 年版，第 107 页。

〔3〕 胡象明等：《应对全球化：中国行政面临的挑战与对策》，北京师范大学出版社 2011 年版，第 176 页。

〔4〕 胡象明等：《应对全球化：中国行政面临的挑战与对策》，北京师范大学出版社 2011 年版，第 171 页。

二、行政执法权限的合理配置

功能-结构分析理论源于生物学中的有机论，随后应用到社会学研究。社会是具有一定结构或组织化的体系，构成社会的各个组成部分按照有序的方式相互关联，并对社会的整体发展发挥相互作用。从结构与功能的关系分析，结构是基础，特定的结构具有特定的功能，而特定的功能也需要特定的结构。因此，具体到行政执法体制改革中，即行政执法主体（机构）为职能而设，行政执法权限（功能）为机构而生。"政府职能只有凭借政府机构才能履行，而政府机构是出于履行某种职能需要而设立。只有分清职能和明确职能，才有可能据此对原有机构进行科学的调整和改革。"〔1〕诚如有学者所言："组织有着职能扩张的本性，公共部门尤其如此。在组织的自然发展中，每过一个时期，就会出现职能交叉重叠的问题，从而造成整体上的管理混乱。"〔2〕"事实上，一切组织的职能都在不断的变化过程中。因此，组织会因其职能的变化而发生变化。"〔3〕据此，形成的结论是："行政组织正如人体或机器一般，经过一段时间的运转与发展，不免发生故障或生病，需予诊断改进，亦即组织呈现衰退或病象之时，会通过人为的调适，包括裁撤、合并、精简、结构重新组合等重组方式矫正，以求取再生、更新、再出发。"〔4〕故而，行政职权的重组与改革是常态，推行行政执法体制改革亦需调适执法职能。

---

〔1〕　金太军等：《政府职能梳理与重构》，广东人民出版社 2002 年版，第 283~284 页。

〔2〕　张康之等：《任务型组织研究》，中国人民大学出版社 2009 年版，第 70 页。

〔3〕　张康之等：《任务型组织研究》，中国人民大学出版社 2009 年版，第 68 页。

〔4〕　连宏华："组织重组理论之探讨"，载《中国行政评论》1999 年第 3 期。

"今后的行政改革如果希望有所作为的话，应当走这样一条道路：在精简常规组织的同时，转变常规组织的职能，把常规组织定位在建立、规范、监督和解散任务型组织的角色上。"[1]如诚如所言，在行政执法体制改革中应当注重行政机关职能的转变和配置。"科学合理的执法权力配置，是深化行政执法体制改革的基础任务。"[2]行政执法权限的判断标准应当主要考虑以下因素：一是执法权限是否必须由执法机关来行使，如果由社会或第三组织可以自主解决，应当放权于社会。政府与社会存在各自的空间与界限，政府与社会的事权应当法定化。二是执法的事项是否具有重要性和长期性，如果不具备重要性与长期性，应当简政放权；三是执法权限是否适宜由单一机关来行使。将大部门制作为一种整合执法权限的依托，减少行政执法部门，优化和整合执法权限。将相近的职能归入一个职能部门管理为主，由其牵头负责协调相关工作，做到职责明确、各负其责。

行政执法权限的配置方式可以分为四种，即科层制配置、部门性配置、综合性配置和临时性配置。[3]科层制配置，实质上是从纵向的角度进行的分类，是一种等级职能。"等级职能实际上是中央与地方政府、地方各级政府之间职能内容和范围的划分问题。一般而言，凡是涉及全国整体利益的重大事务由中央政府集中统一管理，仅涉及地方的事务由地方政府自主管

---

〔1〕 张康之等：《任务型组织研究》，中国人民大学出版社 2009 年版，第 47 页。

〔2〕 任其军："深化行政执法体制改革重点问题研究"，载《辽宁行政学院学报》2014 年第 9 期。

〔3〕 参见谢庆奎等：《中国政府体制分析》，中国广播电视出版社 1995 年版，第 149~150 页。

理。"[1]在科层制配置上，应当强调权力下放和实行地域管理，推进执法中心下移。部门性配置则是从横向上进行的分类，是一种专门性的职能。部门性配置应当避免职能交叉，实行职能合并。"将分散在各个部门的相同或相近的职能作横向上的合并，有利于以组织内部的协调来代替外部的冲突，以避免政出多门，各行其是，从而最终解决'部门割据'问题。"[2]在综合性配置方式上，要重点提升综合协调能力。特别是在大部门制的背景下，综合设置政府部门具有现实意义。"进一步推进大部制改革，应按照精简统一效能的原则，对有必要在条件实行大部制的领域进行机构整合，在科学归类的基础上采取综合设置，使同一或相近领域的事务尽可能由一个政府部门管理。"[3]在临时性配置方式上，力争由常设机构来承担执法职能。

---

〔1〕 金太军等：《政府职能梳理与重构》，广东人民出版社2002年版，第329～330页。

〔2〕 金太军等：《政府职能梳理与重构》，广东人民出版社2002年版，第331页。

〔3〕 沈荣华、曹胜：《政府治理现代化》，浙江大学出版社2015年版，第187页。

域外行政执法体制的改革发展

　　行政执法制度作为当代法治社会一项重要的行政法制度，应当说是一个世界性的课题。正如有学者所言："法律的起源和发展是一个普遍的社会现象，必须对不同的民族，处于不同发展阶段的民族的法律，进行比较研究。"[1]本章的主要目的是对域外不同国家或地区行政执法体制的发展概况作比较法上的考察，包括法国法、德国法、美国法、英国法和日本法，以期充分认识并借鉴其有益经验。德国学者塞克尔曾说："不知别国法律者，对本国法律便也一无所知。"[2]为避免这种无知，本章拟综合考量域外行政执法体制之概况，力图对我国之行政执法体制改革有所裨益。"当代各国行政改革在总方向上趋于一致，而且这种趋同似乎超越了意识形态上的差别。"[3]行政执法体制领域的改革也是如此。因此，更有必要在比较中认识行政执法体制改革中的一致，以期准确把握世界性趋势。

---

　　[1]　王名扬：《比较行政法》，北京大学出版社 2006 年版，第 22 页。
　　[2]　[日] 大木雅夫：《比较法》，范愉译，法律出版社 1999 年版，第 68 页。
　　[3]　周志忍：《当代国外行政改革比较研究》，国家行政学院出版社 1999 年版，第 3 页。

第一节 大陆法系国家行政执法体制改革

一、法国行政执法体制发展概况

法国是传统的中央集权的单一制国家，法国的行政组织偏重中央集权，中央集权是其行政体制的重要特征。"法国的高度中央集权制主要是由于法国的社会历史条件所形成。法国是一个大陆国家，容易受到外国的影响和侵犯。"[1]"尽管近年以来受到行政民主的影响，多次加强地方自治权力，但是，和英美行政相比，法国仍然是一个中央集权国家。"[2]从法律角度分析，法国大革命时期制定的宪法就强调共和国的唯一性，权力集中是基本特点。1958 年《宪法》明确规定，法兰西为不可分割、非宗教的、民主的并为社会服务的共和国。中央行政机关包括总统、总理、部长和重要的咨询机构。总统是国家的首脑，对外代表国家，总统不对议会负责。总理由总统任命，是政府首脑。部长的政治作用较小，主要是在一定范围内领导行政事务。"总统和总理是国家最高行政机关，具有一般的行政权限，部长是中央行政机关，对于某一方面的国家行政事务，具有全国范围内的管辖权限。"[3]"部的设置受两个原则的支配。一个原则着重行政活动的协调，主张把互相联系的公务集合在一个部中管理，设立大部。另一原则着重部的专门性质，主张各种性质不同的公务各自成为一部，以提高行政效率。法国根据部

---

[1] 王名扬：《比较行政法》，北京大学出版社 2006 年版，第 106 页。
[2] 王名扬：《比较行政法》，北京大学出版社 2006 年版，第 30 页。
[3] 王名扬：《法国行政法》，北京大学出版社 2007 年版，第 48 页。

所管辖的公务的性质，同时适用这两个原则。"〔1〕

但是，"中央集权是昂贵的、低效率的、无力的。官员太多，决策及执行缓慢，责任感缺乏，这一切使国家印上了软弱无力的标志"。〔2〕实际上，连当时的执政党也曾呼吁："法国需要强有力的中央政权来建设法国。法国也需要分权以避免解体"〔3〕，"实行自治，要求中央政权接受真正的地方分权。就基层一级来说，在我们大约三万六千个市镇中，由当选人组成的市议会要面对喜欢在管理地方事务方面发表自己意见的公民……"〔4〕基于此背景，在 20 世纪 80 年代的行政改革浪潮中，法国采取了一系列积极措施，地方分权改革成效显著。1982 年 3 月，法国颁布《关于市镇、省、大区的权利和自由法》，标志着地方分权改革的开始。1988 年 1 月，制定颁布了《改善地方分权法》。1992 年 6 月，相继颁布了《关于行使地方议员职务条件法》《共和国地方行政指导法》。2003 年 3 月，法国议会通过了宪法修正案，明确法国的国家组织是分权型，在不损害国家统一的前提下建立了分权机制。2004 年 7 月，通过了《地区领土单位财政自治法》，明确了国家与地方资源分配比例，尤其是税收，明确各级地方领土单位今后不会少于 2003 年的财政收入，立法机构若干涉地方领土单位的财政自治将被视为违宪。同年 8 月，又通过了《地方自由与责任法》，启动了分权第二阶段的新动向，分权的范围较为广泛，包括经济发展、交通、社会行动等方面。

---

〔1〕 王名扬：《比较行政法》，北京大学出版社 2006 年版，第 129 页。
〔2〕 薄贵利：《集权分权与国家兴衰》，经济科学出版社 2000 年版，第 132 页。
〔3〕 〔法〕克洛德·芒塞隆、贝纳尔·潘戈：《密特朗传》，任正德、周维伯译，新华出版社 1984 年版，第 109 页。
〔4〕 〔法〕弗朗索瓦·密特朗：《此时此地》，余秀梅等译，商务印书馆 1982 年版，第 154 页。

上述改革，最为突出的特点体现在如下方面：

第一，改革地方行政管理体制。法国现行地方政府体制是在 1982 年后开始形成的，共设大区、省、市镇三级地方政府。地方的行政管理权由国家代表手中转向民选权力机关手中，大区议会、省议会和市镇议会由单纯的议事机构转变为议行合一的机构。大区是大于省的专门行政区域，比如邮区、学区、卫生区等。"法国本土分为 22 个大区，每个大区包括几个省。"〔1〕"大区行政长官的职权和省长的职权基本相同，但范围没有后者广泛。大区行政长官职权的重点在经济发展和领土整治，没有警察权力。"〔2〕大区的存在没有改变省法国最主要的地方行政区域的地位。市镇是自然兴起的地方团体，但国家法律承认。"所以市镇除主要作为地方团体执行市镇公务以外，也同时作为国家在地方上的基层行政域，执行国家的行政职务。"〔3〕"大区在分权进程中以各种名义继受了具体职责和任务，它在行政层级和公法体系中的地位也逐步由虚向实发展，市镇作为民众的基本生活社区亦是实现具体目标的直接载体，法国区域发展在'大区'和'市镇'层面同时展开了双重运动，这成为法国当代公共行动的标志。"〔4〕

第二，扩大地方政府的权力。在法国，中央与大区、省、市镇之间没有等级关系，它们各自拥有各自的权限。在明确中央与地方权限划分的基础上，中央政府分期分批地将部分事务交由地方政府管理。法国各级政府间权限的转让遵循四项原则：

---

〔1〕 王名扬：《法国行政法》，北京大学出版社 2007 年版，第 63 页。

〔2〕 王名扬：《法国行政法》，北京大学出版社 2007 年版，第 63~64 页。

〔3〕 王名扬：《比较行政法》，北京大学出版社 2006 年版，第 141 页。

〔4〕 上官莉娜、李黎："法国中央与地方的分权模式及其路径依赖"，载《法国研究》2010 年第 4 期。

在可能的情况下，国家的权限必须整体转让；权限的转让不得允许任何地方领土单位以任何形式对其他某个地方领土单位施行正式的或变相的监管；任何转让都不得涉及地方领土单位已有的权限；任何权限的转让都必须伴随相应资源的转让以及自转让之日起对为行使该职权所需要使用的动产和不动产的支配。[1]"权限的转让主要涉及计划和领土整治、城市规划、住宅建设、职业培训、交通运输、司法、教育、文化、环境保护、居住环境、青年人就业、市镇警察等领域。"[2]此外，"法国的独特之处在于这个体制中属于中央政府的唯一代表，即省长的权力被下放……为了更好地简化地方行政管理，最近的改革趋势是，大区区长的权力得到加强，省长权力趋弱。国家提供的公共服务更多地是在大区而不是省的层面上进行"。[3]

第三，赋予领土单位试验权。修正后的《宪法》第72条第4款明确规定，根据情况，当法律或者条例已有规定时，领土单位或者其组合可以依照组织法规定的条件，不特定目的并在确定期限内，实验性质减损、调整其权限，行使该立法性或条例性条款，但涉及行使公共自由或者宪法所保障权利的实质条件的除外。据此，法国的法律允许地方政府及其联合体以试验的名义，针对行使职权方面的内容进行大胆尝试，待试验期满后再根据运行情况决定是进行推广、完善还是终止执行。

第四，欧盟法对法国行政的影响不可忽视。早在1996年，弗朗斯（Flauss）就评论说："与法国法律的任何其他法律部门相比，我们的行政法过去看起来是极其地道的法国的法国法

---

〔1〕 参见张立荣：《中外行政制度比较》，商务印书馆2002年版，第252页。

〔2〕 潘小娟："法国地方分权改革"，载《中国社会导刊》2007年第5期。

〔3〕 申恒胜："法国分权运动中的地方与国家——'县政改革论坛之四：中法基层治理研讨会'综述"，载《科学决策》2010年第4期。

（Franco—French law），实际上是更名副其实的在法律方面法语特有的语句。但是，'欧洲化'必将或多或少导致对法国行政法一定程度的融合。"〔1〕

第五，突出法治的保障作用。"法国二十余年的'政治-行政'改革之路，以法律开局明确目标提供保障，以法令自上而下推动，通过中央与地方、地方各层级政府的行政合同（协议）分步骤、分阶段实施，以修宪确定和巩固阶段性改革成果，并以上继下一阶段改革奠定制度基础。"〔2〕

二、德国行政执法体制发展概况

德国是一个传统的联邦制国家。其政体为议会共和国，联邦议会是国家的最高立法机关，联邦政府实行责任内阁制，总理为政府首脑，对议会负责。国家的权力在联邦与州之间进行划分。联邦政府实行的是大部制，"德国部之数目不多，历经两德统一之后些许扩张时期，如今只有 14 个而已。将相同性质之业务划归同一部（长），从部所肩负的规划的角色而言，采集中方式得以直接内部沟通与协调并一致决行之优点"〔3〕，各州政府的机构设置则相对独立。执行法律主要是各州的职责，"除外交、联邦财政、联邦铁路、联邦水道、边界保护和宪法保护，由联邦设立联邦一级的行政机关执行外，其余则由各州设立相应的行政机关代为执行，只是各州在执行时必须接受联邦的监

---

〔1〕　[英] L. 赖维乐·布朗等：《法国行政法》（第 5 版），高秦伟、王锴译，中国人民大学出版社 2006 年版，第 291 页。

〔2〕　上官莉娜、李黎："法国中央与地方的分权模式及其路径依赖"，载《法国研究》2010 年第 4 期。

〔3〕　黄锦堂：《行政组织法论》，翰芦图书出版公司 2005 年版，第 388 页。

督"。[1]"联邦政府在立法上占主导地位,各州政府则在执法上发挥主要作用……因此,德国不仅允许联邦制定法律、各州执行法律的合作模式,而且还授权联邦政府对各州执法进行广泛的监督。"[2]"原则上,联邦和各州有权自行决定如何执行法定行政任务,其中特别是如何设置行政组织。"[3]因此,联邦和各州分别具有自己管辖体制的独立行政组织和相应职能。"无论是在整体上还是在部分上,州行政都不隶属于联邦行政,而是联邦行政之外的一个独立的行政领域。"[4]"根据基本法,联邦法律的执行分为三种类型:(1)根据第84条,由各州作为自己的事务执行;(2)根据第85条,由各州经联邦委托执行;(3)由联邦自己执行,即通过联邦自己的行政机关或者所属的行政主体执行。"[5]而根据行政管辖权,行政机关负责的事务既有专业管辖事务,还有地域管辖和级别管辖。"国家任务多种多样,行政机关为数众多,对国家(行政的领导)和公民来说,统一透明的管辖权规则必不可少,唯由此,才能减少摩擦,降低时间成本。"[6]

理论上如此,但现实中部门分割还是客观存在的。"例如,多个机关都有权征收公民的金钱、处理公民的申请和要求,信

---

〔1〕 徐崇德等编:《宪法》(第3版),中国人民大学出版社2007年版,第162页。

〔2〕 张千帆:《宪法学导论——原理与应用》,法律出版社2014年版,第234页。

〔3〕 [德] 哈特穆特·毛雷尔:《行政法学总论》,高家伟译,法律出版社2000年版,第517页。

〔4〕 [德] 哈特穆特·毛雷尔:《行政法学总论》,高家伟译,法律出版社2000年版,第539页。

〔5〕 [德] 哈特穆特·毛雷尔:《行政法学总论》,高家伟译,法律出版社2000年版,第525页。

〔6〕 [德] 汉斯·J. 沃尔夫等:《行政法》(第3卷),高家伟译,商务印书馆2007年版,第159页。

息的判断事项或者危险排除有多个主管机关。"[1]"由于部门各自执行保密制度，行政系统内部存在严重的信息流失和内耗，而公民因部门各自为政又不得不付出巨大的成本，甚至成为权限争议和冲突的牺牲品。"[2]随之而来的问题就是，当出现职权交叉或执法重叠时是否需要联合行政。执法实践中实际上也出现了集中行使职权的趋向。"一个值得注意的例子是位于威斯巴登的电影评审局，它形式上是黑森州的行政机关，而实际上是所有的州的共同行政机关。电影评审局是由黑森州文化部长名义领导下的、各州共同行政机关，其后果主要是：该局的评审意见对所有的州电影具有约束力；黑森州的文化部长负责决定电影评审局的设置、工作制度等事项，但必须经主管的文化部长会议同意才能作出，该会议由各州文化部长组成，并且只能作出一致通过的决议；在费用出现赤字时，由各州共同负担。"[3]"德国汉堡也实行'相对集中行政处罚权'制度，具体体现就是由秩序局相对集中地行使由几个部门行使的行政处罚权。在德国，实施处罚权的主要有三个部门：警察、秩序局、税务局。因此，秩序局就成了除警察之外的主要行政执法部门。在汉堡市的7个大区下都设了秩序局，它主要负责居民身份登记、养老与医疗保险、消防、交通、运输、兽医与食品监督、环保等相关事务；集中行使了规划、卫生、建设、交通、工商、

---

〔1〕［德］汉斯·J. 沃尔夫等：《行政法》（第3卷），高家伟译，商务印书馆2007年版，第165页。

〔2〕［德］汉斯·J. 沃尔夫等：《行政法》（第3卷），高家伟译，商务印书馆2007年版，第40~41页。

〔3〕［德］哈特穆特·毛雷尔：《行政法学总论》，高家伟译，法律出版社2000年版，第542~543页。

环保等许多部门的行政处罚权。"[1]

德国《基本法》规定的行政组织类型主要有三类，即部委行政、地方自治行政和公务自治行政。部委行政属于国家行政的范围，在联邦和州都存在。传统部委行政的突出特点是多层级的官僚体制，下级单位没有法律上的独立地位，对外只能由统一的法律单位代表，内部机构林立。在新控制模式下，"引入分散化的职责资源配置机制，同时采取目标协议和其他特殊的控制手段"。[2]地方自治行政主要由乡镇和乡镇联合体完成。乡镇根据自治原则，自行调整和管理地方社会事务。"是否以及以何种方式执行其权限范围内的事务，原则上由乡镇自行决定。"[3]乡镇联合体包括所有的、跨乡镇的地方团体，负责执行超越乡镇能力范围的事务。公务自治行政以类型和功能多样而著称，包括经济和职业行会、不动产团体、社会自治、高校自治等。从理论上讲，行政主体主要分为国家、公法人、具有部分权利能力的行政机构和被授权人。国家是原始行政主体，"国家行政因此可以分为联邦行政部分和州行政部分"。[4]公法人实际上分为团体、设施和基金会，它们均受国家的法律约束，并置于国家的监督之下。县和乡镇也属于公法团体。"具有部分权利能力的行政机构是指根据公法设立，没有（完全权利能力的）公法人资格、根据授权自负其责地执行特定行政任务，并在此

---

[1] 刘志欣等："上海创新行政执法体制和模式研究"，载《科学发展》2011年第12期。

[2] [德]汉斯·J.沃尔夫等：《行政法》（第3卷），高家伟译，商务印书馆2007年版，第105页。

[3] [德]哈特穆特·毛雷尔：《行政法学总论》，高家伟译，法律出版社2000年版，第560页。

[4] [德]哈特穆特·毛雷尔：《行政法学总论》，高家伟译，法律出版社2000年版，第500页。

范围内享有独立权利义务的组织。"[1]比如大学里的系或院、公职人员协会等。"被授权的人是指以自己的名义行使国家以法律、或经由法律授权以行政处理或公法契约的形式所授予的公权力的私法主体，但在功能上是行政主体。"[2]

　　早在20世纪90年代初，地方政府便成了改革的推动者，德国各州自此开始了行政现代化的努力，以职能审查、体制改革等为重点，致力于对规则和程序的简化。职能审查，"围绕非管制化和程序加速等总体目标，一系列立法动议得以提出，革新主要在建设法和行政程序法领域实行。另一个重点是减少核准保留和许可保留。另外是行政内部规则的修订"。[3]体制改革则"首先是合并原先由不同机构行使的关联权限，其次是裁减机构。一些合并权限的改革措施相应地导致机构、人员的部分甚至整个行政单位的裁撤，例如巴登—符腾堡州裁减了100多个部门机关和外设机构"。[4]随着信息的发展，德国在市政府一级还实行了"一站式商店"（one-stop-shop）的服务方式，把与公众相关的服务项目集中在一个地方，实现"一条龙"服务。[5]"德国各邦均推动行政改革，而其中的一个项目，为行政任务之检讨，分析其不再办理或委由民间经营或移交地方政府办理，或降低管制或行政作业简化。其中的所谓移交地方政府办理，也可称为'地方化'（Kommunalisierung），亦即将原告属于国家

---

〔1〕　[德]哈特穆特·毛雷尔：《行政法学总论》，高家伟译，法律出版社2000年版，第501页。

〔2〕　王丛虎：《行政主体问题研究》，北京大学出版社2007年版，第67页。

〔3〕　[德]汉斯·J.沃尔夫等：《行政法》（第3卷），高家伟译，商务印书馆2007年版，第48页。

〔4〕　[德]汉斯·J.沃尔夫等：《行政法》（第3卷），高家伟译，商务印书馆2007年版，第48页。

〔5〕　段龙飞：《我国行政服务中心建设》，武汉大学出版社2007年版，第98页。

所承办的业务，下放到地方政府。"[1]

联邦层面的现代化改革比州要晚一些。近些年来，德国联邦政府根据社会发展的需要将原有的职能重叠的部门进行了合并与整合，形成了大交通、大农业、大环保等大部门体制。"不是所有部门都按'大部'的要求来进行职能整合，大部数量应少而精，根据实际需要将农业、交通、卫生、能源和环保等设置为大部。"[2]同时，考虑到官僚式规制及其给私营部门，特别是给私营企业造成的负担，联邦政府着手改进规制，即创造更好或更智能的规制，"它所描述的总体目标是通过解除规制和减轻行政负担来加强规制政策"[3]。"这样，在德国行政改革的历史上首次在联邦层面组建了一个专门的专家委员会，即'国家规制控制委员会'，其任务是落实这些规制和手段的创新。"[4]当然，在部门合并与整合的过程中，德国有其独特的考量因素。"关于行政机关之设置与否与设置的内容，一方面来自权力分立体制之下行政与立法之权力划分，另外也来自中央与地方之执行权之划分，第三则来自一具体领域之业务之重要性与权限对人权之干预性或对国家经社发展之整体的影响性的高低而为的判断。"[5]"就某一行政机关之设置，上述三大考量并不互斥，而是得同时存在；但一般而言，德国广泛承认行政机关之组织设置的权限，从而只针对联邦设置执行机关而入侵到

---

[1] 黄锦堂：《行政组织法论》，翰芦图书出版公司 2005 年版，第 134 页。

[2] 陈雪莲："大部制改革不妨借鉴德国经验"，载《环球时报》2013 年 3 月 8 日。

[3] ［德］维尔纳·杨："德国的国家范式和行政改革"，夏晓文译，载《德国研究》2012 年第 4 期。

[4] ［德］维尔纳·杨："德国的国家范式和行政改革"，夏晓文译，载《德国研究》2012 年第 4 期。

[5] 黄锦堂：《行政组织法论》，翰芦图书出版公司 2005 年版，第 72 页。

邦执行权以及邦设置执行机关而入侵到地方自治团体的执行权的类型，才明定须有法律保留。"[1]

三、日本行政执法体制发展概况

日本属于单一制国家，在中央集权制下实施地方自治，实行中央、都道府县和市町村三级行政体系。自20世纪70年代以来，日本公共行政发生了急剧的变化，行政领域不断扩展、行政主体日益增多、行政手段日益复杂。"在行政机关各自日益茁壮的同时，各政府机关（集团）之间则是本位主义横行，造成业务配置重叠、行政资源浪费等弊端。行政业务的成长与单位的膨胀，除了包含政治人物在内的公务人员致力于扩张势力等的本位主义因素促成之外，最重要的是随着经济社会的高度发展所需而来，虽然现在因为无法对应经济不景气而被批评行政机关过于臃肿、效率不彰，也因英美等国率先推行的行政改革而成世界潮流，而不得不跟进。"[2]进入20世纪90年代后，放松政府管制的要求更加强烈，特别是自第二次世界大战以来，行政改革一直在持续进行。"若以第二次世界大战结束为界线，战后的日本可以说是进入其国家与社会乃至个人的全面变革时代，尤其是行政体系与组织的改革，至今仍是持续不断地进行，各时期因应各种行政改革的需要亦大都设有直属首相的调查或咨询的临时组织如'行政审议会''行政监理委员会''临时行政调查会''临时行政改革推进审议会''行政改革委员会''行

〔1〕　黄锦堂：《行政组织法论》，翰芦图书出版公司2005年版，第75页。
〔2〕　曹瑞泰："现代日本行政改革过程之研究——以2001年中央部会组织减半为标的"，载《通识研究集刊》1999年第4期。

政改革会议'等。"〔1〕因此，系统梳理日本行政执法体制的发展变化意义重大。从行政体制来看，日本实行议院内阁制，国家行政组织的最高机关是内阁。"平成13年1月以来施行的新的中央行政机构，由内阁府、总务省、法务省、外务省、财务省、文部科学省、厚生劳动省、农林水产省、经济产业省、国土交通省、环境省、防卫省以及设置内阁府的国家安全委员会（大臣厅）共1府12省厅组成。"〔2〕至2016年4月，日本中央机构的变化不大，只是增设了复兴厅。〔3〕内阁行使政令制定权及宪法所规定的职权，内阁中设置内阁府。内阁府承担内阁重要政策的规划立案和综合调整等事务。日本在改革过程中克服了部门主义，严格按照职能优化的原则来推进部门的重组，形成了日本的特色。"日本行政改革作法是透过'三项分权'——部分重组、地方分权、民营化等，释出政府权力来建立一个小而能的政府，并借由分权措施来恢复民众对政治、地方政府及市场的依赖感。"〔4〕"在职能和任务整合的基础上，机构再编要遵循三个原则：第一，要根据政策课题、施政目标与任务的要求，重新按相同或相近职能组合省厅部门，重视部门的统合性与整体性；第二，利益相反或性质不同（如经济发展与环境保护）的政府职能与业务要尽量放在不同部门；第三，部门之间在规

---

〔1〕 曹瑞泰："现代日本行政改革过程之研究——以2001年中央部会组织减半为标的"，载《通识研究集刊》1999年第4期。

〔2〕 ［日］南博方：《行政法》（第6版），杨建顺译，中国人民大学出版社2009年版，第18页。

〔3〕 参见日本政府官方网站：http://www.kantei.go.jp/cn/link/org/index.html，最后访问时间：2016年4月21日。

〔4〕 曹瑞泰："现代日本行政改革过程之研究——以2001年中央部会组织减半为标的"，载《通识研究集刊》1999年第4期。

模大小和权限方面要尽量保持均衡。"〔1〕"20 世纪 90 年代的分权改革，扩大团体自治和缩小、废除广义上的干预是改革的重点……从此以后，自治体不再作为国家的下属机构执行'国家的事务'。"〔2〕

在日本，行政主体指称行政权的归属。"在宪法所规定的国民主权之下，行政权的本来归属者是国民，而基于国民的庄重委托，行政归属于国家或公共团体，并由归属于国家或者公共团体的行政机关（行政部门）来行使行政权。"〔3〕国家是惯有的行政权的归属者，它拥有自己的行政组织，国家的行政原则上由其固有的机关来实施。中央政府是国家的代表，具体负责实施行政权。"所谓公共团体，是指在国家之下并由国家赋予其存在目的的法人。公共团体可分为地方公共团体、公共组合、独立行政法人和特殊法人等类型。"〔4〕根据行政组织法的规定，行政机关是指府、省、委员会、厅等一定事务的分配单位。行政机关不具有人格，不能成为权利义务的主体，它的行为效果都归属于行政主体。日本的行政组织法非常发达。"在基于《国家行政组织法》制定的各省设置法中，如《法务省组织法》《大藏省设置法》《文部省设置法》等，都列举了各省所承担的事务。"〔5〕行政主体对于行政上的义务懈怠进行行政罚。行

〔1〕 贾义猛："大部门体制改革：日本的经验与启示"，载《时代周报》2013年 3 月 14 日。

〔2〕 杜创国："日本地方自治及其地方分权改革"，载《中国行政管理》2007年第 4 期。

〔3〕 ［日］南博方：《行政法》（第 6 版），杨建顺译，中国人民大学出版社2009 年版，第 11 页。

〔4〕 ［日］南博方：《行政法》（第 6 版），杨建顺译，中国人民大学出版社2009 年版，第 11 页。

〔5〕 ［日］盐野宏：《行政法》，杨建顺译，法律出版社 1999 年版，第 543 页。

政罚分为两类，一是行政刑罚；二是行政上的秩序罚。行政刑罚原则上适用刑事诉讼法，但是有时在制定法上也设定特别的制度。"行政上的秩序罚，是指对具有给行政上的秩序带来障碍的危险的违反义务行为所科处的处罚。"[1]行政上的秩序罚，法定的形式有过料、放置违反金等。"行政上的秩序罚与行政刑罚，在制度上有明确的区别。对此，过错罚款和行政刑罚是可以并处的。"[2]

从组织规范来讲，它主要关心的是将行政主体的具体事务分配给哪些机关，以及该机关的具体组织形式应如何构成。事务分配性机关概念所关心的问题不在于该机关的对外行为，而是将行政主体所进行的公行政全部置于视野中，从确保行政的统一、整合性的观点来分析。"将政府所承担的这些行政课题或行政任务，不分外部关系和内部关系，作为整体来把握，所关心的是这些事务被分配给什么机关。"[3]"关于作为整体的行政事务应如何分配给数省的问题，宪法没有作任何规定。此外，在制定法以外，也不存在从逻辑上推导出的组织法上的原理。这是应该适应时代的要求，从政策上予以决定的事项。"[4]"法政策学所面对的问题，并不是社会中的具体纷争，而是关乎多

---

〔1〕 ［日］盐野宏：《行政法总论》，杨建顺译，北京大学出版社 2008 年版，第164 页。

〔2〕 ［日］盐野宏：《行政法总论》，杨建顺译，北京大学出版社 2008 年版，第165 页。

〔3〕 ［日］盐野宏：《行政法总论》，杨建顺译，北京大学出版社 2008 年版，第18 页。

〔4〕 ［日］盐野宏：《行政法总论》，杨建顺译，北京大学出版社 2008 年版，第50 页。

数人利害的、现在和将来的政策性的、公共性的问题。"[1]"关于在府及省中应设置什么样的局、部、科等的问题，并不存在特别的组织法上的原理或者原则，而是根据与该府、省所掌管事务的关联适应地予以规定。"[2]虽然如此，但是在日本的理论界却形成了相对完善的事务分配理论。"根据寿普劝告，关于事务分配，建立起如下三原则：行政责任明确化的原则、效率的原则、地方公共团体优先及市町村优先的原则。日本的事务分配论，是以该寿普劝告提出的事务分配三原则为支柱而展开的……作为事务分配方式的模式，有一元化分配方式和多元分配方式两种类型。前一模式是不问国家还是都道府县或是市町村，尽量将事务专属性地分配给一个团体；而后一模式划将一种事务同时分配给国家、都道府县、市町村等若干团体。"[3]特别需要注意的是，地方公共团体广泛地承担着综合实施的作用，"特别是市町村的综合行政体的观念、当地性的观念，很早以前就已经是支配日本实务的观念了"。[4]许多公共事务都属于地方公共团体的职责范围，都是由其完成的。地方公共团体基于增进居民福祉的目的，具有广泛分担自主并综合性地实施地方行政的职责。国家重点分担原本应由国家行使的职责，贴近居民身边的行政尽可能交由地方公共团体。在此意义上，日本的地方公共事务充分体现了执法重心下移，地方事务由地方公共团

---

〔1〕　解亘："法政策学——有关制度设计的学问"，载《环球法律评论》2005年第2期。

〔2〕　〔日〕盐野宏：《行政法总论》，杨建顺译，北京大学出版社2008年版，第56页。

〔3〕　〔日〕盐野宏：《行政法总论》，杨建顺译，北京大学出版社2008年版，第116~117页。

〔4〕　〔日〕盐野宏：《行政法总论》，杨建顺译，北京大学出版社2008年版，第154页。

体优先负责。这一制度体现在理论上即补完性原则，以事务分配论为例，公共事务以市町村最优先分配，宪法要求实现"市町村→都道府县→国家"这种补完性的原理。[1]

"不过，在当今时代，众所周知的是，纵令为了与日益庞大的行政活动相配合，国家制定了多如洪水般的法律，但是，也产生法令得不到执行的状况（所谓的'执行的欠缺'）。"[2]在行政执法实践中，"有时候，某些事情会牵涉到两个以上行政机关的权限（共管事项），或者引起各机关之间的管辖之争（权限争议）"。[3]因此，如何合理地配置行政权限是一个现实问题。"将行政主体进行的公行政全部置于视野之中，着眼于这些事务是如何有秩序地分配给各个行政机关的。例如，就环境行政而言，既有自然环境的保护，又有都市环境的问题。因此，作为政府，要合理地推行这些事务，便需要该环境行政的系统化。"[4]"日本原来的体制属纵向联系，并且机构重叠，造成事务处理困难，效率低下，重复浪费。各省厅经过改编，将原来事务关系相似、相近和重复的机关合并，将矛盾的事务分离，并调整了事务处理的级别，使原来分散在各省的事务相近的机关，统归同一部门管辖，较为有效地避免和解决了权限交叉重叠问题。"[5]比如，整合后的国土交通省，整合了原有运输省、建设省、国土

---

[1] [日] 盐野宏：《行政法总论》，杨建顺译，北京大学出版社 2008 年版，第155 页。

[2] [日] 大桥洋一：《行政法学的结构性变革》，吕艳滨译，中国人民大学出版社 2008 年版，第 3 页。

[3] [日] 南博方：《行政法》（第 6 版），杨建顺译，中国人民大学出版社2009 年版，第 16 页。

[4] [日] 盐野宏：《行政法》，杨建顺译，法律出版社 1999 年版，第 544 页。

[5] 金国坤：《行政权限冲突解决机制研究：部门协调的法制化路径探寻》，北京大学出版社 2010 年版，第 132 页。

厅、北海道开发厅的职能，占据了日本 80% 的公共事业预算，拥有 2500 多项许可权限，主要任务包括系统的国土开发与利用、与国土开发相关的社会资本的调节整理、交通政策的推进等。"日本最近实行的行政改革其实并不仅仅局限于中央省厅（即中央行政机构）的重组，还包括缓和规制、创设独立法人、重塑中央与地方自治关系等，因而它是政治发展模式转型的重要步骤。"〔1〕政府规制改革卓有成效，并形成了规制改革的共识，提出了规制的分类原则。经济性规制原则自由、社会性规制被控制在最低范围；规制的内容简单化、明确化、国际化等。

第二节　英美法系国家行政执法体制改革

一、英国行政执法体制发展概况

英国的全称是大不列颠及北爱尔兰联合王国（The United Kingdom of Great Britain and Northern Ireland），由英格兰、苏格兰、威尔士、北爱尔兰四个部分组成。四个部分之间分别有自己的语言、民族甚至议会，差异性较大。20 世纪 70 年代末期开始至今，以英国撒切尔政府为代表的西方国家普遍经历了一场声势浩大的公开行政改革运动。这一运动的中心是政府权力外移，实现政府的小型化和扁平化，其中一个重要内容就是公共产品的提供主体和提供方式的转变，由完全的政府供给转为政府与市场主体二元提供的格局。同时，提供的方式也由传统的行政命令转向契约合作方式。近些年以来，英国的行政法正经

---

〔1〕　徐寅："启示与教训：日本'大部制改革'再观察"，载《改革与开放》2013 年第 10 期。

历着重大变化。

英国的行政执法体制出现了一些新变化，表现在以下方面：

第一，权力下放依法进行。随着权力下放运动的开展，除英格兰以外的三个地方不断分权，并在中央设立了三个权力下放事务部。在不让渡主权权力的前提下将中央政府的权力委托给地方政府行使。为此，英国专门制定了权力下放立法，即1998年《苏格兰法》、1998年《威尔士政府法》、1998年《北爱尔兰法》。1999年，苏格兰、威尔士、北爱尔兰相继举行了议会选举，产生了地方议会，并成立了地方议会的执行机关。2000年，英国颁布实施了《地方政府法》，2003年颁布了《地方议会（筹备）法》，2011年，通过了《地方主义法》。"在20世纪90年代和21世纪，中央政府要求地方政府的模式是'授权型权力机构'，地方当局的任务在于确定要求、设定优先项目、决定服务标准和找到最佳的方式来确保满足这些标准。这表明地方当局不再是直接提供公共服务的传统模式，而是将服务提供和战略责任作出很大的区分。"[1]地方当局应该是掌舵的，而不是划船的。在实践中，地方政府积极行使一般管辖权，在提供新的公共服务、应对经济萧条、创新地方管理方面有所运用。[2]

第二，地方高度自治。由于没有一部成文宪法，中央与地方的权力配置缺乏宪法上的规定。所有地方政府的权力都源于制定法，都是中央政府委托的职能。行政权的设置完全是通过制定法完成的，中央政府可以随时通过制定法将地方的权力收

───────────

〔1〕 Lawrence Pratchett and David Wilson, *Local Democracy and Local Government*, Hampshire：Macmillan, 1996, p. 3.

〔2〕 参见赵延聪："中央和地方权能调整的制度保障与策略选择——英国地方政府权能变迁的启示"，载《学习与实践》2015年第1期。

回归中央所有。因此，涉及地方权力时议会至上原则和法律的治理原则便成了公法领域的核心原则。英国是建立在地方分权基础上的单一制国家，英国的地方政府分为三级：地区级的权力下放政府（如英格兰地方当局、威尔士地方当局）；郡、市议事会；郡自治镇、市自治镇及教区的议事会。地方当局都是由选举产生的议事会成员组成的，地方政府的权力都是制定法授予的权力。"现代地方行政管理的普遍原则是，由唯一的地方当局提供其辖区内所有的服务，这个原则在 1930 年以前已经通过 1929 年的地方政府法及 1930 年的济贫法基本得到落实。"[1] 在英国，绝大多数的行政许可都是由地方政府实施的。"公众保护措施，包括度量衡检查、市场管理、消费者保护、食品和药物的生产销售管理；某些职业和营业如出租车、有奖游戏、娱乐场所、私人医院等执照颁发和视察等"[2]都属于地方政府的职权范围。实际上，英国现代地方政府把直接向公民提供服务作为其实现地方自治的手段。在一些纯粹的地方性事务上，地方政府拥有充分的自主权。比如，地方政府在提供以财产为中心的服务方面发挥了主导作用，如道路维护、垃圾清理、供水以及污水排放等，而在提供以人为中心的服务方面职责比较有限，如卫生保健、教育以及社会福利。

第三，在地方权力中有必要论及英国的警察权。英国警察的主要职责涉及维护社会秩序、保护个人及财产、预防犯罪、刑事侦查、起诉犯罪、疏导道路交通等方面。英国的警察管理体制由警察局、警察当局组成。警察局是警察的行动组织，其最高长官是警察专员，由英王根据内政大臣的建议任命。警察

---

〔1〕　张越:《英国行政法》，中国政法大学出版社 2004 年版，第 383~384 页。

〔2〕　张立荣:《中外行政制度比较》，商务印书馆 2002 年版，第 180~181 页。

当局则是一个社团法人，由地方议员、内政部推荐人选以及本地的治安法官组成。

第四，执行机构的建立是英国行政管理模式的重要特色。"在今天的英国，许多公共事务不是委托给中央或地方政府，而是委托给差别迥异的公务委员会、委员会或其他机构。"[1] 执行机构的大量设立是英国组织领域的一个重要变化。"可以说，几乎每一部英国的现当代行政立法，都会设立一个以上的公共机构，专门负责该法的实施及该法所创设的制定法权利的落实。"[2] 执行机构只负责执行而不负责决策，代表政府承担广泛的行政管理、规制、执行及商业职能，但它既不是中央政府部门，也不是地方机构，既不是中央政府的派出机构，也不是其执行部门。

第五，推进部门协作的实践。跨部门协同改革发端于1997年的英国，时任首相布莱尔希望通过行政改革，进一步协同政府之间、部门之间的关系，消除政策之间的矛盾与冲突，加强部门之间的联系，保证为公众提供无缝隙的服务。"协同政府改革主要是为了用跨界的手段和方式解决政府面临的两大难题。"[3] 跨界合作既可以提高解决社会问题的质量，增强回应的能力，又可以将服务与公众需求紧密地联系起来，改善政府与公众的关系。跨部门协同背后的助推力表现在以下五个方面：一是要消除不同政策之间的矛盾和紧张关系，提高政策的有效性；二是要通过消除不同项目之间的重复或矛盾，更好地利用资源；三是要通过改善特殊政策领域内不同利益主体之间的思

---

〔1〕 张越：《英国行政法》，中国政法大学出版社 2004 年版，第 422 页。

〔2〕 张越：《英国行政法》，中国政法大学出版社 2004 年版，第 431 页。

〔3〕 孙迎春：《发达国家整体政府跨部门协同机制研究》，国家行政学院出版社 2014 年版，第 26 页。

想流动和合作，产生协作或更聪明的工作方式；四是要从服务使用者，也就是从公民的角度，生产一系列更为整合或无缝隙的服务；五是政治动力，突出政府的现代化改革立场。[1]协同政府改革具有以下几个特点：一是强调政府职责，主张某种程度的政府回归，政府可以有所作为；二是提倡多元合作，通过一致共享的目标等方式提供新的服务；三是强调决策统一，既重视部门目标，更重视整体的政府目标；四是突出信任，提倡部门间的关系平等。[2]因此，即使存在权力交叉的情形，但是却易于协调。"从法律上讲，国务大臣所负的职责是可以互换的（interchangeable），但在实际上，国务大臣的职能都能严格地限制在那些与其部门相关的领域内。"[3]即使面对权力交叉的混沌状态，"大臣们都会比较慎重地处理这方面的问题，尤其是在不存在争权的利益驱动因素的前提下，大臣们有充分地、理性地解决权力配置问题的回旋余地"。[4]

二、美国行政执法体制发展概况

美国是实行联邦制的典型国家，政治权力是分散的，联邦政府与各州的权力在宪法中已经作了明确规定。美国联邦宪法列举了联邦的权力，未列举的权力归于各州，联邦和州成为一个整体。美国的行政组织比较复杂，行政主体的类型主要有联邦、州、地方团体和其他组织。"美国联邦的行政组织包括总

---

〔1〕　孙迎春：《发达国家整体政府跨部门协同机制研究》，国家行政学院出版社 2014 年版，第 21 页。

〔2〕　参见孙迎春：《发达国家整体政府跨部门协同机制研究》，国家行政学院出版社 2014 年版，第 27~29 页。

〔3〕　张越：《英国行政法》，中国政法大学出版社 2004 年版，第 368 页。

〔4〕　张越：《英国行政法》，中国政法大学出版社 2004 年版，第 369 页。

统，总统的执行机构，副总统，内阁，部长，咨询机构和独立机构，总统是美国行政组织的中心和首脑。"[1]总统的执行机构不是一个统一的机关，而是一些互相独立的机构的总称，包括白宫办公厅、内阁等。"总统的执行机构内部40%左右的单位是用总统的行政命令设立的。"[2]部是总统之下最主要的行政机关，也是最大的和任务最重的行政机关。独立机构是行政分权的产物，大都是为了规制某一方面的经济活动，需要执行公平的政策，具有一定的独立地位。"可以说，大部体制和独立的执行机构，是美国联邦政府的'两大支柱'。美国的'大部'名副其实，如运输部包含了海陆空运输，体现了'大运输'概念；农业部涵盖了农业部、水利部、国家林业局，还包括食品安全和检验、动植物卫生检验等职能，体现出'大农业'的管理概念。"[3]"联邦、州和地方团体在各自的权限范围以内，可以成立非地域性的行政主体。"[4]联邦和州在宪法规定的权力范围内，是同等的行政主体。不是全部地方区域都有法人资格，都能成为行政区域主体。具有法人资格的地方团体主要包括市、郡和镇。市是美国最重要的地方团体，主要职能有公共安全、公共卫生和环境保护、公共交通等方面。郡是除都市以外在州中最大的地方区域。因此，它除执行州的事务外，还执行一些属于本区域的事务。镇是郡以下的地方区域，其作用不太重要。其他组织具体包括政府公司（如邮政公司、美国国家银行）、职业协会和行业协会等第三部门。20世纪60年代，第三部门在美

〔1〕 王名扬：《比较行政法》，北京大学出版社2006年版，第171页。

〔2〕 王名扬：《比较行政法》，北京大学出版社2006年版，第187页。

〔3〕 石杰琳：《中西方政府体制比较研究》，人民出版社2011年版，第186~187页。

〔4〕 王名扬：《比较行政法》，北京大学出版社2006年版，第91页。

国迅速发展，形成了公共物品提供主体日益多元化的格局。典型的以承担公共服务为宗旨的公务法人有行业、职业协会。特别需要说明的是，美国的地方行政执法组织相对比较集中，地方政府的组织结构比较简单。"在美国地方政府诸多的功能部门中，能够进行执法的机构只有很少的几个。这个特点在中小型（美国的标准）城市中更为突出。"〔1〕比如，"发现奥斯汀市政府一共有38 个职能部门，其中具有行政执法权力的只有 7 个"〔2〕。

　　行政执法实践中，职权的交叉或执法权限的分散在美国一样存在。"在以美国为代表的英美模式中，联邦和州具有自己的执法系统，独立执行本政府制定的法律。联邦要在全国范围内实施《环境保护法》，那么它就得成立环境保护局，并在各地设立分部以执行这项法律。联邦不得把执法任务强行摊派到各州政府头上。"〔3〕"在一些领域，由于监管某些群体的机构有两个以上甚至更多，因此，很多情况都需要跨部门的合作。"〔4〕"独立规制委员会管辖的事务和部所管辖的事务性质上并无不同，同一规制任务有时由部和独立规制委员会共同管辖。例如，联邦贸易委员会和司法部对反垄断的政策都有管辖权力；联邦储备系统行长委员会和财政部，都对银行行使规制权力。"〔5〕再比如，埃尔克霍恩河湾是加利福尼亚州一个极具特色的河湾，它

---

　　〔1〕　韩志红、吴量福："从行政执法组织的设置和运作看中美两国地方政府异同点"，载《中国地质大学学报（社会科学版）》2007 年第 1 期。

　　〔2〕　韩志红、吴量福："从行政执法组织的设置和运作看中美两国地方政府异同点"，载《中国地质大学学报（社会科学版）》2007 年第 1 期。

　　〔3〕　张千帆：《宪法学导论——原理与应用》，法律出版社 2014 年版，第 232 页。

　　〔4〕　[美] 尤金·巴达赫：《跨部门合作：管理"巧匠"的理论与实践》，周志忍等译，北京大学出版社 2011 年版，第 71 页。

　　〔5〕　王名扬：《比较行政法》，北京大学出版社 2006 年版，第 207 页。

的许多湿地被列为国家保护区。但是，它的水土流失率为全美最高，面对这种状况执法部门却经常无可奈何。"因为大部分流失源是分散且难以监控的，因此，环保局和地区的水资源委员会都显得十分无力。加州海岸委员会和蒙特里市规划局对新的农业企业有管辖权，但是他们没有权力管制已有的行为。蒙特里市公共工程部门规定他们可以对那些造成水土流失并进而影响行车安全、导致道路损坏或水灾的土地所在者进行罚款，但是事实上他们很少履行这一权力，并且在所有已发生的案例中，造成上述列举现象的水土流失只是全部水土流失中极小的一个部分。"〔1〕从 20 世纪 90 年代早期开始，美国环保局和水资源委员会为控制水土流失都在寻找合适的人来执行项目。因此，注重行政执法体制的合并与精简成了解决权限冲突的最佳路径。早在 20 世纪 50 年代，土地管理局就开始探索跨部门协调工作。"土地管理局多次使用了'协调资源管理和规划进程'——20世纪 50 年代在俄勒冈和内华达地区发展出一套方案，旨在解决西部牧场的多重管辖权问题。"〔2〕1990 年，加利弗尼亚州时任州长彼得·威尔逊在他的第一届任期内就成功地将空气资源委员会、水资源管理委员会、综合废物管理委员会、有毒物质控制局、农药管理局合并为环境保护局，推动了加利弗尼亚州环境保护局的创立，并成立了一个执行协调小组。"这个小组建立的主要使命是协调各类执法的优先次序，建立一套整合的数据库体系，规范执行和处理个案的参考程序，促进加州环保局执法人员跨

---

〔1〕 〔美〕尤金·巴达赫：《跨部门合作：管理"巧匠"的理论与实践》，周志忍等译，北京大学出版社 2011 年版，第 79 页。

〔2〕 〔美〕尤金·巴达赫：《跨部门合作：管理"巧匠"的理论与实践》，周志忍等译，北京大学出版社 2011 年版，第 82 页。

部门工作能力的培训。"[1]这种创新摆脱了管理执法领域传统的依照介质分类的管理体制，即以土壤、空气或水等作为管理划分的依据。"笔者在美国的芝加哥市和道纳斯格罗夫市的采访中，发现两个市政都在将各类服务进行合并。而且合并的是运作方式（比如许可证的申请、审批过程），而不是组织机构。这种'合并'的实质是将机关相关部门的服务高度协调，最终使得各个部门之间的区别在服务对象面前成为透明的了。"[2]

美国海洋领域的治理也形成了结构完整的跨部门协同局面，美国时任总统奥巴马于 2010 年成立了国家海洋理事会，在全国统一推行国家海洋政策。美国国家海洋理事会颁布了国家海洋政策，提供了一个综合治理海岸海洋生态发展的协作治理模式。"这一运行机制为美国政府提供了充足的时间，全面考虑执行的必要细节，并在适当的情况下，与州、部族和地方政府机构、地区治理机构、学术机构、非政府组织、休闲用户和私人企业进行协调与合作。"[3]因此，总体而言，"虽然美国地方政府执法部门也有必要的分工，但由于横向信息交换的渠道没有障碍，不同运作部门之间的协调程度较高"。[4]

---

[1] ［美］尤金·巴达赫：《跨部门合作：管理"巧匠"的理论与实践》，周志忍等译，北京大学出版社 2011 年版，第 76 页。

[2] 韩志红、吴量福："从行政执法组织的设置和运作看中美两国地方政府异同点"，载《中国地质大学学报（社会科学版）》2007 年第 1 期。

[3] 孙迎春：《发达国家整体政府跨部门协同机构研究》，国家行政学院出版社团组织 2014 年版，第 124 页。

[4] 韩志红、吴量福："从行政执法组织的设置和运作看中美两国地方政府异同点"，载《中国地质大学学报（社会科学版）》2007 年第 1 期。

第三节　域外行政执法体制发展的启示

　　总结梳理域外行政执法发展的经验，目的是为中国行政执法体制改革服务。通过以上对不同国家行政执法发展的介绍，我们发现各国行政执法实践没有统一的模式，由于各国的经济、政治、文化水平等地方性因素的差异，各国的行政执法呈现出了多样性、差异性。但不可否认的是，各国行政执法具有深层次的共性。特别是在欧洲一体化过程中，法律制度、行政执法的趋同更加明显。"在此过程中，公共行政无疑是欧盟系统整合的重要载体。欧盟行政空间已经出现，欧盟成员国在行政体系、政策以及执行方面将不可避免地出现某种趋同。"[1]总结并吸收借鉴这些共性，对于建构我国科学、合理的行政执法体系是十分有益的。概括来说，上述各国的行政执法实践在以下方面对我们有所启示：

　　（1）从时间段上看，推进行政执法体制改革是一个长期的过程，不可能一蹴而就。行政执法体制改革总体上是一个循序渐进的过程，是一个长期的、充满复杂性的过程。各国政府都不约而同地给予行政执法体制改革高度重视，把优化执法体制作为改革的重要内容。一般来说，行政执法体制改革至少要经历三个不同的阶段：形成阶段、发展阶段和不适阶段。首先是在一定的社会条件中形成一种比较完善的执法体系，然后经过不断的发展达到功能发挥的最佳状态，最后体系日渐老化直至无法适应社会形势的需要。虽然在不同的阶段，不同的时期，改革的重点和核心不尽相同，但总体上是稳步推进的，不同阶

――――――――

〔1〕　王敬波等：《欧盟行政法研究》，法律出版社 2013 年版，第 7 页。

段和时期之间具有有机的联系。行政执法在不同的时代有不同的含义，在不同的政府职能环境下有不同的内容。各国拥有不同的公法传统，特别是大陆法系与英美法系的共同发展推进了行政执法体制改革。不管采取什么方式进行改革，改革都要逐步推进，任何改革都不可能一蹴而就，否则都会产生新的问题和情景。各国行政执法体制的改革基本上都采取一种渐进式的路径。因此，改革作为常态的政府机制，行政执法体制改革必须循序渐进，不能急于求成。

（2）从内容方面看，行政执法体制改革紧紧围绕职能转变而展开。"粗略地说，有关现代政府职能的讨论基本上开始于19世纪末，到20世纪40年代，关于政府有责任承担拯救受自然演化的历史所折磨的或历史进化论认为是自然历史现象的那些处于悲惨境况的人的职能的观点已成时尚。从此，有关政府行为的争议都与政府职能结下不解之缘。特别是70年代末80年代初以来的这场全球性的行政改革运动，更是以'重新定位政府职能'为政府组织重建的基点。"[1]关于政府职能的理解日益深入：政府应当做什么，即政府与私人组织应当如何合理分割社会公共职能；中央、地方政府或者社会组织应当如何分担社会责任；政府应当如何实现功能，即政府是否应当亲自做每一件事情，是否应当及怎样将公共部门的功能委托或放权于社会组织。在此背景下，针对政府职能的理解日益形成了一些创新的认识，政府职能的实现方式日益从单一化转变为多元化、从分散化转向集中化。"站在社会与公众的立场考虑公共行政的主体，特别是如何为公众服务，这是公共行政改革中的一个里程

---

〔1〕　杨冠琼：《政府治理体系创新》，经济管理出版社2000年版，第346~347页。

碑。"[1]由分散转向集中,"可以减少以往结构分散的资源浪费和协调成本,贴近公民生活和实际需要,合理整合和配置服务资源,实现决策与执行的政令统一,加大行政监督力度,提升政府整体服务的效力"。[2]所以,我们要坚持以转变政府职能为核心,通过转变政府职能优化行政执法体制。

(3)从价值追求上看,行政执法体制改革以服务为主要导向。政府是人民的政府,是为公民服务的政府。因此,行政执法体制改革立足于满足公民的服务需求,而不是行政科层的需要。"随着公法的不断变迁,公法的基础不再是命令。公共服务的概念正在取代主权的概念而成为公法的基础。国家不再是一种发布命令的主权权力主体。它是由一群个人组成的机构,这些个人必须使用他们所拥有的力量来服务于公众的需要。公共服务的概念是现代国家的基础,没有什么概念比这一概念更加深入地根植于社会生活的事实。"[3]"跨部门协同在这一层次多是以执行功能和服务供应为协调整合的标准,将政府相近或相邻的职能和资源集中合并,本着'以人为本、方便服务用户'的原则,致力于政府服务效率和效果的提高改进。"[4]"西方国家通过放松管制,职能下卸,使政府瘦身,让原来的部分行政

---

〔1〕 石佑启:《论公共行政与行政法学范式转换》,北京大学出版社 2003 年版,第 76 页。

〔2〕 孙迎春:《发达国家整体政府跨部门协同机构研究》,国家行政学院出版社团组织 2014 年版,第 94 页。

〔3〕 参见 [法] 狄骥:《公法的变迁》,郑戈译,中国法制出版社 2010 年版,第 1~59 页。

〔4〕 孙迎春:《发达国家整体政府跨部门协同机构研究》,国家行政学院出版社团组织 2014 年版,第 94 页。

职能交由公共社会组织承担"〔1〕，便捷了服务的提供。"哪里有竞争，哪里就有更好的服务，更强的成本意识，更优越的服务质量。"〔2〕

（4）从纵向方面看，行政执法体制改革中中央与地方友好合作。"伴随着政府间合作机制的不断发展，'伙伴关系'已经被运用到政府间纵向和横向关系之中。伙伴型府际关系的诞生，是由于现代国家治理面临着越来越多的新情况和新问题，它不是中央政府或任何单一的地方政府能够解决的，只有各级各类政府采取共同行动才能有效地解决之。"〔3〕"不同的国家形式和政府形式必然影响行政部门的组织和权力……行政组织的地位和权力，在很大程度上受到政府形式的影响。"〔4〕"因此，中央与地方权限的划分标准是'各得其所'：让中央政府和地方政府去管理最适合自身的事务。"〔5〕"从 20 世纪 70、80 年代开始，在全球范围内，中央政府与地方政府之间正在形成新型合作关系，即在地方自治和法定分权的基础上，通过自愿性的政策协调和财政补贴促使地方政府支持并执行中央政策。"〔6〕

---

〔1〕　金国坤：《行政权限冲突解决机制研究：部门协调的法制化路径探寻》，北京大学出版社 2010 年版，第 166 页。

〔2〕　杨冠琼：《政府治理体系创新》，经济管理出版社 2000 年版，第 61 页。

〔3〕　谢庆奎、杨宏山：《府际关系的理论与实践》，天津教育出版社 2007 年版，第 85 页。

〔4〕　王名扬：《比较行政法》，北京大学出版社 2006 年版，第 94~95 页。

〔5〕　张千帆：《宪法学导论——原理与应用》，法律出版社 2014 年版，第 241 页。

〔6〕　谢庆奎、杨宏山：《府际关系的理论与实践》，天津教育出版社 2007 年版，第 82 页。

我国行政执法体制改革的现实思考

　　行政执法体制改革，涉及行政法的许多问题与诸多领域，事关社会治理的方方面面。因此，行政执法体制改革是内嵌入行政体制改革大系统中的一个子系统，它既关涉行政执法体制改革的基本原则，也需要研究行政执法体制改革的基本目标，还必须探寻行政执法体制改革的可行路径。故而，行政执法体制改革不仅是一项理论上的工作，更是一项实践中的事业。本章将从行政执法体制改革的目标、基本原则、路径分析与实践探讨等方面展开探讨。

第一节　行政执法体制改革的目标定位

　　"目标是预期事物的未来状态的一个远景。如果这个远景完全与实际事物相一致，那么它就是一个可操作的目标；如果它不能与实际事物相比，那么我们就不能确定地认为这个目标是否已经实现，它是一个总体目标……公共机构很少有单一、明确的目标。它们的目标一般是概括性的和多样化的。"〔1〕行政执

---

　　〔1〕　[美] 詹姆斯·Q. 威尔逊：《官僚机构：政府机构的作为及其原因》，孙艳等译，生活·读书·新知三联书店 2006 年版，第 47 页。

法体制改革内涵着特定的目标，需要根据执法实践来设定。因此，准确定位行政执法体制改革的目标对于行政执法体制改革的制度设计和可行路径至关重要。"改革的系统性必然要求改革目标应当是层级分明、易于辨别的，每一个分解目标都应该是行政体制改革的一项，它们是一个内部关系。如果改革的目标过于宽泛，过于宏观，分解不了，那么这个目标就缺乏可操作性。"[1]与行政执法体制改革的实践相适应，对行政执法体制改革的目标的确定也是理论界与实务界极为关注的一个问题。由于行政执法体制改革本身具有高度复杂性，因此在不同的时间、不同的语境下讨论行政执法体制改革的话题，结论也是不尽相同的。一般认为，行政执法体制改革的目标是一个多层次的、包含着多元内涵和目标的体系。国务院在 2004 年的《全面推进依法行政实施纲要》中明确提出建立权责明确、行为规范、监督有效、保障有力的行政执法体制。党中央在 2013 年的《关于全面深化改革开放若干重大问题的决定》中明确要求建立权责统一、权威高效的行政执法体制。党中央、国务院在 2015 年《法治政府建设实施纲要（2015—2020 年）》中重申应当建立健全权责统一、权威高效的行政执法体制。

权力与责任是行政法学的基本范畴，类似于权利与义务是法学的基本范畴。"由于权利与义务、权力与责任贯穿于法的一切部门，统贯法律运行与操作全过程，全面体现了法的价值属性，是法律规范的核心和实质，是对法律现象矛盾特殊性及其内在联系最深刻、最全面的反映，因此，它们都是法学的基本范

---

〔1〕　参见李秀峰："专家学者谈行政体制改革的目标、思路和路径"，载《中国行政管理》2005 年第 6 期。

畴。"〔1〕权责明确原本是现代企业制度的基本前提和内在要求。"现代产权制度不仅要求归属清晰，而且要求财产权力、利益、责任和义务要相互统一……这里所说的权责明确，是指产权制度各相关主体的权力、责任、义务清楚明白，落实到位。"〔2〕在行政执法领域，权责明确即要求权力与责任必须非常明晰。这既是基于执法的开放性、透明性提出的基本要求，也是权力责任的统一关系使然。一切履行职权的人都要负担相应的责任，有权必有责。通过法律法规明确执法机关和执法人员拥有的权力、承担的责任和应当履行的义务。因此，在行政执法过程中完全不受限制的权力是不存在的。有权无责和有责无权都不是法治国家应当出现的现象。传统的行政执法具有权力集中、责任不明等特征，现代行政执法必须做到权责明确。

权力的行使需要强有力的监督，有效的监督是维持国家机器正常运行的基本前提。"有效性是监督最根本的要求……这就要求在完善行政权力监督体制时，应当将制度、程序、方式等的完善建立在实现监督有效性的目标监督之上。"〔3〕提升执法监督的实效是各级人民政府一直追求的基本目标。有效的执法监督可以改进执法水平、促进公正执法。应通过对执法机关及其工作人员的行为和工作进行监督检查，及时纠正行政执法过程中的偏差和失误，防止官僚主义和贪污腐败等不正之风的滋生，促进行政执法活动能够严格依法办事，从而确保立法目的的实现。目前，虽然我国已经初步形成了内外结合的全方位监督体

---

〔1〕 胡肖华：《走向责任政府——行政责任问题研究》，法律出版社 2006 年版，第 88 页。

〔2〕 岳福斌：《现代产权制度研究》，中央编译出版社 2007 年版，第 65 页。

〔3〕 石佑启、陈咏梅：《行政体制改革及其法治化研究——以科学发展观为指引》，广东教育出版社 2013 年版，第 327 页。

系，但依然存在着一些缺陷与漏洞。行政执法实践中经常出现一些执法错位、越位、缺位等现象。与之相对应，执法监督也出现了一些漏监、虚监、难监的现象。因此，必须进一步强化监督机制，改革和完善行政监督体系，加强对执法监督实效的提升。监督有效，就是确保监督的效果明显，使之看得见、摸得着。通过监督，保证行政执法始终被用来为人民谋利益，确保权力在阳光下运行。

保障有力，从总体上说，就是充分利用现有的执法资源，最大限度地满足执法形势需要，优质、高效地保障行政执法机关完成执法任务。保障有力，是行政执法顺利开展的前提条件，是规范执法的重要保障。执法的资源保障是构成规范执法的重要因素。从一定意义上讲，执法保障能力的强弱，直接影响和决定执法水平的高低。一支执法水平过硬的执法队伍，必然是一支资源保障有力的队伍。如果没有强有力的保障，执法的目的必然会发生异化，趋利执法、惟利是图将成为普遍现象。

行为规范即行政执法行为应当严格按照法律的规定来执行。这不仅是一种静态的（即法律的规范）要求，更是一种动态的（即法律的运行）追求。行为规范，意味着行政执法中至少存在行政执法机关与行政相对人或行政执法机关与行政相关人之间的关系。此时此刻，行政执法机关的功能和职责不是中立的第三方，而是通过执法行为强制当事人履行义务。在这个意义上，行政执法机关处于执行权力人与义务人的关系中。因此，在行政执法中，对执法人员的行政行为和工作方法提出了更高的要求。行为规范，是行政执法的本质要求。具体而言，行为规范包括以下几个基本要求：依法执行、及时有效执行、文明执行、严格执行、注重执法效果。依法执行是行政执法最基本的要求；

及时有效执行强调执法行为的效率性；文明执行、严格执行是对执行方法的基本要求。行政执法，不仅要注重执法行为的方式与方法，也要追求执法的效果。法律效果和社会效果的统一或并重应当是行政执法的应有之义。

权责统一是权力与责任统一的简述。"政府责任是政府权力的核心，是政府属性的本质。没有政府责任，行政权的运行就得不到制约，公民权的行使就没有保障，违法行政就不可能受到追究，依法行政就不可能真正实现。"[1]"'权责统一'的含义为：行政机关依法履行经济、社会和文化事务管理职责，要由法律、法规赋予其相应的执法手段；行政机关违法或者不当行使职权，应当依法承担法律责任，实现权力和责任的统一；依法做到执法有保障、有权必有责、用权受监督、违法受追究、侵权须赔偿。"[2]"概言之，有权力就有责任，无责任即无行政，权责统一体现了行政法的基本特质，是现代行政法的基本要求。权责统一理论是确立行政法律责任的基本理论依据之一。"[3]

"权威的本质是服从，特别是自觉的服从。"[4]"因此，权威的本质是内在的认同，不是基于外在的强制而形成。如果权威失去了正当性，权威本身也会失去存在的意义。"[5]关于权威的模式，学者分为三类，即约定俗成的权威、有理有据的权威

---

〔1〕 袁曙宏主编：《〈全面推进依法行政实施纲要〉读本》，法律出版社 2004 年版，第 38 页。

〔2〕 江必新：《法治国家的制度逻辑与理性构建》，中国法制出版社 2014 年版，第 92 页。

〔3〕 胡肖华：《走向责任政府——行政责任问题研究》，法律出版社 2006 年版，第 91 页。

〔4〕 季卫东："论法制的权威"，载《中国法学》2013 年第 1 期。

〔5〕 韩大元："论宪法权威"，载《法学》2013 年第 5 期。

和定纷止争的权威。[1]行政执法体制中的权威应当属于有理有据的权威即理性的权威。这是因为，在整个行政执法过程中，从立案调查到作出最终处理决定，从当事人的陈述到执法人员的意见，整个过程都贯穿着理性的拷问，需要依法进行说理。在此意义上我们可以认为，行政执法行为是具有权威的，它是法律权威的延伸。因此，行政执法行为必须让当事人自觉接受，必须经得起司法监督。行政执法的权威来自于外在的强制性的"权力"与内在的说理性的"威望"，是"力"与"理"的有机结合。因此，权威的行政执法体制离不开要求人们服从法律的"力"，这种"力"要求执法机关与执法人员的行为受法律的约束和限制，要求行政相对人自觉遵守和服从法律。同时，权威的行政执法体制更离不开正当性的"理"，这种"理"要求执法人员必须陈述其处理理由与推理过程，能够在事实与法律上说服当事人，真正做到以理服人。

高效即着重于提高行政执法效率、实现执法的高效化。高效是行政执法的基本出发点，效率是行政执法体制的核心目标。效率是行政管理价值尺度中的基本公理，效率也是行政科学大厦得以建立的基石。"以行政效率为导向的'技术合理性'和'工具合理性'，是政府充分发挥自身作用的重要目标和永恒价值追求，以尽可能少的行政成本获得最大的社会效益。"[2]目前，在行政执法中还存在一定程度的效率不高问题。例如，执法案件办结周期长，查处违法行为不及时等。这些问题助长了违法者持续违法的气焰。行政执法体制中效率低下、相互扯皮

---

〔1〕　季卫东："论法制的权威"，载《中国法学》2013年第1期。

〔2〕　李雪松："政策工具何以反映政策价值：一项溯源性分析——基于H省W市综合行政执法模式的经验证据"，载《求实》2019年第6期。

等现象严重损害了行政执法的权威，阻碍了社会经济的发展。因此，提高执法效率是强化执法能力的直接目标。特别是全球化时代必然会挑战低效行政，要求各国建立一个高效的行政执法体制。"政府再造背后的核心价值，为效率考量……上述效率概念，笔者认为，得被提升为宪法位阶而成为'效率原则'。理由为，效率系属于国家权力机关行为或决定之内在的一项要求；没有成本概念（也可称为效益、成本分析），对国家社会的中长期或所谓永续发展，将会造成戕害，尤其在国家财政收支平衡日趋困窘而社会力普遍崛起的时代……行政改革的重点，在于效率。"〔1〕当下的行政执法体制之所以需要进行改革，就是因为执法机构过多、职权庞杂、效率低下。"所以，一个始终保持有效的政府尤为难得。而要建设一个有效的政府，没有高效率行政的保证是不可能的。"〔2〕因此，行政执法体制改革的直接目标就是在政府管理、社会治理的过程中改善传统执法效率低下的问题。提高行政执法效率是强化治理能力的首要选择，是行政执法体制改革的一个重要目标。当下正在开展的综合行政执法改革，有效地避免了职能交叉、重合所引起的低效，有利于减少部门间的内耗，切实提高了行政执法效率。

权威与高效是辩证统一的。权威是基础，如果行政执法仅仅为了提高行政效率而缺乏公正与权威，则行政执法就没有存在的价值与基础，行政执法体制势必会失去存在的价值。没有权威的行政执法体制改革难免因流于形式或抓不到重点而半途而废。高效是关键。如果仅仅满足于权威的需要，忽视甚至否

---

〔1〕 黄锦堂：《行政组织法论》，翰芦图书出版公司 2005 年版，第 15~17 页。
〔2〕 胡象明等：《应对全球化：中国行政面临的挑战与对策》，北京师范大学出版社 2011 年版，第 153 页。

定高效的价值便是极其错误的。

　　"不难发现，依法行政的背后，实质上是对于行政的控制性、防御性逻辑：通过法律为行政划定边界、设定规则，目的是对行政权进行控制，防止其对公民权利和自由进行不当侵入。由此可见，依法行政的终极目标是对公民基本权利与自由进行保障，而终极目标的载体则是法治政府。"[1]行政执法作为一种基本活动，必须遵循依法行政的基本要求。因此，行政执法、行政执法体制改革也是以保障公民的基本权利与自由为目标的，其载体则是法治政府与法治中国。故而，行政执法体制改革的基本目标是建设法治政府与法治中国。"建设法治政府应当解决的主要问题之一，就是进一步深化行政执法体制改革……行政执法体制改革，就是按照《纲要》的要求和部署，不断从制度上创新执法体制，提高行政执法的质量和水平，不断推进依法行政，加快法治政府的建立。"[2]早在2004年，《全面推进依法行政实施纲要》便明确规定，全面推进依法行政，经过十年左右坚持不懈的努力，基本实现建设法治政府的目标。2012年，党的十八大报告又进一步提出，要在2020年基本建成法治政府。这是法治政府建设的重大发展，从由国务院提出转变为党中央提出，它的权威性与号召力更加强化。"行政执法对我国法治建设进程、法治政府建设目标能否实现具有十分关键的影响。"[3]"因此，在新的条件下，约束和规范自由裁量权，保证

---

〔1〕　江必新：《法治政府的制度逻辑与理性构建》，中国法制出版社2014年版，第98~99页。

〔2〕　青锋："关于深化行政执法体制改革的几点思考"，载《行政法学研究》2006年第4期。

〔3〕　周继东："深化行政执法体制改革的几点思考"，载《行政法学研究》2014年第1期。

严格、规范、公正、文明执法，保证法律实施很重要。"[1]严格
执法、推进行政执法体制改革是法治政府的内在构成要件之一。
行政执法是法治政府的日常性工作，以执法为中心的法治政府
建设，应当更加注重执法的全面建设。"法治政府的建设，是一
个系统工程，不是也不可能是政府系统自身就可以实现的目标。
它与执政党、国家、社会的关系密切联系，共同作用，是与依
法执政、依法治国、依法管理社会相互联系的。"[2]"在中国特
色社会主义法律体系形成之后，保证法之必行，已成为法治建设
的重点和关键；到 2020 年基本建成法治政府，已成为建设法治
中国的主体任务。要加大执法力度，实行重典治乱，给不法分
子以最大震慑，给人民利益以最有力保护，在持之以恒、公平
公正的严格执法中确立法律的权威和尊严。要规范执法行为，
加强执法程序制度建设，细化量化执法裁量权，公正文明对待
当事人，严格落实行政执法责任制。"[3]"深化行政执法体制改
革，是坚持依法行政、建设法治政府的条件，是推进法治中国
建设的关键。"[4]在法治政府与法治中国的目标之下，行政执法
需要进行全面完善。"一是配套制度建设和完善。法律执行的过
程，需要相应的配套规定和配套制度，没有细化的、辅助配套
规定和配套制度，法律就难以真正贯彻落实。二是执法体制、
机制的建设和完善。从执法实践看，执法体制、机制是制约行
政执法的一个非常重要因素。没有科学合理的体制、机制，再
严肃的法律在执行中都会被不合理的体制、机制扭曲。三是加

---

〔1〕 马怀德："法治政府建设：挑战与任务"，载《国家行政学院学报》2014
年第 5 期。

〔2〕 杨小军："论法治政府新要求"，载《行政法学研究》2014 年第 1 期。

〔3〕 袁曙宏："奋力建设法治中国"，载《求是》2013 年第 6 期。

〔4〕 胡建森："着力深化行政执法体制改革"，载《法制资讯》2013 年第 11 期。

强和完善严肃执法严格执法的权力保障和体制保障，反特权、反干扰，遏制随意性执法和选择性执法。四是执法机构和执法人员的约束和规范。所有的法律都要人来执行，法治建设也是人在推动。"[1]法治政府与法治中国建设必然要求建设一个有限政府、服务政府、理性政府和责任政府。"政府的权力有限性主要包括两个方面的含义：一是政府权力范围的有限性，以宪法和法律的授权范围为限；二是政府权力行为行使方式的有限性，即政府行使权力的方式和程序应当符合宪法和法律的规定。"[2]有限政府理念下的行政执法体制改革必然要求改革遵循宪法与法律的规定，依法改革。"服务政府，或者说有为政府，与无为政府是一对相对的概念，无为政府消极无为，而有为政府则指以公民权益和社会利益为目标、积极能动作为的政府，其强调政府行为过程与方式能动、高效、诚实、负责。"[3]服务政府要求行政执法体制改革必须能为公众带来更好的秩序与服务，为公众带来利益，体现民意，为人民群众谋取福利。"理性政府就是按照科学理论和客观规律办事的政府。"[4]理性政府要求行政执法体制改革必须遵循行政执法的规律，符合行政执法基本理论，贴近中国行政执法的实际。"'责任政府'作为一种新的行政法理念，是指具有责任能力的政府在行使社会管理职能的过程中，积极主动地就自己的行为向人民负责；政府违法或者不当行

---

〔1〕　杨小军："论法治政府新要求"，载《行政法学研究》2014 年第 1 期。

〔2〕　刘莘主编：《法治政府与行政决策、行政立法》，北京大学出版社 2006 年版，第 151 页。

〔3〕　江必新：《法治政府的制度逻辑与理性构建》，中国法制出版社 2014 年版，第 102 页。

〔4〕　刘莘主编：《法治政府与行政决策、行政立法》，北京大学出版社 2006 年版，第 154 页。

使职权，应当依法承担法律责任，实现权力与责任的统一，做到'执法有保障，有权必有责，违法受追究，侵权须赔偿'。"〔1〕因此，行政执法体制改革必须强化执法责任制，保障权责一致。

作为推进行政执法体制改革的关键之举，笔者有必要交待下当前正在大力推进的综合行政执法改革。从理论上讲，综合行政执法改革的目标与行政执法体制改革的目标应当是一致的，都是致力于建立权责统一、权威高效的行政执法体制。特别是作为局部举措的综合行政执法改革，必须统一于行政执法体制改革的总体布署。根据中共中央办公厅、国务院办公厅印发的关于深化市场监管、交通运输、生态环境保护综合行政执法改革的文件的规定，市场监管综合执法改革的总体目标是到2020年年度，基本建立统一、权威、高效的市场监管综合执法体制；交通运输综合行政执法改革的总体目标是形成权责统一、权威高效、监管有力、服务优质的交通运输综合行政执法体制；生态环境保护综合行政执法改革的总体目标是到2020年基本建立职责明确、边界清晰、行为规范、保障有力、运转高效、充满活力的生态环境保护综合行政执法体制，基本形成与生态环境保护相适应的行政执法职能体系。据此而言，为规范起见，应当统一综合行政执法改革的总体目标，使其与行政执法体制改革的目标保持一致。

第二节　行政执法体制改革的基本原则

"行政执法需要创新，创新就需要遵循一定的原则，有序开

---

〔1〕 江必新：《法治政府的制度逻辑与理性构建》，中国法制出版社2014年版，第104页。

展。"〔1〕"法律原则直接承载着法律目的，凸显着法律本质，同时又涵盖着众多形色各异的法律规则。"〔2〕行政执法体制改革的基本原则至少包涵遵循执法规律、合法性原则、整体性原则、参与性原则、集权与分权相结合原则。当然，党的领导是基本原则中的应有原则，这在中共中央办公厅、国务院办公厅印发的《关于深化生态环境保护综合行政执法改革的指导意见》《关于深化交通运输综合行政执法改革的指导意见》《关于深化市场监管综合行政执法改革的指导意见》等文件中都有直接体现，并将党的领导作为首要的原则。党的领导是中国特色社会主义的本质特征和制度优势，是贯穿于行政执法体制改革全过程和全方面的基本原则。在行政执法体制改革中，必须坚持党的全面领导，将党的全面领导作为基本原则。下面，笔者将不再具体展开，特此说明。

一、遵循执法规律原则

行政执法作为一种法治现象，也是有规律可循的，受到法治规律的指导和制约。所以，"我国的法治建设必须以本国国情为基础，以法治规律为导向"。〔3〕"行政执法是有其本身内在的基本规律，有其自身矛盾的特殊性和区别于其他行为的质的规定性。"〔4〕行政执法体制改革当然要遵循行政执法规律，把握行政执法权的本质。能否理性推进行政执法体制改革，关键在于

〔1〕 戚浩飞：《治理视角下行政执法方式变革研究》，中国政法大学出版社2015年版，第146页。

〔2〕 李可："原则与规则的若干问题"，载《法学研究》2001年第5期。

〔3〕 袁曙宏、韩春晖："社会转型时期的法治发展规律研究"，载《法学研究》2006年第4期。

〔4〕 宋大涵主编：《行政执法教程》，中国法制出版社2011年版，第427页。

对行政执法权的准确定位。行政执法权作为一种行政权，富有扩展性，是不断发展变化的。"行政权发展的趋向，应当是我们在行政权定位问题上的基本立足点。"[1]行政执法具有动态性、时间性和复杂性。动态性是指行政执法总是在社会变迁过程中进行的，行政执法的形势总是处于发展和变化状态中，违法行为和执法任务总在动态调整之中。时间性是指一旦发现违法行为或执法任务，执法机关必须在法定的时间内完成，不能无故拖延。如果出现执法不力或不作为的情况，执法机关将依法承担法定的不利后果。复杂性则是指许多违法行为的发生都具有不确定性，违法行为具有多种法律关系面向，需要运用多种方式进行处理与解决。

行政执法的这三个特点决定了行政执法不能墨守成规，局限于稳定不变的结构，满足于固定的执法模式。上述这种特点既是开展行政执法的难点和阻碍，更是推进行政执法体制创新的重要动力。对于行政执法机关来说，行政执法必须根据执法任务、执法环境的变化主动进行自我完善，调整自己的执法任务和方式。这客观上要求行政执法必须具有开放性，行政执法机关的结构需要不断变革与调整。但是，执法实践中的行政执法机关却是稳定僵化的。在行政执法机关内，"组织成员被限定在组织规定的利益和目标框架内，没有自主制定现实目标的权力，不能根据变化了的环境条件和组织内部条件及时进行组织目标和任务的调整。所以，常规组织的目标结构是一种平衡稳定的结构，它一旦被设定好，就被认为足以适应外部环境和组

---

[1] 赵肖筠、张建康："行政权的定位与政府机构改革"，载《中国法学》1999年第 2 期。

织内部的变化"。〔1〕"即是说，常规组织角色定位的固定和明确，决定了目标结构的稳定和平衡，也决定了组织任务的确定性和重复性特征。"〔2〕当行政执法中出现新的问题时，"在高度复杂和高度不确定性的条件下，常规组织在处理非常规任务上的滞后性就暴露了出来，往往会错过非常规事务解决的最佳时机"。〔3〕因此，对于行政执法机关来说，变革与创新是不可避免的，外部环境的变迁总会引起行政执法的变化与发展。"而组织中易于走向僵化和封闭的正式结构正是由于被注入了非正式结构的新鲜血液才使组织表现出开放、流动和互动的特点。"〔4〕行政执法具有自身规律，在行政执法体制改革中必须科学遵循规律：

首先，行政执法应当适应服务行政的变革。自20世纪90年代以来，世界各国的行政法都在服务理念的指引下进行变革。行政机关只是社会的服务者、协调者和一定范围的必要干预者，为行政相对人提供便利服务是行政执法的基本准则。因此，"行政权力要为社会主体的权利服务，变官本位为民本位，变权力本位为权利本位，真正形成人民是主人，政府是公仆的新的主从关系"。〔5〕执法就是服务，执法权就是服务权。行政执法体制改革必须以服务便民为宗旨，以民主性、协商性、公开性等为基本要求，培育行政权的谦抑性〔6〕，强化自我克制性。唯有如

〔1〕　张康之等：《任务型组织研究》，中国人民大学出版社2009年版，第95页。
〔2〕　张康之等：《任务型组织研究》，中国人民大学出版社2009年版，第102页。
〔3〕　张康之等：《任务型组织研究》，中国人民大学出版社2009年版，第50页。
〔4〕　张康之等：《任务型组织研究》，中国人民大学出版社2009年版，第94页。
〔5〕　郭道晖："行政权的性质与依法行政原则"，载《河北法学》1999年第3期。
〔6〕　参见王春业："论行政权谦抑性品格"，载《广东行政学院学报》2015年第2期。

此，行政执法权的行使才是合法、正当的。

其次，行政执法必须顺应柔性执法的潮流。与刚性执法方式相对应，近年来，行政指导、行政合同、行政约谈、行政奖励等柔性执法方式在行政执法实务中被应用得越来越多。柔性执法、非强制行政发挥了重要作用，在执法实践中取得了显著成效。"一方面，社会生活日新月异，科学技术的迅猛发展，政府再也难以用因循成型的管理思想、管理模式而应付自如，政府职能必将发生相应的转换。另一方面，法律、政策的贯彻执行，只有得到社会自愿自觉的接受和配合才能真正达到促进社会稳定与发展的作用，这样，在行政执法领域中，非强制行政的逐渐增加，并逐渐成为占主要地位的行政行为，已经成为了一种趋势。"[1]"从强制到非强制的转换构成了执法方式转换中最为重要的内容——在确保相对人权益最大化的前提下，行政机关为了达到优良的行政效果而转换行政方式、寻找强制行政之外的非强制行政方式并加以实施，是其执法创新的核心部分。"[2]

再次，行政执法要求职能明晰、分工明确。由于行政执法具有复杂性，因此部门之间的职能分工、职能交叉难以避免。一旦出现职能交叉必然会带来组织冲突、效率低下。因此，行政执法体制改革必须解决职能明晰、分工明确的问题。"对于如何改革现行行政执法体制，切实解决行政管理领域当中多头执法、职权重复交叉、执法机构膨胀、效率低下、执法扰民等问题，是理论界和实际工作者多年来十分关注的问题。"[3]

---

〔1〕 李晓明：《非强制行政论》，吉林人民出版社 2005 年版，第 4~5 页。
〔2〕 刘福元：《政府柔性执法的制度规范建构：当代社会管理创新视野下的非强制行政研究》，法律出版社 2012 年版，第 63 页。
〔3〕 姜明安主编：《行政执法研究》，北京大学出版社 2004 年版，第 66 页。

最后，行政执法需要协调一致、减少层级。在西方国家，为了减少管理层级，提高行政效率，大部制成了西方国家行政体制改革的主要选择。因此，在行政执法体制改革中，具体的执法权由哪个职能部门行使并不重要，重要的是不管由哪个机关统一行使执法权，都必须尊重执法权的特性和遵循执法的规律。

二、合法性原则

"任何制度创新都必须接受合法性和正当性的拷问。否则，在近乎狂热的'大干快干'之声中，非理性的狂潮就极有可能会导致既定的法治秩序遭受重创。"[1]抛开法治轨道的行政执法体制改革，必然会陷入人治的窠臼，走向混乱与无序。"行政合法性原则是行政法治的核心内容。它是指行政权力的设立、行使必须依据法律，符合法律要求，不得与宪法和法律相抵触。"[2]因此，行政机关的任何改革与创新都必须被置于合法性原则之下。行政执法体制改革的每一步都要在法治的轨道中，符合宪法和法律的规定。这是因为，执法体制改革本身是一个法律问题，"执法体制改革涉及行政执法主体、执法权力执掌与行使，执法效果与责任承担等，这些都是严格的法律事项，有必要从法学理论上进行评价和分析"。[3]行政执法体制改革必须充分发挥法治的作用，必须在改革方案的设计、实施与推进的各个阶

〔1〕章志远："相对集中行政处罚权改革之评述"，载《中共长春市委党校学报》2006年第2期。
〔2〕莫于川：《民主行政法要论——中国行政法的民主化发展趋势及其制度创新研究》，法律出版社2015年版，第56页。
〔3〕杨小军："行政执法体制改革法律依据研究"，载《国家检察官学院学报》2017年第4期。

段发挥法律的主导功能。法律既是体现行政执法体制改革的制度载体，又是确认并保障改革成果的重要制度。当下，党和政府的各类规范性文件在行政执法体制改革中发挥了主导作用，因此需要强化合法性原则。"随着法治理念从形式法治向实质法治的发展，虽然合法性的内涵发生了深刻的变革，但是形式合法仍然是行政行为合法性的底线和司法审查的标杆。作为合法性的最低要求，形式合法是指行政行为的作成严格依照了法律特别是制定法规范而实现的合法性。"[1]行政执法体制改革必须以宪法为指引，以组织法为保障。宪法是国家的根本大法，一切改革都必须在宪法的框架内进行。《宪法》《国务院组织法》《地方各级人民代表大会和地方各级人民政府组织法》对行政权力的配置进行了系统规定，既包括纵向的中央与地方的权力分配，也包括横向的各级政府及其部门之间的权力配置。同时，行政执法体制改革还必须有行为法依据，即必须以单行法律法规为职权依据。针对行政管理改革创新的界限，有学者概括为法治原则和实践标准。即"采用新方法、创立新制度也涉及一些规则，总体上可概括为四句话：（1）对于公民来说属于选择性、赋权（权利）性、授益性的制度规范可以宽松一点。（2）对于公民来说属于禁止性、限权（权利）性、损益性的规范则应非常谨慎和严格对待之。（3）创新举措的出发点、目的性必须正当，必须坚持以人为本，实现私益与公益、公平与效率、自由与秩序的兼顾平衡。（4）创新举措的社会效果应有助于贴近其出发点和归宿点。这几条原则，行政机关的革新举措与之符合者就应坚持实行，不符合者就应改正或摒弃。否则，

----

〔1〕 钱卿："交通限行措施的行政法解读——以单双号限行为样本"，载《行政法学研究》2011 年第 4 期。

就会像一些典型事例那样，改革创新就变了味，偏离了正确方向，民众反映强烈，政府形象受损"。[1]针对行政执法体制改革的实践，特别是在综合行政执法权的过程中，"合法原则包含两个层面，一是集中权力过程要合法，二是权力集中内容合法"。[2]从法律上讲，执法主体的变化与执法权限的变更都会引起特定法律效果的发生，涉及合法性的追问。主体法定原则要求行政执法主体的资格只能由法律赋予，在法律没有修改之前，径直进行行政执法主体的改革，必然缺乏相应的法律依据。实际上，从组织法上讲，行为法往往并未直接规定行政执法主体，行政权的主体大多由组织法即各级政府自己指定。循此思路，各级政府既然有权确定主管部门和执法主体，当然更有权进行职权的再分配。"机构的增加、减少或重组必然带来职权的变动，只要按照法定的权限和程序进行，就不违法。由此可见，综合执法改革并不违反宪法和组织法的规定以及行政法定原则的精神。"[3]

三、整体性原则

自 20 世纪 90 年代中后期英国、澳大利亚等国发起"整体政府"改革以来，整体性治理已经成为全球治理变革的重要治理方式。"整体性治理着力于政府系统内部机构之间的功能性整合，将治理的横向部门结构与纵向层级结构有机地联结起来，在理论上构造出一个由'长''宽'和'高'组成的三维立体

---

〔1〕 莫于川：《民主行政法要论——中国行政法的民主化发展趋势及其制度创新研究》，法律出版社 2015 年版，第 47 页。

〔2〕 昌永岗等："相对集中行政执法权探究"，载《理论与改革》2015 年第 1 期。

〔3〕 王传干："行政综合执法机制改革研究"，载《西南政法大学学报》2012 年第 6 期。

的整体性治理分析框架。"[1]"事实上，从整体上来解决复杂问题，有时会更加全面地和更能突出重点地找出问题的解决方法。"[2]遵循整体性原则，按照整体治理的需要进行行政执法体制改革是治愈传统分散化、碎片化行政的必然选择。因此，行政执法体制改革也应当秉守整体性原则。作为一项创新性的改革事项，我国的行政执法体制改革与整个政府的行政改革呈现一个相互促进的关系，需要"形成'单项推进与整体改革'共同进行的有效局面"。[3]行政执法体制改革不仅是法律问题，更是政治问题，涉及执法权限分工与调整，需要被纳入政治体制改革、经济体制改革的整体背景之中，进行全盘考虑。从外部条件讲，行政执法体制不是一个孤立的改革，不仅要与政治体制改革相适应，还要与经济体制改革相联系。从内部条件讲，政府职能配置是一个系统工程，涉及面广，因而一定要注意坚持整体推进的原则，克服部门主义。职能部门，特别是掌握实际权力的执法部门往往会更多地考虑自己功能性的、地域性的需要，自己特殊利益的需要，而忽视整体的、全局的利益，甚至争权夺利。也就是说，在市场经济条件下，转变政府职能不能只注重进行机构的调整，更要注意相关的配套改革，包括管理理念、管理方式、运行机制等各方面的改革。整体推进原则与职能法定原则是相互对应、相互促进的。政府职能改革的整体推进需要加强法律的规范和保障，而从法律上规范政府职能又要以一定的管理理念为基础。例如，在市场经济条件下，政府

〔1〕 丁煌、方望："基于整体性治理的综合行政执法体制改革研究"，载《领导科学论坛》2016 年第 1 期。

〔2〕 张康之等：《任务型组织研究》，中国人民大学出版社 2009 年版，第 17 页。

〔3〕 段龙飞：《我国行政服务中心建设》，武汉大学出版社 2007 年版，第 232 页。

必须强化权利意识，变强制性的管理为服务性为主的管理，以维护公平的市场竞争秩序，保护当事人的合法权益。再如，在政府行使职权的过程中，不仅要强调遵守实体法规范，更要强调遵守程序法规范，注重执法程序，这也是转变权力运行机制的一个重要方面。"因而，整体性治理理论和模式是解决我国行政执法的碎片化、部门化问题情景的现实需求，对我国政府治理、行政执法体制改革和服务型政府建设都具有重大指导意义和借鉴意义。"[1] "在如此理解下，行政组织的设计，并非单纯取向组织精简或分权，缩短层级或顾客导向，必要的职权重叠（例如就同一事项行政与立法部门都有一定的权限，甚至中央与地方各有一定的掌控权责），仍应遵守。"[2]如此，方能具有整体性的视角，兼顾体制组织改革的整体。

四、参与性原则

公众参与行政过程，是政治民主在行政领域的延伸和补充，是行政民主的直接体现。在我国，公众参与行政执法是人民当家作主原则在实践中的体现，是实现公民权利的基本途径。参与性原则又被称为民主性原则，公众参与的主要目的是追求民主参与和自我管理。"公民参与行政权的行使过程，是出于两方面的考虑：第一，是实现直接民主，培养公民权利意识、自主意识的需要。通过参与，公民可以了解行政运作的过程，并有机会主张自己的权利或发表自己的意见，在此过程中锻炼自己，以真正实现人民当家作主。第二，是保护公民权的需要。行政

---

〔1〕　丁煌、方堃："基于整体性治理的综合行政执法体制改革研究"，载《领导科学论坛》2016 年第 1 期。

〔2〕　黄锦堂：《行政组织法论》，翰芦图书出版公司 2005 年版，第 37 页。

权的运作有公民的参与，充分听取相对人的意见，可以使行政机关的决定建立在较为公正的基础上，以防止行政机关的违法、专横和武断。以公民权直接制约行政权是现代法律制度的核心之一。"[1]现代行政是以公众需求、公众利益为出发点的，因此任何一项行政执法制度的诞生都是在特定的时空环境下国家对公众需求与社会事务的一种回应与安排。"政府治理的过程，并非政府单方面行使权力的过程，而是政府与公民的互动过程。"[2]所以，行政执法体制改革本来就离不开社会公众的努力，亟须社会公众的广泛参与。这是因为行政执法体制改革作为政府自身推进的一项变革，需要改革什么、如何进行改革，不能完全由政府自己来决定。"特别是在政府主导下的行政体制创新，政府既是改革创新的主体（设计者、组织者），又是改革创新的客体，还是改革创新的监督者，这必然使人难以置信。"[3]行政执法体制改革"直接关系到公民等一方的利益变动，表现为权利与义务的重新调整和配置，公民一方理所当然是行政体制改革中的重要参与主体，并分享因行政体制改革所造就的公共福祉"。[4]因此，需要将社会公众作为一种补充性、修正性的方式来保障行政执法体制改革的民主性与正当性。"但就目前中国政府改革的现状来看，比较突出的问题是，调整政府部门间关系的努力过分依赖于政府内部的'单边行动'，缺乏与社会各主体

---

〔1〕 应松年、薛刚凌："论行政权"，载《政法论坛》2001年第4期。

〔2〕 张成福、党秀云：《公共管理学》，中国人民大学出版社2001年版，第339页。

〔3〕 史凤林："行政管理体制创新的法治困境与维度"，载《行政法学研究》2015年第5期。

〔4〕 石佑启等：《论行政体制改革与行政法治》，北京大学出版社2009年版，第90页。

间有效的互动机制。"〔1〕从终极意义上讲，行政执法体制改革就是一个利益分配的过程，当下的执法体制改革能否取得成功，在很大程度上取决于我们的改革是否真正以公众为核心、以公民大多数人的利益为依归。"随着我国政府行政体制改革和建设'服务型政府'的兴起，围绕政府职能转变，政府管理的服务型理念、政府管理的公共性理念、政府与民众合作管理的社会治理理念逐步融入各级政府官员的头脑，企业和各类社会组织通过各种渠道和方式，积极参与政府决策和社会管理的态势日渐清晰。"〔2〕故而，行政执法体制改革必须依靠公众，依靠人民力量，争取得到公众的参与、配合。公众参与的前提首先是保障公众的知情权，行政执法体制改革应当加大信息公开力度，切实保障公众的知情权。为了积极扩大公众的参与度，政府及其部门可以通过创新新媒体平台与方式与公众进行沟通与互动，提升信息的透明度。应当在充分保障公众知情权的基础上，正确引导公众参与意识，提升公众参与水平。"有效提升公众参与意识，既要在主观上激发公众参与的积极性与主动性，又要在客观上要引导公众加强参与的技巧、提升参与的水平。"〔3〕通过参与水平的提升，可以有效地组织参与，合理处理利益关系，理性进行方案协商，充分保障利益诉求，最大限度地反映民意、回应民意。

---

〔1〕　张翔：《改革进程中的政府部门间协调机制》，社会科学文献出版社 2014 年版，第 264 页。

〔2〕　李拓等：《中外公众参与体制比较》，国家行政学院出版社 2010 年版，第 79 页。

〔3〕　谭宗泽、杨抒见："综合行政执法运行保障机制建构"，载《重庆社会科学》2019 年第 10 期。

五、集权与分权相结合原则

"无论是政治权力或行政权力都会产生集权与分权之争论，而行政组织的重组即涉及民主与官僚的调适，也是集权与分权的争辩。"[1]实际上，任何一个行政组织结构的演化，都是一种整合与分化的发展进程。行政执法体制改革实质上是集权与分权的统一体。一方面，行政执法体制改革需要将过度分散的部门执法权限统一集中起来。另一方面，行政执法体制改革必须在内部进行合理的分权，防止权力行使的恣意。内部分权意味着进行权力制约，对执法机关的职权进行细分，使之分属于不同机构、相互独立。当然，集权只是一种相对的集中执法权限，而不是一种完全的集中。"相对集中的领域应限于职责相近或相关部门，对技术性和专业性差别较大的领域不得进行集中。"[2]因此，这种集中意味着行政事务具有极大的关联性，只有存在相近或相关部门才可以进行合并与集中。比如，职能相近、执法内容相近的与群众日常生产生活关系密切、发生频率高、专业化水平不高的领域需要进行合并。行政执法权的集中必然要求将政府部门的权限收归至政府，由政府统一进行配置。"作为最主要的行政权力之一，行政执法权应当由各级国家行政机关即各级人民政府拥有，不能大权旁落。"[3]实际上，权力的集中容易产生专横与恣意，增加了滥用与腐败的可能。正如学者所

---

〔1〕 连宏华："组织重组理论之探讨"，载《中国行政评论》1999年第3期。

〔2〕 王传干："行政综合执法机制改革研究"，载《西南政法大学学报》2012年第6期。

〔3〕 汪永清："对改革现行行政执法体制的几点思考"，载《中国法学》2000年第1期。

言："权力导致腐败，绝对权力导致绝对腐败。"〔1〕执法权的相对集中容易导致相关部门大权独揽、滋生腐败。因此，权力集中需要通过权力分解来制约。"在综合执法改革过程中应防止行政权的过度集中，且在综合执法机构本身亦应按照'行政自制'理论建构自我预防、自我纠错和自我制约的内部行政机制。"〔2〕"执法机关自身作为控制主体，其自身的主观能动性可以在很大程度上解决执法机关在接受外部规制时的消极、被动甚至抗拒心理带来的问题，更好地改造职能。"〔3〕

分权理论是近代民主宪制兴起以来的一个重要公法原则，是西方各国在组织政府时所立足的理论基石之一。传统的分权理论可以被追溯到古希腊。"古代的政治实践产生了国家机关职权分立理论，这一理论被视为现代国家权力分散配置的理论渊源。"〔4〕古希腊雅典等城邦的民主实践，形成了最初的分权，催生了分权思想萌芽。特别是亚里士多德提出的政体三要素论，明确阐明了国家权力的三种职能和分工。"民众会并不能通过未经议事会准备和未经主席团事先以书面公布的任何法案；因为提出这样法案的人事实上将被起诉为不法行为而受罚金处分。"〔5〕议事会是人民大会的常设机构，也是国家机器中最强力的机构，但是，其不仅要受公民大会的制约，还要受法庭的

---

〔1〕　[英] 阿克顿：《自由与权力》，侯健等译，商务印书馆2001年版，第342页。

〔2〕　王传干："行政综合执法机制改革研究"，载《西南政法大学学报》2012年第6期。

〔3〕　许若群："行政执法内部规控研究——兼论重大行政执法决定法制审核制度的设计"，载《云南行政学院学报》2019年第3期。

〔4〕　朱福惠等：《宪法学专论》，科学出版社2006年版，第119页。

〔5〕　[古希腊] 亚里士多德：《雅典政制》，日知等译，商务印书馆1978年版，第50页。

制约。法庭除了有权对议事会进行制约以外，还有权对官吏进行审查。"如执政官先在议事会中审查，而后亦在陪审法庭中审查。其他官吏，则在陪审法庭中审查。如果某候选人不是一个适合担任公职的人，就可以提出起诉并由法院取消他的资格。"[1]

"近代分权学说是由洛克所倡导，由孟德斯鸠加以发展和完成的。"[2] 伴随着资产阶级革命的实践，特别是在英国的政治实践，洛克形成了国家权力划分及其相互制约的理论。洛克是第一个明确提出分权学说的近代思想家。他认为，一个国家的权力可以被划分为立法权、行政权和对外权，这是三种不同的权力。"立法权是指享有权力来指导如何运用国家的力量以保障这个社会及其成员的权力。"[3] 执法权是指"一个经常存在的权力，负责执行被制定和继续有效的法律"。[4] 对外权则"包括战争和和平、联合和联盟以及同国外的一切人士和社会进行一切事物的权力"。[5] 在此区分之基础上，洛克进一步认为，要保证国家权力的正常运转、建立良好的秩序，防止国家权力的腐败，必须对国家的三种权力实现相互制约。实际上，由于行政权与对外权具有重合性，洛克的分权学说只是立法权与行政权的分立和制约。三权分立学说的真正创立者是孟德斯鸠。在洛克思想和英国君主立宪制度的影响下，孟德斯鸠把国家权力

---

〔1〕 应克复等：《西方民主史》，中国社会科学出版社 1997 年版，第 57 页。

〔2〕 何华辉：《比较宪法学》，武汉大学出版社 1988 年版，第 83 页。

〔3〕 ［英］洛克：《政府论》（下），叶启芳、瞿菊农译，商务印书馆 1995 年版，第 89 页。

〔4〕 ［英］洛克：《政府论》（下），叶启芳、瞿菊农译，商务印书馆 1995 年版，第 90 页。

〔5〕 ［英］洛克：《政府论》（下），叶启芳、瞿菊农译，商务印书馆 1995 年版，第 90 页。

分为立法权、行政权和司法权，并相应地把国家机关分为立法机关、行政机关和司法机关。"每一个国家有三种权力：（1）立法权力；（2）有关国际法事项的行政权力；（3）有关民政法规事项的行政权力。……我们称后者为司法权力，而第二种权力则简称为国家的行政权力。"[1]孟德斯鸠在旅居英国期间不仅仔细研究了洛克的国家权力理论，而且考察了英国立法机关和行政机关等权力运行机制，重点论及制约关系。"当立法权和行政权集中集中在同一个人或同一个机构之手，自由便不复存在了；因为人们将要害怕这个国王或议会制定暴虐的法律，并暴虐地执行这些法律。……如果司法权同行政权合而为一，法官便将握有压迫者的力量。如果同一类人或是由重要人物、贵族和平民组成的同一个机关行使这三种权力，即制定法律权、执行公共决议权和裁判私人犯罪或争讼权，则一切便完了。"[2]"如果说，洛克的三权分立、权力制约理论重新点燃了政治理论中的分权思想和民主政治的希望之灯的话，那么孟德斯鸠的三权分立和权力制约理论，最终使这一希望之灯光芒四射，照亮了整个近代的社会政治理论领域，并成为自由民主观的完备的理论形态。"[3]当然，三权分立、权力制约学说并非完美无缺。需要指出的是，洛克、孟德斯鸠的分权学说只是从宏观的层面对国家的整体职权进行分权，而并未涉及中央与地方的分权、行政机关之间的横向分权。直到美利坚合众国建立之时，建国者才

---

〔1〕［法］孟德斯鸠：《论法的精神》（上），张雁深译，商务印书馆1982年版，第155页。

〔2〕［法］孟德斯鸠：《论法的精神》（上），张雁深译，商务印书馆1982年版，第154页。

〔3〕宋全成等："论孟德斯鸠的三权分立、权力制约理论"，载《青岛海洋大学学报（社会科学版）》1999年第2期。

开始注意到地方分权的现实性和重要性。杰弗逊就主张实行地方分权，并提出了实行地方分权的具体方案，即应当把国家的防务、对外及州际关系委托给合众国政府；公民权利、法律警察及一般涉及州的事务管理则应由各州掌管；各郡掌握郡的事务，各区管理区内有利害关系的事务。[1] 麦迪逊等人认为："只要各个权力部门在主要方面保持分离，就并不排除为了特定目的予以局部的混合。此种局部混合，在某些情况下，不但并非不当，而且对于各权力部门之间的相互制约，甚至还是必要的。"[2]

"通过中央与地方的分权，中央政府能够更加有效地收集和处理实施治理所必要的信息，并将自己的权力更加深入地贯彻到社会的末梢，并合理控制政府规模，建立一个更有效率的政府；而地方政府则能够更加了解民众的偏好，从而更加有效率地回应居民对地方性的公共物品的需求，同时各个不同的地方政府之间的竞争也有助于居民通过'用脚投票'获得更好的公共服务，地方政府也会由此产生制度创新。"[3]

"随着现代分权理论的深入和发展，分权不再限于三权的分立，而逐渐深入到同一种权力内部的分立与制衡，既包括三权分立，也包含行政内部分权。"[4] 与外部分权一样，科学的内部分权一样可以规范行政执法行为与程序。就行政权自身而言，

---

[1] 参见何华辉、许崇德：《分权学说》，人民出版社1986年版，第37页。
[2] [美]汉密尔顿等：《联邦党人文集》，程逢如等译，商务印书馆1980年版，第337页。
[3] 李晟："当代中国国家转型中的中央与地方分权"，载《公共管理评论》编辑委员会编：《公共管理评论》（第6卷），清华大学出版社2007年版，第117页。
[4] 王传干："行政综合执法机制改革研究"，载《西南政法大学学报》2012年第6期。

既扩权又分权，分权已不限于行政权同立法权、司法权的分离，而且进行行政权自身的再分割。[1]分权原则运用到行政执法领域主要是指行政执法权不同环节的权能要分开，在行政机关内部不同性质的职能要由不同的机构或人员来行使。因此，"可以将'小三分'中的相对集中决策权、相对集中执行权、相对集中监督权实行'平面化'构造，即横向上行政权力也趋于平行化，不允许权力的重叠交叉"。[2]行政执法权的集权与分权，权衡两者的最佳平衡，主要考虑以下因素：首先，执法资源之配置包括人、财、物等资源，直接影响到行政执法的功效，此时在宏观面上应当采取集权方式；其次，执法权限之整合，直接涉及执法管辖，宜采取宏观面上的集权方式；再次，执法的具体操作，由于主要涉及工作划分问题，可以采取分权方式；最后，执法的专业化、职业化分工，宜采取分权方式。

第三节　行政执法体制改革的路径分析

一、着力顶层设计，坚持大部门制改革与综合行政执法同步推进

大部制即大部门制，最早推行于西方，是当今西方发达国家普遍采用的政府组织形态。"为解决部门林立、职能交叉、协调困难、成本较大的问题，西方国家开始探索整合政府职能部

---

〔1〕　参见郭道晖："法治行政与行政权的发展"，载《现代法学》1999年第1期。

〔2〕　石佑启等：《论行政体制改革与行政法治》，北京大学出版社2009年版，第204页。

门的路子，实施大部门体制。"[1]通过域外各国的机构改革实践充分说明大部门制是在国家发展演进过程中形成的理性模式。精简部会，推行大部制，不外乎以下方面原因。"首先，行政体系经历过高度的经贸发展与行政扩张时期，已经庞大化、官僚化、僵化，面对全球化快速有效的压力，政府必须快速有效作出统合性的决定，个别部会之本位主义与协商，成本过高。其次，自第二次世界大战以来，政府施政普遍不受人民依赖，甚至不乏丑闻，国家财政困窘，经济压力增大，节约乃是必要，部会数目从而难以再行扩大，甚至在大选中频频出现减少数目之诉求。第三，随着经社部门的成长，科学与资讯化更加发达而造成行政流程简约，行政任务得进行简化或民营化或地方化等改革，行政部门无须维持既有规模。第四，对文化、学术、宗教、体育领域之国家适度自我节制，这是社会力自我展现的场域，国家制式化介入将造成僵化或甚至异化的结果。最后，部会之裁撤，并不是该业务被遗忘或不重要，而是仍得经由政策方案、半官方机关、社会组织等进行筹划、担当。"[2]"这种高效率、低成本、有利于经济发展的模式，在主要发达国家，如美国、日本、英国等都已经成熟运行，俄罗斯、阿根廷等新兴国家，也准备尝试运行大部制。可见，大部制改革是全球行政体制改革的一个大趋势、大方向，我国目前正在进行的改革是顺应历史和国际潮流的。"[3]大部门制改革是行政执法体制改革的宏观背景，综合执法改革是行政执法体制改革的着力点。

---

〔1〕 石杰琳：《中西方政府体制比较研究》，人民出版社 2011 年版，第 185 页。

〔2〕 参见黄锦堂：《行政组织法论》，翰芦图书出版公司 2005 年版，第 389～390 页。

〔3〕 徐寅："启示与教训：日本'大部制改革'再观察"，载《改革与开放》2013 年第 10 期。

"'大部制'改革的决策与执行两分开，是西方国家的改革经验，也是我国整合政府机构与调整组织结构的必要途径。"[1]没有大部门制改革的稳健推进，行政执法体制改革将缺乏动力与支撑；没有综合执法改革的全面铺开，行政执法体制改革将无从下手。因此，行政执法体制改革一定要置身于大部门制改革的大环境、大背景之下，以综合执法为着力点，稳定推进。这是宏观布局与微观推进的结合，也是自上而下与自下而上的统一。"在当代中国，大部制改革为行政体制的集中提供了有利契机。因为大部制改革本身就是一个去'碎片化'的过程，其核心是将职能相近、业务雷同的政府部门整合起来，将其中的行政权力进行结构调整、相对集中后授予一个确定的政府部门行使。"[2]

随着大部门制在中央到地方各级政府中的推进，职能交叉、政出多门等问题得到了明显缓解。"'大部门体制'的主要逻辑是通过对若干相似职能的政府部门进行整合，原先割裂的政府部门在新的'大部门'中形成协作。"[3]因此，大部门制改革实质上是对政府内各职能部门结构与职能配置进行的一次重组。重组意味着有的部门被撤销，有的部门被合并。撤销和合并都会带来职能的调整与变化。"质言之，'职能有机统一'是大部制的精髓所在，而'宽职能，少机构'则是大部制的鲜明特征。"[4]在传统的执法领域，部门权力是按照专业和行业管理进

---

〔1〕　石杰琳：《中西方政府体制比较研究》，人民出版社 2011 年版，第 209 页。

〔2〕　胡宝岭："中国行政执法的被动性与功利性——行政执法信任危机根源及化解"，载《行政法学研究》2014 年第 2 期。

〔3〕　张翔：《改革进程中的政府部门间协调机制》，社会科学文献出版社 2014 年版，第 145 页。

〔4〕　石佑启、黄新波：《我国大部制改革中的行政法问题研究》，知识产权出版社 2012 年版，第 13~14 页。

行配置的，形成了大而全的"小部门执法体制"，"小部门执法体制"容易导致"部门分割和碎片化服务无法适应日益复杂的社会管理需求，也难以提供整合的无缝隙公共服务"[1]。与之不同，"大部制是一种政府事务综合管理体制，是依据政府事务综合管理职能原则来设置政府机构，即扩大一个政府部门所管理的业务范围，把职能和性质相同或者相近的多个事务分配给一个部门承担和负责，实现政府职能配置和行使的有机统一"。[2]"实践经验表明，大部门制下的部门管理领域与部门执法领域直接对应，有利于实现职能有机统一。在大部门设置科学合理的前提下，大部门内的综合执法将分别覆盖相关执法领域，如果将各部门的综合执法放在大部门制下运行，综合执法机构的定位和运行问题，与有关职能部门的关系问题等，也会随之自然解决。因此，建议综合执法要与大部门制改革相结合，在大部门体制下明确哪些执法职能是可以有机统一的，可综合的，从而确定综合执法的范围，整合执法资源。"[3]"大部制下，由于政府职能的统一行使和政府事务的综合管理，就可以撤并、整合许多职能相同或相近的政府部门，从而达到精简政府机构的目的。同时，实行大部制，政府机构的整合和精简使得原本需要多个部门进行协调、合作才能解决的问题通过部门内部不同机构之间的配合就能够完成，从而减少了协调环节、降低了协

---

〔1〕 孙迎春：《发达国家整体政府跨部门协同机构研究》，国家行政学院出版社 2014 年版，第 238 页。

〔2〕 石佑启、黄新波：《我国大部制改革中的行政法问题研究》，知识产权出版社 2012 年版，第 12 页。

〔3〕 中国行政管理学会课题组："推进综合执法体制改革：成效、问题与对策"，载《中国行政管理》2012 年第 5 期。

调难度和缩短了协调时间，最终提高了行政效率。"[1]如果欠缺大部制改革的基础，行政执法体制改革将徒具表象。"其结果只是原有矛盾在行政体系内部不同层次和环节之间的转移和滞留，而不能得以彻底消解。局部性的改革只有一时之效，但难有长久之功。"[2]

　　"推行综合行政执法，是改革行政管理体制，推进国家治理体系和治理能力现代化的重要内容。"[3]需要强调的是，这里的综合行政执法不是指多个行政执法机关的联合执法或共同执法，而是指由单一的行政执法主体独立实施的行政执法。"综合行政执法不仅将日常管理、监督检查和实施处罚等职能进一步综合起来，而且据此对政府有关部门的职责权限、机构设置、人员编制进行相应调整，从体制上、源头上改革和创新行政执法体系。"[4]综合行政执法指由依法成立或依法授权的一个行政机关综合行使两个或两个以上相关的行政机关所具有的行政职权，并能以一个整体执法主体的名义承担法律责任的一种执法制度。[5]综合行政执法改革的直接目的不外乎是建立一个权责明确、回应性强的行政组织形态。因此，简政放权中的放权于地方，必须在各级政府［主要是县（区）政府］设立一个县（区）人民政府行政服务与综合执法局，集中本级政府及其部门所有的行政审批权限与行政执法职能，具体负责该区域内的行

---

　　[1]　石佑启、黄新波：《我国大部制改革中的行政法问题研究》，知识产权出版社 2012 年版，第 13 页。

　　[2]　余逊达：《法治与行政现代化》，中国社会科学出版社 2005 年版，第 338 页。

　　[3]　张利兆："综合行政执法论纲"，载《法治研究》2016 年第 1 期。

　　[4]　莫岳云、陈婷："十八大以来我国行政执法体制的改革与创新"，载《理论导刊》2017 年第 10 期。

　　[5]　王春业："对'行政综合执法'概念的再辨析"，载《盐城师范学院学报（人文社会科学版）》2007 年第 3 期。

政服务与行政执法事宜。行政服务部分主要从事行政许可、行政收费、信息公开、行政指导等事项，将政府部门的相关权限统一集中于服务局，原职能部门不再享有相关的权限。当然，设置县（区）人民政府行政服务与综合执法局，其前提是对相关职能部门的职权与人员进行撤并。"作为最主要的行政权力之一，行政执法权应当由各级国家行政机关即各级人民政府拥有，不能大权旁落。"〔1〕如果原职能部门的职能与编制依据保留，则执法机构不但没有减少，反而会增加，将产生更大的混乱。当然，从理论与实践的角度来讲，行政执法权的集中并不是越集中越好，全面的调整行政执法权限既不可行，也缺乏足够的法律依据。因此，在实践中应当采取两步走的策略，分阶段推进行政执法权的集中。这是一种整合性、综合性的服务与执法形态。第一阶段，借助大部制改革，将职能相关的几个部门合并为一个部门，然后在此基础上综合集中原有几个部门的行政执法权，这是一种中观范围的集中。相较于传统的分散执法方式，显然也是一种集中执法权的不错选择。第二阶段，在第一阶段的基础上，逐步加大集中力度，推进大范围的综合执法。在这一阶段，行政执法权将从职能部门回归政府，大大压缩现有执法部门，形成一种宏观的集中。"政府机关在服务民众时所产生的问题，将可采取流程整合的方法来解决，包括检讨修正与合理化相关法令规范，检讨修正与简化内、外部流程等等作法，透过依据民众需求重新规划整合性服务，能带给民众更大便利。"〔2〕与此相对应，县（区）级人民政府应当刻制两枚印章，

---

〔1〕 汪永清："对改革现行行政执法体制的几点思考"，载《中国法学》2000年第1期。

〔2〕 廖丽娟、黄子华："政府机关精进创新整合服务之策略"，载《研考双月刊》2012年第5期。

一枚为 X 县（区）人民政府行政审批专用章，一枚为 X 县（区）人民政府行政执法专用章。这样的设置，其优点在于：一是职能集中，责任明确；二是统一指挥，行动快速，易于提升服务与执法水平；三是减少权限冲突与争议。从行政主体来讲，行政审批与行政执法的主体为县（区）人民政府，符合现行法律规定。比如《体育法》第 4 条明确规定，县级以上地方各级人民政府体育行政部门或者本级人民政府授权的机构主管本行政区域的体育工作。据此，县级以上地方各级人民政府在行政执法中作为法定的主体，并未违反立法的规定。而且，在行政执法实践中，一旦产生纠纷，成为相关责任主体的便是县（区）人民政府，可以直接参加复议或应诉。因此，不但可以有效地保障当事人的合法权益，而且便于当事人寻求法律救济。鉴于县级行政执法事项的复杂性与交叉性，应当集中选择城市管理、食品药品安全、农业管理、国土管理、文化管理、环境保护等领域的监督检查和处罚权等，统一纳入县（区）人民政府行政服务与综合执法局。在现实改革中，应当以主要的领域为基点，从群众关注度高、改革条件较成熟的领域切入，然后重点突破、逐步扩大、有序推进。比如，公安交管领域情况比较特殊，可以暂缓纳入，待条件成熟时再予以推进。

在中央机构编制委员会统一组织的综合行政执法体制改革试点工作中，各地采取的基本上是一种较为稳妥、保守的中观范围内的综合执法。尽管如此，也形成了各地的基本特色，并形成了不同的做法。如果借用时髦的用语，似乎应当用"模式"二字，但考虑到用词的严谨性，笔者认为用"做法"更为妥当：

第一种做法，以杭州为代表的综合行政执法方式，不妨称之为"杭州经验"。这种做法具有以下几个特点：首先，行政执法的主体明确，以原有的城市管理行政执法局为基础，将之更名为综合行政执法局，作为政府的职能部门。在综合行政执法局之下设置若干大队，作为综合执法局的派出机构。其次，综合执法的范围较为集中，执法权限也相对集中。综合行政执法重点在基层发生频率较高、与人民群众日常生产生活关系密切、多头重复交叉执法问题较为突出、专业技术要求适宜的公共安全、生态保护、城镇管理、社会管理、民生事业等领域开展。主要集中 21 个方面的执法权限，主要包括城市市容和环境卫生、城乡规划、城市绿化、市政公用、环境保护、工商行政管理、人防等方面的法律、法规、规章规定的全部或部分行政处罚权及相关的行政监督检查、行政强制职权等。"2015 年，在城市管理相对集中行政处罚权基础上，进一步将综合行政执法的范围扩大到土地和矿产资源、建筑业、人防、房地产业、安全生产、石油天然气管道保护等 21 个方面。"[1]再次，撤销整合原有执法队伍，精简人员编制。根据行政执法职权调整的情况，相应调整职权划转部门执法队伍。部门独立设置的行政执法队伍，其行政执法职权全部划转的，予以撤销；执法职权部分划转的，予以精简整合。按照"编随事转""人随事走"的原则，相应核减行政执法职权划出部门的人员编制。2013 年，整合了工商局、食品药品监管局、食安办的职责，成立了市场监管局。需要说明的是，杭州市在区县一级也是设立区、县综合执法局，作为区、县人民政府的职能部门，在区、县的统一领导下承担辖区内的综合执法工作。

第二种做法，以上海浦东分类综合执法改革为方式的样本，

---

〔1〕 杭州市编办："杭州综合行政执法体制改革的实践与思考"，载《中国机构改革与管理》2016 年第 4 期。

不妨称之为"浦东经验"。这种做法具有以下几个特点：首先，凸显执法特色，以职业化、专业化为基础，进行分类综合执法改革。为了建立体现执法工作规律、适应行业职业特点的管理模式，上海浦东实施了行政执法类公务员分类管理制度，设计出了 10 个职业层级，形成完整闭环的分类综合执法体系。通过职业层级设计，推进了执法类公务员队伍建设的科学化、职业化和专业化。其次，突出重点，形成三大核心领域，抓住行政执法的重点。综合执法体制改革形成了市场监管、城市管理、治安管理三大重点领域，"三驾马车"齐抓共管。在市场监督领域，整合原有的工商局、质监局、食药监局，成立市场监督管理局。在城市管理领域，以原有城市管理局为基础，精简机构，加大执法办案。这些做法与经验，已经在上海其他 15 个区县进行推广。因此，"浦东经验"有望发展成为全域性的"上海模式"。最后，执法力量全面下沉，重视基层执法。据报道，上海浦东 98% 的城管、85% 的市场监管力量下沉一线。[1]

第三种做法，以深圳的做法为基础形成的样本，不妨称之为"深圳经验"。这种做法具有以下几个特点：首先，行政执法体制改革突出电子化、信息化的发展趋势。深圳罗湖区在推行行政执法体制改革时，明确要求各执法机关配备行政执法的移动终端设备，实时传输执法信息与证据，推行行政执法文书的电子化。其次，在行政执法体制改革过程中注重执法人员的专业化发展，体现分类化的理念。2015 年 3 月，深圳市人民政府办公厅专门出台了《深圳市行政机关行政执法类公务员管理办法》，要求建设高素质执法类公务员队伍，专门进行执法类公务

---

〔1〕 参见唐玮婕："浦东推进分类综合执法改革"，载《文汇报》2016 年 4 月 12 日。

员的分类管理。对于主要从事执法工作的公务员，侧重考核其完成执法任务的数量和质量，以及在执法工作中理解和适用法律法规、发现和处置的能力。同年 8 月，深圳市人力资源和社会保障局出台了《深圳市行政机关公务员跨职组职类转任规定》，特别针对执法人员转任问题进行了规定。同年 12 月，深圳市人力资源和社会保障局出台了《深圳市行政执法类卫生监督职组公务员管理办法》，建立了强化专业执法能力的制度，形成了具有专业执法特色的管理规范。最后，在行政执法体制改革过程中运用市场化的方式缓解执法力量不足的问题。鉴于城市管理领域执法力量不够的问题，深圳市将逐步取消服务外包的方式，采用劳务派遣等形式聘请高素质的协管员，提高协管队伍的整体素质。

第四种做法，以成都的做法为基础形成的样本，不妨称之为"成都经验"。这种做法具有以下几个特点：首先，以部门内综合执法为基础，精简现行执法队伍。在原有部门分散执法的基础上，充分整合内部执法机构，分别在城市管理、交通运输管理、文化管理、农业管理、水务管理、食品药品管理等六个重点领域组建综合执法总队，解决执法队伍过多、多头执法的问题。"目前，市本级行政执法队伍由 28 支精简为 17 支。"〔1〕其次，减少执法层级，积极推进执法重心下移。在市场监管领域，成都市将区县工商、质检、食药监管机构由市垂直管理改革为区县政府分级管理，整合了工商公平交易执法分局、质量技术监督局稽查大队和食品药品稽查大队，组建统一的市场监督管理综合执法大队，集中行使市场监督管理的执法职能。为

〔1〕 成都市编办："成都全方位多层面多路径探索综合行政执法体制改革"，载《中国机构改革与管理》2016 年第 11 期。

了切实解决乡镇执法的薄弱问题，成都市探索乡镇（街道）综合执法，构建城乡一体、全域覆盖的基层执法体制。再次，成都市彭州市形成了大综合的跨部门综合执法样本，形成了"大综合、全覆盖、一支队伍管执法"的良好格局。彭州市作为成都市下辖的县级市，以综合行政执法中心为载体，成立了综合行政执法局，合并政府职能部门下设的 17 支行政执法队伍，形成了一支队伍管执法的局面。综合行政执法局设置有 7 个执法大队，每个大队负责特定领域的执法事项。同时，在全市 20 个乡镇（街道）设置了 30 个执法中队，负责各自辖区内的综合行政执法工作。[1]这是一种比较彻底的综合执法改革体制，对 25 个职能部门的执法职责进行整合，对 17 支执法队伍进行精简，实现了大综合、全覆盖。因此，彭州市的大综合做法是"成都经验"里的一大亮点，改革的力度前所未有。"一支队伍管执法"是解决基层执法困境的一剂良方，也是近些年基层执法改革的基本方向。2019 年 1 月，中共中央办公厅、国务院办公厅印发的《关于推进基层整合审批服务执法力量的实施意见》明确提出，整合现有站所、分局的执法力量和资源，组建统一的综合行政执法机构，按照有关法律规定相对集中地行使行政处罚权，以乡镇和街道名义开展执法工作，逐步实现基层一支队伍管执法。客观而言，让国家治理的触角有效地延伸至基层，特别是在乡镇和街道一级，这是行政执法的现实需要，也是治理现代化的必由之路。针对执法需求强烈、执法能力较强的乡镇、街道等组建统一的执法机构，赋权进行统一执法，实现了执法重心的下移，更好地配置了执法资源。这种方向有个基本

---

〔1〕　参见成都市编办、彭州市编办："大综合全覆盖一支队伍管执法——综合行政执法体制改革的彭州实践"，载《中国机构改革与管理》2016 年第 11 期。

前提就是修改现有的法律法规，实现法律赋权。上述文件明确
要求，由省级政府统一制定赋权清单，依法明确乡镇和街道的
执法主体地位。应当说，省级政府有权进行执法权限的配置，
可以转移行政主体。"就赋予行政权而言，法律将一项设定的行
政职权赋予行政机关，一般情况下不是直接指定给特定的行政
机关，而只是赋予政府，再由政府具体确定给特定的行政机
关。"〔1〕当然，进行赋权需要依法进行。"从法律角度看，政府
转移行政权主体的过程是受政治和法定程序限制的……转移权
力主体这样的重大事项，需省级政府决定或者批准，而不是各
级政府更不是政府下属行政机关可以擅自决定和推行的。"〔2〕

"中国政府在经济转型过程中经常运用一种'试点'的方
法，即允许地方政府根据当地实际情况摸索各种解决问题的方
法，成功的地方经验会被吸收到中央制定的政策中，继而在全
国范围内推而广之。"〔3〕综合以上各地实践中积累的经验，我们
可以发现一些具有共性的规律，形成了一些易于操作、成熟可
行的做法。首先，分类推进，由重点领域综合执法开始，实现
部门内一支队伍管执法。推进部门内综合执法，组建统一的执
法组织，是行政执法体制改革的起点与突破口。一个部门设有
多支执法队伍的，原则上都应整合为一支队伍。成都市通过在
城市管理、交通运输、农业管理等六个领域组建综合执法总队，
统一执法组织，精简了执法队伍。杭州市积极推进大文化领域

---

〔1〕 杨小军："行政执法体制改革法律依据研究"，载《国家检察官学院学报》
2017 年第 4 期。

〔2〕 杨小军："行政执法体制改革法律依据研究"，载《国家检察官学院学报》
2017 年第 4 期。

〔3〕 ［德］韩博天："通过试验制定政策：中国独具特色的经验"，载《当代
中国史研究》2010 年第 5 期。

综合执法、统一市场监管领域综合执法、扩大城市管理综合执法，首先实现了领域内的大一统，集中了执法力量。福建省重点在城市管理、海洋渔业、交通和市场监管四个领域推行综合执法，整合了执法职能和机构。上海市则形成了市场监管、城市管理、治安管理三大重点领域的综合执法。其次，整体谋划，以大部门制为基础，整合多个部门职责，探索跨部门综合执法。行政执法体制改革不能局限于部门内的小综合，必须实现跨部门的大综合。"有条件的领域可考虑推动跨行业综合执法，但在具体综合哪些部门的哪些执法权方面要实事求是，优先选择执法频次多、与企业生产群众生活密切度高、执法专业程度相对较低的马路街面执法事项予以综合。"〔1〕广东省佛山市在三水、高明等区建立了环境运输和城市管理局，对跨部门的环境保护、交通运输和城市管理进行综合，实现跨部门的综合行政执法。成都市的彭州市大胆探索跨部门跨领域综合执法，走出了一条"大综合、全覆盖、一支队伍管执法"的改革之路。当然，综合行政执法"不宜'贪大求全'，把一些技术性强、专业性高的事项从主管部门剥离，也不能简单地把十几个主管部门的执法权全部交由综合执法机构行使"。〔2〕最后，建章立制，以职业化、规范化为抓手，运用法治方式推进行政执法体制改革。行政执法体制改革必须在法治的轨道中进行，具有充分的规范依据。为了解决基层行政执法的依据不足问题，天津市人民政府专门颁布《天津市街道综合执法暂行办法》，授权街道办事处作为法定的行政执法主体，独立进行行政执法。为了推进执法人员分

---

〔1〕　袁庆锋："深化综合行政执法体制改革的政策建议"，载《中国机构改革与管理》2016 年第 7 期。

〔2〕　重庆市编办："关于深化综合行政执法体制改革的思考"，载《中国机构改革与管理》2016 年第 6 期。

类管理改革，深圳市先后出台《深圳市行政机关行政执法类公务员管理办法》《深圳市行政机关公务员跨职组职类转任规定》，为执法人员的职业化发展提供了正当依据。

二、突破部门主义，坚持整体集权与内部分权相统一

从外部关系来看，行政执法体制需要集中部门权力，将执法权力集中行使。从内部关系来看，行政执法体制需要内部分权，形成互相制约的机制。"具体来说，我国应采用集权—分权模式的行政权力运行机制，这种集权—分权模式的行政权力运行机制不同于西方任何一种行政权运行模式。这是因为，集权—分权模式的前提是在行政权力的相对集中前提下适度分权，集权—分权模式的行政权力运行机制核心在于适度控制行政权力的前提下，承认行政权的扩展是现代行政发展不可避免的趋势，通过行政分权的方式将公共权力交给非政府组织和市场来行使的方式来约束自身以及提高效率。"[1]"要把有利于充分发挥效能与有利于制约统一起来加以把握，不能只追求一个方面的价值而不顾另一方面的价值。"[2]因此，整体集权是行政执法体制改革的基础，内部分权是行政执法体制改革的关键。"组织调整的愿景，一方面为组织之灵活、弹性、分权、专业之提升，二方面为水平面之适度集中。"[3]在执法实践中，应当在与人民群众生产生活密切、存在多头多重执法的领域，加大执法集中整合力度，以便将执法资源配置到问题最突出、改革最需要的方面。

[1] 廖梦园、程样国："当代社会冲突治理的行政权运行机制重塑"，载《江西社会科学》2014年第11期。

[2] 朱孝清："司法职权配置的目标和原则"，载《法制与社会发展》2016年第2期。

[3] 翁岳生编：《行政法》，中国法制出版社2002年版，第383页。

"当一个组织之规模扩大而形成庞大复杂的组织时，必然走向高度专业化与分工。"因此，在执法权相对集中的同时，内部分权显得尤其重要。"最整合、功能配置最好、表现最好的团队也需要监督——即使不为其他原因，只为责任。"〔1〕内部分权在一定程度上还可以形成权力制约与监督，防止"绝对的权力导致绝对的腐败"。因此，内部分权是行政机关的自我控权、自我约束，属于行政自制，是"行政主体自发地约束其所实施的行政行为，使其行政权在合法合理的范围内运行的一种自主行为，即行政主体对自身违法或不当行为的自我控制，包括自我预防、自我发现、自我遏止、自我纠错等一系列下设机制"。〔2〕内部分权主要体现在三个方面：一是行政机关内部的决策权、执行权与监督权相互制约、相互协调。有效的监督与制约来自于分权，行政机关内部的决策权、执行权与监督权分离，又被称为"行政三分制"。"所谓'行政三分制'，即在一级政府管理系统内部，将决策、执行和监督职能适度分离并在运行过程中使之相辅相成、相互制约、相互协调的一种行政管理体制。"〔3〕"由于决策部门、执行部门、监督部门的分离，三者利益不再完全一致，任何一个部门的行为都时刻处在其他两个部门的牵制和监督当中。"〔4〕"西方分权理论的精髓在于通过日常职能的分工和相互牵制，防止专横与腐败。这种分权只要能保持平衡，就能

〔1〕　[美]尤金·巴达赫：《跨部门合作：管理"巧匠"的理论与实践》，周志忍等译，北京大学出版社2011年版，第112页。
〔2〕　崔卓兰、刘福元："行政自制——探索行政法理论视野之拓展"，载《法制与社会发展》2008年第3期。
〔3〕　郑代良、马敬仁："浅析'行政三分制'与'行政三联制'的区别"，载《行政与法》2003年第9期。
〔4〕　薛刚凌、张国平："论行政三分制的功能定位"，载《行政管理改革》2009年第3期。

持久地发挥作用。"〔1〕二是执法重心向基层下移，实行权力下放。在执法实践中，许多违法行为都发生在基层，需要基层依法进行处理。而执法力量主要集中在省市一级，在基层（特别是乡镇一级）缺乏应有的执法力量。比如，违法建筑、乱建乱搭等问题往往发生在乡镇一级，而执法权限却在县级的执法机关。这样一来，权责发生分离，难以有效进行执法。因此，强化地方属地管理，推进执法权重心下移，合理配置执法力量，对市、区两级行政执法权进行合理分工，把行政执法的重心适当下移至县级、乡镇级尤为重要。"必要时甚至可以撤销省市一级的执法机构，将所有的执法力量下沉至基层，充实县区一级执法力量，同时考虑授予乡镇一级政府一定的行政执法权。"〔2〕故而，上级机关应当重点强化对下级机关进行指导与监督，而不能替代下级机关进行执法。"推进执法重心下移，是提高执法效率的需要，也是执法体制改革的重要内容。"〔3〕与之相对应，在县（区）人民政府行政服务与执法局内，行政执法方面应当被细分为如下几个科室，比如日常巡查科、核心监管科、应急执法科、纠纷处理科、监督问责科等。

日常巡查科主要负责辖区内的日常巡查工作，处理民众诉求，发现违法行为等。在有些地方（比如青岛的黄岛区）创建了职业化的巡察队伍，打造一支精诚执法、文明巡察的队伍。"在常态监管上，黄岛向全区 27 处镇街派驻执法中队，实行徒

---

〔1〕 叶峰、谢鹏程："论执法体制和执法环境的改善"，载《法学》1997 年第 2 期。

〔2〕 马怀德："健全综合权威规范的行政执法体制"，载《中国党政干部论坛》2013 年第 12 期。

〔3〕 王雅琴："深入推进行政执法体制改革"，载《中国党政干部论坛》2014 年第 9 期。

步巡查、流动巡查、夜间巡查相结合，实现无缝隙覆盖、高密度巡查、网格化管理，形成了'连贯执法'、'组合执法'的新模式，解决了街镇'看得见、管不着'等问题。"〔1〕核心监管科，即是狭义的行政执法，这是法定的行政执法监管，依法进行违法行为的查处、作出行政处罚、行政强制等。这是行政执法的重中之重，亦是核心的职能。核心职能区别于一般的行政执法职能。"晚进的时髦用语，为'核心职能'的理论，要求政府必须瘦身或塑身，将任务调控到核心的部分。"〔2〕"在公部门亦应避免无焦点地扩大服务范围，以致不能累积专业领域的能耐和服务绩效声誉，即应建立核心职能，并依此发展服务策略。"〔3〕应急执法科是为了因应非常态的行政执法事件而设立的机构。"对于转型期的中国社会而言，公共事务经常呈现常态和非常态并存并且交叉影响的状态，政府不但要承担常态的公共事务管理，也要承担非常态的公共事务管理。"〔4〕因此，应急执法的目的就是要有效、快速地预防与应对各类突发事件。行政执法作为一种涉及相关当事人权益的行政，难免会造成纠纷与矛盾，纠纷处理科正是基于此种考虑。依法正确处理纠纷，将纠纷化解在基层、将纠纷化解在执法中，是行政执法的另一面向。"由政府处理一般社会纠纷，一方面可以及时有效地预防纠纷，防止相关矛盾激化，另一方面也可以较为专业、较为高效

〔1〕　人民论坛专题调研组："科学构建大执法体系——青岛市黄岛区综合行政执法改革的试点经验"，载《人民论坛》2015年第18期。

〔2〕　黄锦堂：《行政组织法论》，翰芦图书出版公司2005年版，第61页。

〔3〕　廖丽娟、黄子华："政府机关精进创新整合服务之策略"，载《研考双月刊》2012年第5期。

〔4〕　戚建刚："应急行政的兴起与行政应急法之建构"，载《法学研究》2012年第4期。

地对已存在的社会纠纷进行调处，使紧张的法律关系得到恢复，这可以极大地促进社会稳定，确保和谐社会的构建。"[1]执法是权力与责任的统一，需要设立监督问责科。综合执法局集中了县城内所有的执法权限，必须强化对综合执法权的监督问责。监督问责是对综合执法权力的有力制约，滥用执法权力必须受到严格的追责。加大问责追责，落实执法责任是深化行政执法体制改革的重要步骤。要加强行政执法的监督检查，健全完善各种制约机制和程序，形成对法律和执法的有效保障。问责追责科主要负责组织制定执法督查的年度计划和工作安排；建立健全执法督查制度；负责对执法工作进行监督检查；负责对执法及相关处理事项进行督查；负责对有关举报、投诉问题的督办；负责编写督查简报，通报督查情况等。"问责追责之要，本质上就是人们所形成的关于问责追责的理性。因此，只有实现问责追责的理性化，才能用好问责追责这件利器。"[2]通过厘清行政执法各个环节、各个岗位的职责，建立规范、严格的追责机制，确保行政执法的规范、透明、公开。最后，应当健全和完善执法中的正当法律程序。"加强程序制约也许会对效率产生一定的负面影响，但这是为防止滥权、腐败必须付出的代价。而且，正当法律程序所牺牲的效率往往也只是一时一事的、局部的、短期的效率，从全局和长远的目标来说，正当法律程序应该是正面的和促进性的。"[3]"因此，行政综合执法的程序问题相当突出，较之一般行政执法程序，行政综合执法涉及的相

---

〔1〕 参见彭贵才："论政府在纠纷处理中的作用及模式——兼论多元化纠纷处理机制的设立"，吉林大学 2008 年博士学位论文。

〔2〕 江必新："论问责追责"，载《理论视野》2015 年第 1 期。

〔3〕 姜明安："服务型政府与行政管理体制改革"，载《行政法学研究》2008 年第 4 期。

对人权益更加多样复杂；与专业执法、联合执法相比，行政综合执法事项大多属于特定区域内大量存在的、情节较轻的、查处难度不大的违法行为，多运用简易程序现场进行处理，科学简单是行政综合执法程序的主要特点。实践中，对行政综合执法的法律适用和程序规则的规范成为行政执法体制改革的新难题。"[1]

三、运用法治思维，坚持行政组织法和行政程序法的前置保障

行政执法体制改革内容庞杂，是一项系统工程。从法学的角度讲，它既涉及行政权与立法权、司法权的关系，也涉及横向与纵向的行政权配置关系，还涉及公权力与私权利的关系。因此，行政执法体制改革需要通过以宪法、组织法、法律、行政法规等为系统的体系化构建。在推进行政执法体制改革过程中，一定要坚持法治思维，运用法治思维方式。在现代社会，法治与改革是国家政治生活中不可或缺的社会状态，正是法治与改革的矛盾运动，共同推动着社会的科学发展。因此，必须正确处理好法治与改革的关系。谁都不会忘记："在上个世纪 80年代，由于体制的僵化，经济发展缓慢，因而为促进经济的迅速发展，我们选择了'改革优先法治附随'的思维路径。虽然经济得到了迅速的发展，但很多企业都是在违法中盈利（偷税漏税、环境污染、劳动保护缺失等）现象表明，在收获经济奇迹的时候，付出太多的法治信誉方面的成本，以致人们普遍担

---

[1]　崔卓兰、闫丽彬："我国行政综合执法若干问题探析"，载《山东警察学院学报》2006 年第 6 期。

忧经济可持续发展的可能性。"〔1〕党的十八大以来，中共中央开始总结经验与教训，并逐步提出了要用法治方式凝聚改革共识，任何改革都要于法有据。这一认识意味着法治改革观的初步形成，即强调法治先行、改革附随。"法治先行改革附随关系中的法治，其基本含义就是在改革与法治关系中把法治前置。这意味着改革启动的前奏必须伴随着法律论证，在改革以前需要穷尽可能的法治方式。而启动改革也需要运用法治方式。"〔2〕

　　传统的立法方式采取的是先试行、后立法，但容易产生一些矛盾与困惑。比如，在此方式下，超出法律规定的大胆闯、大胆试、打擦边球等现象大行其道，美其名曰"良性违法"，并视之为正常现象。因此，行政执法体制改革应当改变这种方式，充分发挥法治的引领作用，把法律作为改革的前置方式。行政组织法是现代行政法的重要内容之一，是"规范行政的组织过程和控制行政组织的法"。〔3〕"行政执法体制改革作为一项重要的行政组织事项，将其纳入行政组织法的调整范畴既是依法行政原则的内在要求，也是建设法治政府的题中应有之义。所以说，行政组织法不仅是行政执法体制改革得以推行的法治基础，而且还是行政执法体制改革顺利、科学推进的有力保障。"〔4〕行政执法体制改革必须在《宪法》《行政组织基本法》《国务院组织法》《各级人民政府组织法》的框架下分级确定执法体制创新

　　〔1〕　陈金钊："'法治改革观'及其意义——十八大以来法治思维的重大变化"，载《法学评论》2014年第6期。
　　〔2〕　陈金钊："'法治改革观'及其意义——十八大以来法治思维的重大变化"，载《法学评论》2014年第6期。
　　〔3〕　应松年、薛刚凌：《行政组织法研究》，法律出版社2002年版，第14页。
　　〔4〕　马丽华："行政执法体制的困境及改革构想"，载《长白学刊》2009年第3期。

的目标及方向。具体而言，应当做到下述方面：一是坚持行政执法体制改革于法有据，特别是应当从宪法和组织法的框架内进行顶层设计。在我国，行政执法权的配置都是通过具体的部门法来实现的，即"在行政组织法中作原则规定，然后在单行管理法律法规中规定具体的行政事权和行政权的形式"。[1]"行政组织之设置，首先须就行政之设立，以及其结构及管辖权等，在法律上作成抽象及具体之决定。其次则须实际设立该行政组织，并配置所须之人力及物力。已设置行政组织之变更及裁撤，亦类似于此。"[2]"所以，对于已经配置了的行政职权而言，无法实现部门行政职权的相对集中，除非对第一层次配置的法律依据进行修改。理论上，行政权配置应当遵循法定原则，由具有立法权力的机关通过立法的方式对行政职权进行设置和分配。"[3]因此，从立法上对所有相关的单行管理法律法规进行修改，既不现实，也不可行。虽然如此，但是从组织法上尚有可能之路径。根据《宪法》第89条、《国务院组织法》第11条和《地方各级人民代表大会和地方各级人民政府组织法》第64条的规定，国务院、县级以上人民政府可以对本级工作部门的设立、增强、减少或者合并进行调整。"也即，国务院、县级以上人民政府（要经过上级人民政府批准程序）可以对既有行政组织进行调整，进而影响到行政组织所行使的行政职权（可能存在交叉，也可能不交叉）——是行政职权第一次分配的结果——随着行政组织的调整而间接实现了部门行政职权相对集

---

〔1〕　应松年、薛刚凌："论行政权"，载《政法论坛》2001年第4期。

〔2〕　陈敏：《行政法总论》，新学林出版有限公司2007年版，第829页。

〔3〕　石佑启、杨治坤：《论部门行政职权相对集中》，人民出版社2012年版，第36页。

中。"[1]依此路径，在行政执法体制改革中，县级以上人民政府可以通过行政组织调整的方法来进行行政执法权限的配置与集中，达到优化执法资源的目的。组织规范作为依法行政的基础，当然适用于行政执法体制改革。一切改革措施都必须在组织法规定的职权和所管辖的事务范围内进行，不允许随意突破组织法所确定的事务范围而大胆尝试。这就要求先从政府职能（执法权限）的检讨出发，进行行政执法体制的调整，推动职能与执法组织的改造。对行政机关的核心职能及组织进行改造与调整，有效地整合现有执法资源。"而政府组织体制的变革，即符合政府优质治理的内涵，借由检视及合理调整政府业务及职能，再据以进行政府机关组织体制的调整，正是体现公共治理精神的重要作法……机关之职能检讨即是就机关现行业务进行检讨，以检视各项业务是否符合机关当前及未来发展需求，以及跨机关的重叠业务是否予以整合并由同一机关掌理，以调整机关职能并整合政府施政资源。"[2]在此思路之下，理顺行政机关的职能与任务显得十分必要。这是因为，"行政组织本身非目的，而系服膺于其任务，而任务具有时代性，随时代而有不同……总之，任务决定组织，亦即'任务——组织'之间必须具有匹配性"。[3]以此为基础，"最理想的方法，系事先针对既有各部会的业务，进行去任务化、委外化、地方化、行政法人化之检讨"。[4]"在实际作法上，即是依据'四化策略'（即去

---

[1] 石佑启、杨治坤：《论部门行政职权相对集中》，人民出版社2012年版，第37页。

[2] 宋余侠、胡雅芳："公共治理与行政院组织体制及职能调整"，载《公共治理季刊》2013年第1期。

[3] 黄锦堂：《行政组织法论》，翰芦图书出版公司2005年版，第24页。

[4] 黄锦堂：《行政组织法论》，翰芦图书出版公司2005年版，第401页。

任务化、地方化、法人化与委外化），针对各机关业务区块检视，逐步予以去任务化、委外化及地方化检讨之后，再就须由中央行政机关保留执行的业务，规划分别设置行政法人及行政机关。"[1]"国家必须保障社会具备相当程度的自治，尊重公民应有的自由权利；同时，针对那些社会在自行运作中出现的、社会又无力自行消解的矛盾和问题，建立一定的机制予以解决和处理，以保障社会的正常、有序运行和人权的实现。"[2]党和国家牢牢以转变政府职能为重点，先是着力推进简政放权、放管结合，2015年又将优化服务纳入其中，"放管服"三管齐下、协同推进，中央和地方上下联动、合力攻坚，不断将行政改革推向深入。简政放权，顾名思义，必须坚持"简"字当头，坚决革除不合时宜的陈规旧制，打破不合理的条条框框，砍掉束缚创业创新的繁文缛节，把该放的权力彻底放出去，能取消的尽量取消、直接放给市场和社会。因此，简政放权实际上是市场分权、社会分权、地方分权的简称。市场分权与社会分权即权力的外移，地方分权即权力的下移。"政府要把个人、市场和社会能够做的事情，把政府不适宜做的事情，拆分出政府。政府只做适合政府做的事情。这样，个人的事务，适合企业的事务，社会的事务，都由个人、企业和社会自己决定。"[3]权力外移，"亦即将权限转移给非政府组织、公私伙伴，也就是各种社会团体与组织，都能参与服务的提供，需要跨越区域、组织疆

---

〔1〕　宋余侠、胡雅芳："公共治理与行政院组织体制及职能调整"，载《公共治理季刊》2013年第1期。

〔2〕　姜明安、沈岿："法治原则与公共行政组织——论加强和完善我国行政组织法的意义和途径"，载《行政法学研究》1998年第4期。

〔3〕　毛寿龙："2013年机构改革的逻辑和未来预期"，载《行政论坛》2013年第3期。

界进行正式与非正式网络设计"。[1]市场分权与社会分权是一个老生常谈的话题。按照市场经济的要求，凡是不属于行政管理的事项（比如企业经营投资、社会自主解决的事项）都应当从行政职能中剔除。权力下移，"亦即将权限转移至更下层的地方政府、社会区共同治理，基层地方政府，或是村、里、社区在参与提供公共服务时，也比政府部门和市场机制更富有弹性、效率，更能清楚在地民众的需求"。[2]地方分权就是加强基层政府执法力度，把行政执法的重心下沉至县级、乡镇级政府，对县区、乡镇进行合理赋权。"我们说还权予企业和社会，就是说的本来是企业和社会的权力，现在要还给企业和社会，在法律关系上属于界定职责权限范围，不是行政授权或委托关系。"[3]综上，必须从中央至地方把那些原本应由社会承担或市场调节、基层负责的职能转出去、入下去，最大限度地增强政府把握全局的宏观调控职能和核心职能。即便如此，组织法也不等于行为法，即组织法之授权是否为行为法之授权存在疑问。"组织法律从而系属任务、组织之规定，原则上仍难与专业法律中之行政行为授权之精密度相比拟。总之，组织法不等于行为法，后者须有特别法之授权。"[4]二是严格控制行政执法体制改革中的"试错模式"，对必须突破法律规定的重大改革，依法进行法律授权，不能以改革为借口违法而行。三是对于法律保留事项要

〔1〕 宋余侠、秦正宇："从行政院组织改造谈公部门改革、跨域治理的观点"，载《公共治理季刊》2014 年第 1 期。
〔2〕 宋余侠、秦正宇："从行政院组织改造谈公部门改革、跨域治理的观点"，载《公共治理季刊》2014 年第 1 期。
〔3〕 金国坤："国家治理体系现代化视域下的行政组织立法"，载《行政法学研究》2014 年第 4 期。
〔4〕 翁岳生编：《行政法》，中国法制出版社 2002 年版，第 321 页。

严格按照法律规定的内容依法进行，不得突破法治思维的合法性底线。[1]综上，行政执法体制改革不仅要从行政组织法的角度展开，而且需要从行政行为法的角度着手。规范地讲，行政执法体制改革应当由全国人民代表大会常委会授权国务院或省一级政府调整单行法律关于行政执法的权限分配。在条件成熟时，全国人民代表大会应当制定《关于推进行政执法体制改革的法律》（又称为《行政执法体制改革一揽子法》），规范行政执法体制改革的基本原则、冲突处理方法及基本程序等，从而实现改革的法治保障。

　　行政执法体制改革不仅需要组织规范保障，更需要公正运行的程序规范。"法治取决于一定形式的程序正义，一个国家和人民共同服从程序的状态和公正度是衡量该国法治程序的标准。"[2]规范的行政执法程序是执法机关依法行政的关键，也是保障行政执法体制科学的重要方式。"对于权力而言，程序是约束权力的天然边界。""执法程序改革，作为保障实体正义的重要内核与防止执法腐败的有力武器，对于'深化行政执法体制改革'目标的实现有着十分重要的意义，它在根本上影响着国家治理现代化的状态和水平。"[3]在我国，行政程序立法一直比较滞后，缺乏统一的法律规范。因此，"要切实解决行政执法程序中存在的问题，应制定统一的行政程序法中，构建完备的行

---

〔1〕　参见史凤林："行政管理体制创新的法治困境与维度"，载《行政法学研究》2015年第5期。

〔2〕　田平安、杜睿哲："程序正义初论"，载《现代法学》1998年第2期。

〔3〕　石珍："行政执法事务繁简分流的程序构建——以S市S局的执法数据为研究对象"，载《行政法学研究》2015年第5期。

政程序法律体系"。[1]经过地方立法的实践，制定统一行政程序法的时机已经成熟。正如学者所言："中国的行政程序立法先从不同类型行政行为的立法开始，再由地方先制定统一的行政程序法中，从分散到统一，从地方到中央。"[2]同时，在行政执法体制改革过程中，必须强化行政执法的流程再造。"行政流程，是行政机关执行各项业务的程序，行政流程的良窳关系着政府施政效率及为民服务品质，各国政府为提升政府效能加强为民服务莫不积极加强行政流程改造……行政流程改造须涉及层面广阔，包括：组织结构、法令规章、作业程序……。"[3]"政府流程再造是以政府为主体的政府部门在反思传统政府业务流程弊端的基础上，摈弃以职能分工与计划控制为中心的工作流程设计观念，运用网络信息技术，打破政府部门之间以及政府部门内部传统的职责分工与层级界限，实现政府工作流程由计划式、串联式、部门分散式、纸质公文流转式等向动态式、并联式、部门集成式、电子公文网上处理等方式的转变，逐步由传统政务向电子政务发展。"[4]"简政放权是阶段性的改革方向，权力放开后的行政流程规范才是维持市场活力的常态工具。"[5]"行政流程改造，伴随组织发展与业务复杂化的程度，而有不同策略。由历史文献中可以发现，一般先以单位工作流程进行分析

---

〔1〕 任其军："深化行政执法体制改革重点问题研究"，载《辽宁行政学院学报》2014 年第 9 期。

〔2〕 张璇、吴明华："时代呼唤行政程序立法——专访著名法学家应松年"，载《决策》2010 年第 6 期。

〔3〕 古步钢、林贤文："由行政流程改造探讨提升政府服务品质之策略"，载《研考双月刊》2012 年第 5 期。

〔4〕 赵晖、刘进源："试论政府流程再造"，载《理论研究》2007 年第 2 期。

〔5〕 刘艳："行政流程再造是激活市场关键"，载《经济参考报》2015 年 3 月 25 日。

及改善，进而探讨跨域业务流程整合、法规松绑，若仍无法有效改善服务品质，或是经分析需大幅度调整，则涉及组织再造议题。"[1]"服务流程效率援引理性逻辑，强调透过工具性技术、组织流程的调整、服务运作过程的改善，方能提升效率。"[2]"服务流程改造三部曲未来如何与现行整合服务效能跃升方案区隔，俾全面展开、具体落实将是我们持续努力的重点。"[3]

四、坚持统筹兼顾，合理配置行政执法权

从现有法律规定分析，我国行政权的配置主要采取宏观与微观相结合的配置方式。从宏观上讲，《宪法》《国务院组织法》《地方各级人民代表大会和地方各级人民政府组织法》等宪法和宪法性法律从总体上进行架构。从微观上讲，由具体的部门法即单行法律、法规、规章将行政权细化配置。"这些法律规范构成了我国行政权力的法源，是我们研究行政权力配置及其结构的逻辑起点。"[4]行政权力的结构有纵向与横向之分。纵向权力配置主要解决上下级的关系即中央政府与地方政府、上级政府与下级政府之间的权力分配，横向权力配置则解决同一级政府内各个职能部门之间的权力配置。"因此，按照行政权力合理配置的标准，必须解决行政权力在纵向和横向上的配置问题，这

---

〔1〕　古步钢、林贤文："由行政流程改造探讨提升政府服务品质之策略"，载《研考双月刊》2012 年第 5 期。

〔2〕　宋余侠、秦正宇："从行政院组织改造谈公部门改革、跨域治理的观点"，载《公共治理季刊》2014 年第 1 期。

〔3〕　古步钢、林贤文："由行政流程改造探讨提升政府服务品质之策略"，载《研考双月刊》2012 年第 5 期。

〔4〕　石佑启等：《论行政体制改革与行政法治》，北京大学出版社 2009 年版，第189 页。

也是我们探求行政权力合理配置所应当努力的层面。"〔1〕在纵向和横向层面，行政权力的配置都应当进行综合化配置。"行政权力的综合化配置是与我国行政组织实行'大部制'改革紧密配套、而与现行行政权力单一线性配置相对的行政权力重构。所谓行政权力的综合化配置，是指在转变政府职能的基础上，将反映行政职能雷同或密切相关、管辖范围类似、性质相似的行政权力进行合并，相对集中配置给一个行政职能部门，由一个大的部门统一行使相关的行政权力。"〔2〕"政府职能往往会随着内在任务需求及外在环境变化而调整，就内在任务需求而言，机关之职能检讨即是就机关现行业务进行检讨，以检视各项业务是否符合机关当前及未来发展需求，以及跨机关的重叠业务是否予以整合并由同一机关掌理，以调整机关职能并整合政府施政资源。在外在环境方面，各类机关都面临环境的不确定性。"〔3〕因此，需要综合的考量与评估。

"行政执法权的配置状况，对行政执法的质量和效果具有决定性意义。"〔4〕梳理现行法律规范，行政执法体制可以被分为以下几种基本模式：

第一种模式，单一部门分散执法模式，这种模式的特点是权力配置比较统一，由单一的执法主体进行执法，但执法部门是分散的。"根据分管领域的不同，将执法权配置给不同领域的

---

〔1〕 石佑启等：《论行政体制改革与行政法治》，北京大学出版社 2009 年版，第197 页。

〔2〕 石佑启等：《论行政体制改革与行政法治》，北京大学出版社 2009 年版，第201~202 页。

〔3〕 宋余侠、秦正宇："从行政院组织改造谈公部门改革、跨域治理的观点"，载《公共治理季刊》2014 年第 1 期。

〔4〕 蔡恒："我国行政执法组织创新与行政体制改革协同性研究——兼评农业行政综合执法组织的合理性和局限性"，载《江苏社会科学》2004 年第 3 期。

政府主管部门，从而形成了众多的执法主体，如公安、工商、卫生、交通、海关、税务、药监、农业、环保等，几乎每一个政府部门都有自己的执法任务。"[1]《治安管理处罚法》第 7 条规定，国务院公安部门负责全国的治安管理工作。县级以上地方各级人民政府公安机关负责本行政区域内的治安管理工作。这是关于治安管理的主管部门的规定，属于典型的单一部门执法模式。县级以上地方各级人民政府公安机关，根据实际具体分为三级：一是省级人民政府公安机关，即省、自治区、直辖市公安厅、局；二是设区的市级或者地（市）级人民政府公安机关，即地区行署、市、自治州、盟公安处、局；三是县级人民政府公安机关，即县、自治县、县级市、旗公安局和市辖区公安分局。县级以上地方各级人民政府公安机关负责本行政区域内的治安管理工作。《枪支管理法》第 4 条规定，县级以上地方各级人民政府公安机关主管本行政区域内的枪支管理工作。《体育法》第 4 条规定，县级以上地方各级人民政府体育行政部门或者本级人民政府授权的机构主管本行政区域内的体育工作。这一模式是我国执法的主要模式，大多数行政执法均采用此种模式。

第二种模式，多部门协助执法模式，"多部门执法是将相同内容的执法权按照管理领域的不同配置给不同的执法主体"。[2]多部门执法模式涉及职权的交叉问题，即对于同一事项多个主管部门在各自的权限范围内都具有执法权。在多部门执法模式下，具体又可以分为三种方式：

---

〔1〕 王青斌："公共治理背景下的行政执法权配置——以控烟执法为例"，载《当代法学》2014 年第 4 期。

〔2〕 王青斌："公共治理背景下的行政执法权配置——以控烟执法为例"，载《当代法学》2014 年第 4 期。

第一，共同管理、分工负责模式，即多个主管部门在各自的权限范围内共同执法，不分主辅，共同管理。这种模式的设置初衷是实现分工协作，最大限度地提高管理领域执法的有效性与专业化。《道路交通安全法》第 5 条规定，县级以上地方各级人民政府公安机关交通管理部门负责本行政区域内的道路交通安全管理工作。县级以上各级人民政府交通、建设管理部门依据各自职责，负责有关的道路交通工作。《食品安全法》第 6 条规定，县级以上地方人民政府依照本法和国务院的规定，确定本级食品安全监督管理、卫生行政部门和其他有关部门的职责。有关部门在各自职责范围内负责本行政区域的食品安全监督管理工作。因此，我国的食品安全执法至少包括农业、卫生、商务、工商、药品等部门。实践中，食品的生产、加工、销售表现为一个动态的、一体化的过程。故而，与之相关的对食品安全的执法监管也应当是一个整体化、一体化的过程。在多部门执法体制中，"各监管主体之间的沟通阻塞，无法有效地整合其资源和信息，无法形成有效的监管合力和发挥整体监管优势"。〔1〕《防沙治沙法》第 5 条规定，国务院林业草原、农业、水利、土地、生态环境等行政主管部门和气象主管机构，按照有关法律规定的职责和国务院确定的职责分工，各负其责，密切配合，共同做好防沙治沙工作。县级以上地方人民政府组织、领导所属有关部门，按照职责分工，各负其责，密切配合，共同做好本行政区域的防沙治沙工作。《文物保护法》第 8 条规定，县级以上地方人民政府承担文物保护工作的部门对本行政区域内的文物保护实施监督管理；县级以上人民政府有关行政

---

〔1〕 戚建刚："风险规制过程合法性之证成——以公众和专家的风险知识运用为视角"，载《法商研究》2009 年第 5 期。

部门在各自的职责范围内，负责有关的文物保护工作。

第二，共同管理、主辅协助模式，即多个主管部门的地位是不一样的，既有主要管理部门，又有配合管理部门。《海关法》第3条、第4条规定，海关依法独立行使职权，向海关总署负责；地方各级公安机关应当配合海关侦查走私犯罪公安机构依法履行职责。《矿产资源法》第11条规定，省、自治区、直辖市人民政府地质矿产主管部门主管本行政区域内矿产资源勘查、开采的监督管理工作。省、自治区、直辖市人民政府有关主管部门协助同级地质矿产主管部门进行矿产资源勘查、开采的监督管理工作。《科学技术进步法》第11条规定，县级以上地方人民政府科学技术行政部门负责本行政区域的科学技术进步工作；县级以上地方人民政府其他有关部门在各自的职责范围内，负责有关的科学技术进步工作。

第三，综合执法模式，将本属不同职能部门的行政执法权集中起来，交由一个职能部门统一行使。在现实执法实践中，相对集中行政处罚权、相对集中行政许可权、综合执法都属于此种模式。《行政处罚法》第15条、第16条规定，行政处罚由具有行政处罚权的行政机关在法定职权范围内实施；国务院或者经国务院授权的省、自治区、直辖市人民政府可以决定一个行政机关行使有关行政机关的行政处罚权，但限制人身自由的行政处罚权只能由公安机关行使。根据这一规定，行政执法中行政处罚的体制属于典型的分散式，即权力配置分散、执法主体分散。享有行政处罚的机关种类有三类：一是国务院各部、委、行、署、直属局和部委管理的国家局。这些是中央的行政处罚实施主体。二是地方各级人民政府，包括省、自治区、直辖市、市、县、乡人民政府。三是地方各级人民政府的职能部门，如公安、工商、税务、环保、交通、海关、卫生都相应地享有某一方面的行政处罚实施权。[1]《行政许可法》第22条、第25条规定，行政许可由具有行政许可权的行政机关在其法定职权范围内实施；经国务院批准，省、自治区、直辖市人民政府根据精简、统一、效能的原则，可以决定一个行政机关行使有关行政机关的行政许可权。《行政强制法》第17条，行政强制措施由法律、法规规定的行政机关在法定职权范围内实施。行使相对集中行政处罚权的行政机关，可以实施法律、法规规定的与行政处罚权有关的行政强制措施。

党的十八大报告明确提出，要稳步推进大部门制改革，健全部门职责体系。因此，在中央、部委这一层面，最为现实的问题是如何科学、合理地进行行政职权（行政任务）的横向整合。因此，在行政执法体制改革中正确的定位应当是宏观整合与科学决策。行政职权是基础，机构的并立必须以行政任务为基础。因此，行政职权决定组织形态，行政主体必须适应行政职权的变化与调整。"行政任务一词，系德国用语，系强调行政机关所承办的业务的一个抽象化的描绘，从行政组织法律的文字表现而言，得称为职掌，自行政作用法而言，系针对该行政作用法中所称的职权加以抽象归纳而得的一种权能。从行政程序法中与我国行政组织法的用语而言，系指管辖。中文另一个常见的翻译用词，为行政职能。"[2]"如上所说，组织应承担什么任务是组织设立的依据，组织都是应任务而产生的，没有任务的组织是不可想象的。但任务本身是有差异的，这种差异体现

---

　　〔1〕　参见关保英：《行政法教科书之总论行政法》，中国政法大学出版社2005年版，第392～393页。
　　〔2〕　黄锦堂：《行政组织法论》，翰芦图书出版公司2005年版，第25页。

在根本性质上，那就是任务本身是否确定、是否是重复发生的，在应对方法上是否可以复制、任务的存在是否具有经常的可持续性。"[1] "将政府所承担的这些行政课题或行政任务，不分外部关系和内部关系，作为整体来把握，所关心的是这些事务被分配给什么机关。"[2] "就公部门而言，机关的业务区块职掌即其运作范围，机关若要建立其存在的合法永续性，便要降低机关外环境的不确定性，其作法即适度界定其机关业务职掌。"[3]

由于行政任务具有不确定性和复杂性，因此确定与分配任务需要援用不同的方法。综合以观，划分与整合职权的方法主要有以下几种：一是以功能为标准，将基本政策或功能相近的业务集中由一个部门进行办理。"正是由于任务间的联系程度紧密而无法对其进行分解，或者说，逐个加以解决在技术上可行性较低，即使能够通过任务单列的方式来解决，所要承担的经济成本也会过大，而且有可能延误任务的最佳解决时期。"[4]因此，需要将相关业务进行集中。这种方法符合专业分工的原则，事权相同，职责明确。因此，在政府的职能设置中，将职能相近、业务趋同的部门进行整合，该撤销的撤销，该合并的合并，由一个部门统一行使职权，避免职能交叉、政出多门。职能相近、业务相关的行政事务，其运行规律必然相同，行政执法的

---

〔1〕　张康之、李圣鑫："任务型组织中的任务决定论"，载《学习论坛》2007年第3期。

〔2〕　[日]盐野宏：《行政法总论》，杨建顺译，北京大学出版社2008年版，第18页。

〔3〕　宋余侠、谢伟智："行政组织改造设计原则与实务"，载《研考双月刊》2009年第3期。

〔4〕　张康之等：《任务型组织研究》，中国人民大学出版社2009年版，第17页。

方式也比较趋同。这样做可以有效地解决"机构设置服从、服务于职能定位，合并职能相同或相近的机构，人财物同时随之转移"〔1〕的痼疾。在这种标准下，执法职权的相关性、相近性是一个核心要素。比如，城市管理执法局集中于城市管理中的市容环境、规划、绿化、市政、环保等职能。因此，从理论上讲，将所有相关联的职权集中于同一个部门是行政执法体制改革的最佳方案。二是以程序为标准，根据工作程序的不同划分不同的部门。"主要优点为节省人力与财力并可进行大量生产、可促成有效的技术合作，易招揽专业人才；缺点为易过于重技术而轻政策，过分重视专才而破坏主管之领导功能、专才知识狭隘致协调困难等。"〔2〕三是以服务对象为标准，根据服务的对象或管辖的事物为基础划分不同的部门。"实际上，政府组织改革的核心思考，不能仅由专业立场、政府业务推动的立场出发，而应反思政府的存在是为了服务人民，解决人民的问题。"〔3〕行政职能的履行，最重要的标准是回应现实，着力解决人民群众反映强烈的突出问题。"'问题就是时代的声音'，就是改革的重点，就是旧制度的突破口和新体制的生长点。"〔4〕为人民服务是行政机关的基本原则。因此，行政机关是以全社会为服务对象的。尽管这种标准过于广泛、不易区分，但是在实践中却是一个重要标准。为了回应民生，保障人民生活安全，专门组建国

〔1〕 王雅琴："深入推进行政执法体制改革"，载《中国党政干部论坛》2014年第9期。

〔2〕 黄荣志、陈玮玲："行政组织政府与实务探讨——以行政院新机关组织架构为例"，载《研考双月刊》2012年第2期。

〔3〕 王似华："以治理理论分析中共'大部制'改革之趋势研究"，载《东亚研究》2011年第2期。

〔4〕 袁曙宏："深化行政执法体制改革"，载《行政管理改革》2014年第7期。

家食品药品监督管理局；为因应日益严峻的环保问题，专门成立环境保护部。四是以地域为标准，以地区或处所为基础而设置部门。"如前所述，组织因业务职掌而部门化后所产生之水平分工，若有接续依赖关系、相互依赖关系、组合依赖关系，则可整合于同一机关之内。"〔1〕在执法实践中，地域性的组织日益成为执法权的行使主体。"特别是市町村的综合行政体的观念、当地性的观念，很早以前就已经是支配日本实务的观念了。"〔2〕许多公共事务都属于地方公共团体的职责范围，都是由其完成的。江苏苏州工业园区采取的"一个园区一支队伍"方式，组建统一的综合执法局，集中行使相关执法权，实现区域内的集中执法。五是以传统习惯为参照，保留相关职能给特定的部门。"就政府而言，虽然每一届政府由于推行政策的需要，可能会在组阁之初进行一定的机构调整，但这种调整是受到很强的历史惯性影响的。惯性的存在既维持了政府的稳定，又保护了既定的常规组织之间由于分工所形成的部门权限。"〔3〕根据传统分类，经济、政治和文化是全部社会活动的三大要务。"国家也正是从这三大要务出发，设立相应的部门以便全面管理社会生活。因此，国家职能便体现为经济职能、政治职能和文化职能。"〔4〕与之相对，国家设立财政部、外交部、公安部、文化部等传统重要部门，负责履行重要的国家职能。

---

〔1〕 黄荣志、陈玮玲："行政组织政府与实务探讨——以行政院新机关组织架构为例"，载《研考双月刊》2012 年第 2 期。

〔2〕 ［日］盐野宏：《行政法总论》，杨建顺译，北京大学出版社 2008 年版，第154 页。

〔3〕 张康之等：《任务型组织研究》，中国人民大学出版社 2009 年版，第 66 页。

〔4〕 刘长文："国家职能新说"，载《首都师范大学学报（社会科学版）》1999年第 3 期。

　　相较于中央，省市两级是中央政府进行决策部署、社会治理的贯彻执行者。如果中央部委这一层次是整体决策，那么省市两级便是中观位置，需要发挥好上传下达的作用。一方面，要将法律的真谛、中央的精神、时代的需求，深切体会，真正吃透，做到内化于心、外化于形。另一方面，要关心基层、服务基层，研究解决基层执法中的难点与问题，积极推进基层行政执法体系。省市两级中，省级政府在配置行政执法权力方面作用巨大。"在这种体制下，完全由法律配置地方政府权力无必要，法律也难于明确规定各级政府行政权力。在法律配置地方行政权的基础上，我国需要建立地方行政权配置的动态机制，在这种机制中，省级政府是配置地方行政权的恰当主体。"[1]因此，在行政执法体制改革中，省市两级的正确定位应当是权力下放与监督指导。比如，广东省在全面梳理省直各部门行政执法事项的基础上，调整重组 51 个省直部门、2201 项执法事项，依法明确由市县实施属地执法，省级主要负责规范管理、监督指导、组织开展跨区域执法和重大案件的协调等。[2]江苏省在综合行政执法体制改革中，将市级工商、质监、食药监部门的执法队伍予以撤销，主要保留市场执法监督、指导、协调等职能。全省 13 个省辖市共撤销 31 支执法队伍。故而，在权力下放方面，应当大幅压缩并撤销省市两级的执法机构，省级原则上不再保留执法队伍，将所有的执法权力下放到基层，将执法力量下沉至基层，减少执法层次，做到重心下移，强化属地管理责任。"也要尽可能拆分到适当的层级，越靠近一线越好，最好

---

〔1〕　徐继敏："论省级政府配置地方行政权的权力"，载《四川大学学报（哲学社会科学版）》2013 年第 4 期。

〔2〕　参见李志红："广东深化行政执法体制改革的探索"，载《中国机构改革与管理》2016 年第 9 期。

落实在实体性的一级，也即是直接面向服务和管理对象的这一级……政府要把这些公共服务的重心放在实体性的市县政府这一级。"[1]在监督指导方面，应当充分发挥监督的作用，以事务监督、法律监督为主要监督方式。"上级机关对下级机关所为之监督，就内容而言，主要包括'法律监督''事务监督'及'勤务监督'三者。"[2]法律监督是指上级机关针对下级机关所为的执法行为进行合法性审查，这是行政执法的基础。事务监督则指在合法性监督的基础上进行合目的性审查。显然，事务监督内含法律监督。勤务监督则是在事务监督之外对下级机关人力、物力之配置的监督。行政执法中的层级监督主要是指上级人民政府对下级人民政府、本级人民政府对其所属工作部门、上级行政部门对下级行政部门的监督。具体而言，省市两级应当加强对县乡基层执法的监督。可以采用的方式有如下方面：一是定期检查。通过检查，可以主动、深入地了解和掌握基层执法的实际情况。定期检查是一种事中或事后监督制度，可以通过现场检查、工作报告等形式及时了解下情。"正确运用检查监督方式，有助于上级行政机关及时发现问题，较为全面、客观地掌握有关情况。"[3]二是重大执法案件备案。对于涉及人数较多、社会关注的执法案件，应当由执法机关向上级机关备案。这是一种强化监督的方式，"是指行政主体作出行政行为后，将行政行为有关信息以规定形式上报有关行政机关备查，以便及

---

〔1〕 毛寿龙："2013年机构改革的逻辑和未来预期"，载《行政论坛》2013年第3期。

〔2〕 陈敏：《行政法总论》，新学林出版有限公司2007年版，第801页。

〔3〕 杨伟东："关于创新行政层级监督新机制的思考"，载《昆明理工大学学报（社科法学版）》2008年第1期。

时发现和纠正错误的一种内部行政行为"。[1]通过备案，上级机关一旦发现案件处理违法，应当予以撤销或者变更。三是不定期研讨。基层执法实践中经常会出现一些共性的问题与难点，需要从法律、制度上予以明确与改进。省市两级应当加强研讨，邀请相关学者专家，有针对性地解决现实执法问题。这是省市政府加强执法指导的重要内容。四是强化培训。行政执法作为一项专业性工作，不仅要求执法者具备完备的法律知识，而且要求执法者具有丰富的社会经验，还要求执法者有高尚的品德。只有这样才能保证法律的正确执行。但是，整体而言，我国的执法力量薄弱，队伍专业性不够。一方面，县乡两级行政执法人员的文化水平普遍偏低，素质普遍不高。另一方面，一线执法人员缺乏相关专业及法律知识的训练，执法水平普遍不高。因此，加大县乡两级执法人员的培训尤其重要。"接受培训，既是行政执法人员的权利，也是其义务。当前尤其应加强对行政执法人员法律素质方面的培训。一方面应经常组织行政执法人员学习新颁布的法律、法规，增长他们的法律专业知识，使之更好地适用法律；另一方面还应加强对法治理念、基础法律知识的培训。"[2]五是执法协调常态化。由于行政事务具有复杂性与关联性，随着行政实践的发展，行政执法形势越来越复杂，很多违法行为都会呈现出区域性、动态性的特点。特别是一些执法领域，比如跨域性环境污染事件、食品安全事件、社会治安案件等时有发生，多呈现出涉及面广、影响面大、辐射区域既

---

〔1〕 刘云甫、朱最新："行政备案类型化与法治化初探——一种基于实在法视角的探讨"，载《湖北行政学院学报》2010年第2期。

〔2〕 王青斌："论执法保障与行政执法能力的提高"，载《行政法学研究》2012年第1期。

远等特点。基于此，我国需要建立相关的协调机制，加大执法协调力度。"只靠一个地区的严格执法不能从根本上减少或消除违法行为的发生，当行为人在某地区从事违法活动时，随着该地区执法行为的实施，他可能会跑到另一个地区继续实施违法活动；而当另一个地区也开展相同的执法监督检查时，他可能又跑回到原来的地方继续实施违法犯罪。因此，不开展区域内统一的执法监督检查，则很难从根本上消除违法犯罪现象的发生。"[1]在行政执法实践中，为了防止执法权限争议发生，避免执法中的推诿与不为，有必要建立制度化、程序化的执法协调机制。执法协调机制主要是一种内部制度，着眼于处理各个执法机关之间的相互协调关系。六是执法调查机制。通过调查可以探究事件真相，客观、公正地评判行政执法活动。近些年来，暴力执法事件如同幽灵一样，时有发生，执法事件不断进入公众视野。特别是在执法导致公民死亡的事件中，社会公众普遍给予关注，质疑执法行为。一旦发生执法事件，为了避免造成不良的社会影响，及时成立执法事件调查组成了迫切的现实需要。这既可以体现政府机关对重大事件的关注，也是监督和保障依法行政的要求。通过建立执法事件调查制度，可以客观公正地评判事件的过程，强化对行政执法活动的监督，特别是加强对违法行为的处理和追究。实际上，在行政执法领域，几乎每部法律、法规都有关于政府职责的规定。县级以上人民政府是行政执法工作的法定领导者与管理者。因此，凡是发生执法事件（特别是致人死亡的事件）都应当由事发地政府成立调查组，及时调查执法事件，发挥真正的领导、组织与监督作

---

〔1〕　石佑启、潘高峰："论区域经济一体化中政府合作的执法协调"，载《武汉大学学报（哲学社会科学版）》2014 年第 1 期。

用。因此，通过建立调查制度，强化内部问责无疑是治理暴力执法的一剂良方。在执法实践中，只要发生执法事件，经过媒体的追踪报道，引发了社会的广泛关注，就应当及时成立调查组。调查组作为各级人民政府或其授权、委托的相关部门临时组建的机构，专门负责对执法事件的调查和处理。调查组虽然具有临时性，但调查制度却应当常态化，调查组的成立、组成、基本职责等应当制度化。哪些执法事件应当成立调查组，这是建立执法事件调查制度的关键问题。结合执法实际，案件复杂、争议较大，引起社会公众广泛质疑的重大执法案件；可能存在野蛮执法、粗暴执法情形，导致行政相对人死亡的执法事件；执法涉及面广、可能影响社会稳定的执法案件；各级人民政府认为需要调查的其他案件等都应当作为法定的启动调查制度的情形。调查组的组成应当科学，保证多元化，这是保障调查结论具有社会公信力的前提。执法事件调查组应当由有关人民政府的法制机构、监察部门、负有监管责任的机关、新闻媒体等组成，并应当要求人民检察院派员参加。媒体参与可以保障调查的过程公正、透明。检察院派员参加，既可以提前介入、规范调查取证行为，还可以防止以行政责任规避刑事责任。为了发挥专业学者作用，调查组还应当聘请社会有关专家参与调查，增强调查制度的正当性。因此，人民政府、检察机关、新闻媒体、社会专家等的共同参与，最终促使调查人员能以认真负责的态度合法行使调查权限，依法追究法律责任。执法事件调查组应当履行下列职责：查明执法事件的经过、原因及结果；认定事件的责任；提出对事件的处理建议；总结事故教训，提出防范和整改措施；提交事件调查报告。调查组应当坚持科学严谨、实事求是、依法依规的原则，通过调查取证、检测鉴定、专家论证等方式，查明事件经过、原因，认定事件的性质和责任，提出相关责任人员的处理意见，并提出加强和改进执法工作的意见建议。从根本上讲，建立调查制度的目的是形成一份科学的调查报告，为公众提供一份还原真相的官方意见，为严格责任追究提供科学依据。因此，事件调查报告必须对收集的证据进行科学的论证，形成一个逻辑严密的结论，增强调查结论的公信力。

相较于省市而言，县乡两级则处于行政执法的第一线，是法律的忠实执行者。因此，在行政执法体制改革中，县乡两级的正确定位应当是集中执法与内部分权。在此基础上，应当加强如下工作，突出重点：首先，严格执法，树立执法权威。执法不力是中国行政执法的窘境。因此，社会大众对行政执法现状极度不满，对行政机关的执法能力产生怀疑，在某些领域，行政执法的威信受到了空前挑战。因此，县乡两级应当强化行政执法力度，集中、持久地进行日常执法。在此意义上，"行政执法既应当是持久战，又应当是歼灭战。其中，'持久战'代表了执法时间上的均衡，'歼灭战'代表了执法对象范围和执法力度上的均衡"。[1]其次，注重方式，推行复合性行政执法。复合性行政执法是指突破单一的命令强制执法，突出执法方式的多元化，注重当事人的利益表达。法律的刚性需要与执法的柔性相结合，实施人性化执法，做到刚柔相济。复合性行政执法的初衷就是要维护行政相对人的合法权益，维护公共秩序，创造安全安定的社会环境。"经过传统行政执法方式的再造，传统与新型之间实现了良性互动，形成了一个科学合理的复合行政执

---

〔1〕　胡宝岭："中国行政执法的被动性与功利性——行政执法信任危机根源及化解"，载《行政法学研究》2014年第2期。

法方式体系。这一体系至少包括三个基本层次。"[1]通过执法前信息系统，科学判断执法中可能遇到的问题，有效预防、规避潜在的风险；通过执法中的选择系统，注重执法方式的多元化，力求柔性中执法，避免执法的恣意和专横；通过执法后的反馈系统，客观评价执法的实际效果，及时发现问题和纠正错误，改进和提升执法水平。在此体系下，"权利保障是行政执法的出发点，协商性行政执法是行政执法主体基于法律法规和政策，尊重相对人意愿，采用非强制性方法，与公民、法人和其他组织相互协商互动，在合意的基础上，实现法律法规的目的"。[2]

最后，加强执法能力建设，注重培训与考核。"行政执法是将执法依据适用于具体事件的复杂过程，执法活动离不开具备相应能力的执法主体。不具有相应执法能力的执法主体，行政执法必将成为一句空话，法律也将成为摆设。法律的有效实施最终要落实到执法人员身上，因此，执法能力建设是基层执法的基础和关键。承担行政执法任务的执法主体如果没有执法能力，则在执法过程中必然乱象丛生，包括滥用权力、执法不作为等，依法行政也将绝无实现之可能。"[3]实践证明，"执法者并不是由执法系统所控制的、支配的机器，他们在执法过程中的行为不仅受到规则的影响，而且在很大程度上受到个体利益、个人价值与道德认同、个人经历、情感、实现感、甚至其他心理因素的影响"。[4]因此，必须通过强化培训，严格内部考核等方

---

〔1〕 戚浩飞：《治理视角下行政执法方式变革研究》，中国政法大学出版社2015 年版，第 171 页。

〔2〕 卢剑锋："试论协商性行政执法"，载《政治与法律》2010 年第 4 期。

〔3〕 王青斌："论执法保障与行政执法能力的提高"，载《行政法学研究》2012年第 1 期。

〔4〕 王锡锌："中国行政执法困境的个案解读"，载《法学研究》2005 年第 3 期。

式，建设一支纪律严明、作用过硬的执法队伍。"应本着'宁缺毋滥'的原则，发扬'壮士断臂'的精神，在建好上岗人员梯队的同时，对滥用职权，以及以权谋私的人及时、从严、从重地予以惩处。"[1]

第四节　行政执法体制改革的实践探讨

开发区是我国市级政府执法体制的重要组成部分，街道办事处（乡镇政府）则是区县行政体系的基础部分。改革开放以来，我国各地市级层面的开发区政府、区级层面的街道办事处、县级层面的乡镇政府管理体制经历了多次改革与调整，取得了明显的进步，但从全面推进依法治国、全面深化改革开放的角度看，当前开发区管委会、乡镇政府的行政执法体制仍然存在许多不合理、不顺畅的地方，这些因素的存在阻碍了行政执法体制的顺利推进。因此，全面深化行政执法体制改革，必须高度重视开发区政府、街道办事处、乡镇政府的行政执法体制改革。

一、开发区的行政执法体制改革

自 20 世纪 80 年代开始，我国开始出现各种经济技术开发区、高新技术开发区、科技园区等工业开发区，开发区的出现与发展成了我国体制改革的重要内容。开发区作为经济发展的强大引擎，在发展经济、对外开放方面发挥了重要作用。同样，开发区作为重要的政治制度，在体制机制方面发挥了明显的优

---

[1]　林勇："积极有效地推进城市管理综合执法改革"，载《地方政府管理》2001 年第 3 期。

势。"'小政府大社会'是开发区管理体制的传统优势。这些优势不能随开发区管理职能的扩张而弱化。"[1]"在改革开放中扮演先导角色的开发区,其管理体制的选择与组织架构的设计均呈现出过渡性的特点。这种过渡性首先表现为管理体制对于特定的时间节点、空间范围、内部资源以及外部机遇等诸多条件的一种高度依赖。"[2]"开发区是指在城市或其他有开发前景的区域,划出一定范围,经政府科学规划论证和严格审批,实行特殊体制和特殊政策的开放开发区域。"[3]经过这些年的探索与实践,开发区形成了具有代表性的管委会模式、政区型模式和企业法人型模式等。管委会模式是指设立管理委员会,作为政府的派出机构,通过政府授权,行使相关管理与服务职能。开发区管委会是对开发区进行管理的专门机构。但是,在涉及开发区的相关批复文件中并不包括开发区管委会的设立内容。因此,对开发区的批准并不意味着对开发区管委会的批准。故管委会模式只是开发区的一种模式而已。政区型模式则是把开发区单独变成行政区,或与所在的行政区管理合一,按照一级行政区来管理的模式。企业法人型模式则是通过设立一个企业法人来规划、开发、经营一个开发区,当然,企业法人一般是国有或合营公司,由地方政府负责组建。目前,我国尚无关于开发区的统一立法,对于开发区(特别是开发区管理委员会)如何定位尚缺乏统一规范。因此,"开发区管理委员会在行使职

---

〔1〕 钱振明:"城镇化发展过程中的开发区管理体制改革:问题与对策",载《中国行政管理》2016 年第 6 期。

〔2〕 胡彬:"开发区管理体制的过渡性与变革问题研究——以管委会模式为例",载《外国经济与管理》2014 年第 1 期。

〔3〕 参见黄邦嘉:《欧洲科技工业园区考察报告》,中国市场出版社 2004 年版,第 115~120 页。

权、履行职责的时候仍然存在着诸多问题，如无权与滥用职权的情况并存；权限冲突，关系不顺；社会管理与服务职能日益加重，开发区管理委员会不堪重负；等等"。[1]应在全面深化改革、深入推进综合执法的背景下，改革开发区管理体制，重理开发区管理职能。"管委会也应当随着任务和职能的变化而开展组织变革，从而实现管委会职能与组织之间的动态平衡，更好地适应开发区发展的需要。"[2]因此，如何结合各地实际推进行政执法体制改革成了现实的问题。

湖北省有几百个开发区，根据批准设立机关的不同分为国家级、省级和省级以下经济技术开发区和高新技术产业开发区。国家级开发区是指由国务院批准在城市规划区内设立的经济技术开发区、保税区、高新技术产业开发区、国家旅游度假区等实行国家特定优惠政策的各类开发区。其中，国家级经济技术开发区有 7 个，国家级高新技术产业开发区有 5 个。省级开发区是指由省人民政府批准设立的开发区、工业园区、产业园区等各类开发区。目前，省级开发区有近 150 个。省级以下开发区数目较多。在国家级开发区之中，实施管委会模式的有东湖高新技术经济开发区。1991 年，东湖高新区被国务院批准为首批国家级高新技术产业开发区。2009 年 12 月，国务院批复同意支持东湖高新区建设国家自主创新示范区，要求东湖高新区发挥科教与人才资源优势，创新体制机制，推动、激励自主创新政策先行先试。根据 1994 年颁布的《武汉东湖新技术开发区条例》的规定，东湖高新开发区属于非行政区域，地处东湖、关

---

〔1〕　钟芳："开发区管理委员会的主体地位研究"，载《海南大学学报（人文社会科学版）》2007 年第 4 期。

〔2〕　翟磊："开发区管委会职能与组织的动态平衡研究——以天津经济技术开发区为例"，载《南开学报（哲学社会科学版）》2015 年第 6 期。

山一带，涉及的行政区有武昌区、洪山区、江夏区等。武汉市人民政府设立开发区管委会，开发区管委会代表市政府行使相关职权，对开发区进行统一管理。因此，开发区管委会不是一级行政执法主体，不具备相应的法律地位。"在实际运行中，管委会模式对于授权体制的依赖，已转化为了中央政府和地方政府之间围绕授权内容的博弈循环。"[1] "由于缺少行政执法的主体资格，不能建立强有力的行政执法体系，使开发区管委会无法在环境建设、减少行政审批、提高办事效率、保护企业合法权益等方面难以发挥其应有的作用。"[2] 随着开发区职能的扩张，不仅从事区域开发和招商引资，而且需要进行管理与服务，原有的职能定位需要变革。"一方面需要行使大量的行政职权；另一方面却因其没有合法的权力来源，行使权力的范围、程序也就没有法律的依据和保障。"[3] 根据 2015 年颁布的《东湖国家自主创新示范区条例》的规定，武汉东湖新技术开发区管委会行使武汉市人民政府相应的行政管理权限，承担相应的法律责任。因此，管委会的法律地位得以明确，成了法律法规授权主体。管委会具备行政主体资格，能够独立承担相应的法律责任。"开发区管理委员会法律地位及其相关问题的解决，最终需要法律来保障。"[4] 在此架构下，武汉东湖新技术开发区管委会的内设机构有企业服务局、建设管理局、国土资源和规划局、

---

〔1〕 胡彬："开发区管理体制的过渡性与变革问题研究——以管委会模式为例"，载《外国经济与管理》2014 年第 1 期。

〔2〕 张志胜："国内开发区管理体制：困顿及创新"，载《经济问题探索》2009年第 4 期。

〔3〕 钟芳："开发区管理委员会的主体地位研究"，载《海南大学学报（人文社会科学版）》2007 年第 4 期。

〔4〕 潘波："开发区管理委员会的法律地位"，载《行政法学研究》2006 年第 1 期。

市场监管局等 16 个相应的职能部门。因此，规范、有序地推进开发区行政执法体制改革，需要结合开发区的职责定位，强化集中执法权。"上级政府应结合实际需要，适当下放若干权力交由开发区管理委员会行使，在外资项目的审批、行政综合执法体制改革等方面赋予开发区管理委员会更灵活的政策。赋予其在行政管理体制改革和创新方面更多的试验权，允许其在不违反上位法规定的前提下大胆进行试验。"〔1〕"目前开发区单一的管委会管理模式在一些地方已基本完成其过渡性使命，需要对新形势下开发区管理体制进行新的顶层设计。可借鉴上海浦东、天津滨海、青岛西海岸等国家级新区的做法，在避免向旧体制回归和具备条件的前提下，研究提出'行政区+功能区'相结合的管理体制，为开发区创新驱动和转型升级，开辟发展新路，提供体制保障。"〔2〕在国家级开发区之中，政区型模式有武汉经济技术开发区。"目前，在前 20 个国家级开发区中已经有 7、8 个基本走向了开发区和行政区合一的模式，广州、北京、苏州工业园区和上海漕河泾等 4 个开发区实现了开发区与高新区的合一。这预示着随着开发区规模的不断壮大，原有体制机制必须不断调整以适应新的发展阶段，开发区和行政区合一，工业园区和科技园区融合等是开发区可持续发展的大趋势。"〔3〕

　　武汉经济技术开发区于 1993 年 4 月被国务院批准为国家级经济技术开发区。它是经济功能区与行政区（即汉南区）的管

---

〔1〕　潘波："开发区管理委员会的法律地位"，载《行政法学研究》2006 年第 1 期。

〔2〕　张俊："改革创新行政体制机制再造开发区发展新优势"，载《中国行政管理》2016 年第 1 期。

〔3〕　周阳、刘磊珂："武汉经济技术开发区发展的历史方位与战略任务"，载《学习与实践》2011 年第 8 期。

理合一，开发区的功能优势与行政区的自然优势结合，开发区的行政管理体制与行政区的基本一致。武汉经济技术开发区的行政执法机关相对比较健全，设有教育局、国土资源和规划局、城乡建设局等 17 个政府职能部门。"当前，开发区以优惠政策为主的综合性区位优势趋于失落，现有体制机制和管理模式与实际上形成的行政区管辖架构和功能越来越难以适应，在坚持管委会体制的前提下，如何有效地履行政府职能，成为全国开发区面临的共同难题。在共同难题之下，武汉开发区也存在深化发展、转型发展的阶段性困境。"〔1〕"因此，如何继续保持原有的'小政府、大社会、大服务'的开发效率，就成为这类开发区管理者必须思考的问题。"〔2〕政区型模式与县级政府的基本架构相似，因此可以参照县级行政执法体制改革的路径进行，即在开发区内统一设置开发区行政服务与综合执法局。

开发区探索行政执法体制改革的理想模式是"一个园区一支队伍"。在江苏省苏州市工业园区，就是采用"一个园区一支队伍"。该园区是全国首个数字城市建设示范区、首批国家智慧城市试点、国家级开发区信息化工作先进单位、智慧开发区建设领先区。早在 2009 年，该园区就启用了数字城管一期项目，初步建设了统一、有效的数字城管模式，探索数字执法系统建设。2015 年，国务院批准苏州工业园区开展开放创新综合试验。同年 9 月，江苏省政府下发《关于开展综合行政执法体制改革试点工作的指导意见》，鼓励苏州工业园区开展跨部门、跨行业的综合执法试点。按照国家和省、市的要求，园区工委、管委

〔1〕 周阳、刘磊珂："武汉经济技术开发区发展的历史方位与战略任务"，载《学习与实践》2011 年第 8 期。
〔2〕 张志胜："国内开发区管理体制：困顿及创新"，载《经济问题探索》2009 年第 4 期。

会积极改革创新行政执法体制，整合执法资源，优化机构设置，新组建了苏州工业园区综合行政执法局，负责开展园区市容、市政、规划、建设、水政、绿化、安监、渔政、国土、城镇燃气及相关市政管网等领域的综合行政执法工作，行使上述领域的相对集中行政处罚权。2016 年 3 月，苏州工业园区综合行政执法局正式挂牌成立，同时挂城市管理局、安全生产监督管理局牌子。综合行政执法局，统一行使市容市政、环境卫生、园林绿化、建设规划、交通水利、国土资源、安全生产等领域的执法职责。其中行政处罚权 1467 项，其他权力 42 项。综合行政执法局下设三个下属机构，分别为城市管理综合执法大队、安全生产监察大队和基层综合执法大队。城市管理综合执法大队负责功能区及社工委区域内（包括各社区）的市容市政、规划建设、园林绿化等综合执法工作，负责园区金鸡湖、独墅湖以及娄江等除阳澄湖水域以外水域的水政水务及其相关综合执法工作。安全生产监察大队负责功能区及社工委区域内的安全生产、国土资源、城镇燃气及相关市政管网等的日常监管及综合执法工作（各功能区及社工委按照属地管理职能继续承担安全生产等日常监管工作）。基层综合执法大队负责四个街道的市容市政、规划建设、园林绿化、安全生产、国土资源、城镇燃气及相关市政管网等日常监管及综合执法工作，协同环境监察大队开展街道环境监管及执法工作，负责承担阳澄湖水域园区片的综合执法等工作。同时，将工商部门、质监部门、食品药品监督部门、物价部门整合成市场监督管理局，并相对集中旅游、文化、卫生、教育、商务等部门的行政处罚权，统一承担 1008 项行政处罚权。在市场监督管理局之下设立 4 个稽查大队和 5 个分局，将行政执法力量下移至基层。

二、街道办事处的行政执法体制改革

城市街道办事处是城市地方政府的派出工作机构，是城市管理中的一种传统制度。之所以说传统，是根基于 1954 年全国人大常委会通过的《城市街道办事处组织条例》。当时，街道办事处是市辖区或不设区的市的人民委员会的派出机关。改革开放以来，街道办事处承载了大量的管理职能，是各级政府履行职能的一种重要依托，是政府权力的末梢。特别是近些年来，街道办事处几乎涵盖了一级政府所具有的所有行政管理职能，包括市场管理、园林绿化、民政福利、治安司法、卫生计生、劳动管理等。"它与区政府几乎所有部门都存在对接关系，远远超出了派出机关的职能范围和承载能力。"〔1〕当前，中国设区的城市普遍实行"两级政府、三级行政、四级落实"的管理体制。在城市的区级政府之下设置街道办事处作为派出机构，依托社区居委会的协助开展各种管理工作。但是，街道办事处在宪法上并没有明确规定，不具备独立的行政执法主体资格，履行职责的权力缺乏实定法依据。尽管如此，从规范的视角梳理，街道办事处却是相关法律规范的重要主体，大量规定散见于法律中，具体情况如表 6-1 所示。

---

〔1〕 杨宏山："街道办事处改革：问题、路向及制度条件"，载《南京社会科学》2012 年第 4 期。

表 6-1　街道办事处执法权限概况

执法事项	具体规定内容	法律渊源
综合职权	第21条　国家发展医疗卫生事业，发展现代医药和我国传统医药，鼓励和支持农村集体经济组织、国家企业事业组织和街道组织举办各种医疗卫生设施，开展群众性的卫生活动，保护人民健康。	宪法
综合职权	第68条　市辖区、不设区的市的人民政府，经上一级人民政府批准，可以设立若干街道办事处，作为它的派出机关。	地方各级人民代表大会和地方各级人民政府组织法
社会治理	第33条　吸毒成瘾人员，公安机关可以责令其接受社区戒毒，同时通知吸毒人员户籍所在地或者现居住地的城市街道办事处、乡镇人民政府。社区戒毒的期限为三年。 第34条　城市街道办事处、乡镇人民政府负责社区戒毒工作。城市街道办事处、乡镇人民政府可以指定有关基层组织，根据戒毒人员本人和家庭情况，与戒毒人员签订社区戒毒协议，落实有针对性的社区戒毒措施。公安机关和司法行政、卫生行政、民政等部门应当对社区戒毒工作提供指导和协助。 城市街道办事处、乡镇人民政府，以及县级人民政府劳动行政部门对无职业且缺乏就业能力的戒毒人员，应当提供必要的职业技能培训、就业指导和就业援助。	禁毒法
社会治理	第21条　县级人民政府及其有关部门、乡级人民政府、街道办事处、居民委员会、村民委员会应当及时调解处理可能引发社会安全事件的矛盾纠纷。 第29条　县级人民政府及其有关部门、乡	突发事件应对法

续表

执法事项	具体规定内容	法律渊源
	级人民政府、街道办事处应当组织开展应急知识的宣传普及活动和必要的应急演练。	
社会治理	第10条乡、民族乡、镇的人民政府和城市街道办事处负责本管辖区域内的人口与计划生育工作，贯彻落实人口与计划生育实施方案。	人口与计划生育法
社会治理	第39条乡、民族乡、镇、街道和企业事业单位建立民兵组织。	兵役法
社会治理	第32条乡镇人民政府、城市街道办事处应当指导、支持和帮助村民委员会、居民委员会开展群众性的消防工作。	消防法

　　"中央层面，至少有10部法律、20部余行政法规以及30余部国务院部门规章与街道办事处相关……但这些大都规定要求街道办事处承担某项职能。地方层面，各地法规文件规定了街道办事处'行使基层政权的部分权力'。"[1] "因此，街道办事处的改革必须在对其职责进行科学、合理定位的基础上，分别从政府内部管理体制和社区建设入手，既要理顺街道办事处作为行政组织或政府权力末端与市、区政府及其职能部门间的关系，又要理顺街道办事处作为社区组织或神经末端与居民委员会等社区组织的关系。"[2]

　　街道办事处综合执法的实践比较早，深圳市堪称执法体制改革的先锋城市。早在 2006 年 4 月，深圳市龙岗区的三个街道办事处就开展了综合执法活动。当时是将街道办事处作为区城市管理局的派出机构，综合行使相关的处罚权，以区城市管理局的名义进行执法。随后，深圳市罗湖区也开展了街道综合执法工作。"清水河街道周密部署，成立了由'巡查、办案、后援'三个分队组成的'综合执法队'。"[1]2006 年 12 月，深圳市政府专门研究全面推进街道综合执法工作，并出台了《深圳市人民政府关于全面推进街道综合执法工作的决定》，在总结龙华、布吉等六个街道办开展城市管理综合执法试点工作的基础上，在全市范围内推行街道综合执法，创新街道执法体制，实现执法重心下移。街道综合执法的范围包括市容环境卫生、规划和国土管理的部分处罚权以及在龙华、布吉六街道试点时增加的计生、劳动、建设、燃气、质监等 21 项综合执法事项。2007 年 3 月，深圳市各区全面启动街道综合执法。2009 年，随着深圳综合配套改革的推行，深圳市又开展了新一轮的大部制改革。2013 年，特别是党的十八届三中全会以来，深化行政执法体制改革成了重大的改革任务，各地积极推进街道办事处综合执法体制改革。2013 年 9 月，山东省胶州市开始在街道（镇）开展综合执法试点探索，在阜安街道、三里河街道、胶莱镇、胶西镇等 8 个镇办，试点两个"6+1"模式的综合执法试点，胶州市在机构编制暂时不变的情况下，以联合执法模式为主，集中分散的执法人员，组建一支 30 人左右的综合执法中队。中队实行市、镇双重管理体制，以镇街管理为主，执法行动由镇街统一部署，业务接受主管部门的指导与监督。对城镇管理、土

---

〔1〕 戴晓蓉："罗湖清水河街道综合执法进社区"，载《深圳特区报》2007 年 3 月 15 日。

地管理、环境保护、安全生产等 7 个领域的执法权限进行有效整合，按照网格化管理的要求，建立分队巡查、管区监控、社区报送信息动态的三级网格化巡查监管机制。2014 年 1 月，浙江省政府批复浙江省嘉善县域科学发展综合配套改革总体方案，其中重要一项为综合执法改革。同年 5 月，浙江省政府办公厅印发《关于在嘉兴市、舟山市全面开展综合行政执法试点工作的通知》，决定在两市及其所属（市、区）全面开展综合行政执法试点工作，明确嘉善综合行政执法的范围可以比嘉兴、舟山更进一步。实际上，嘉善县成了浙江省综合行政执法改革授权范围最广的县。通过对 17 个部门 26 个方面的 1073 项职权进行整合，嘉善县在街道（乡镇）统一设立综合行政执法分局（中队），将执法的触角延伸至社区与农村，有效地解决了街道（乡镇）执法中存在的监管真空等问题。同年，天津在滨海新区 18 个街镇组建综合执法大队，授予执法权限，开始以街道办事处的名义独立执法。同年 8 月，天津市人民政府颁布《天津市街道综合执法暂行办法》，并于 10 月 1 日起施行。天津市通过政府规章的形式，以立法方式解决了长期困扰街道办事处执法无名、执法无权的尴尬。首先，以立法明确执法的主体资格，街道办事处作为区县人民政府的派出机关，独立履行执法权限，承担执法责任。其次，以立法明确执法的权限，街道办事处集中行使城市管理、水务管理、卫生行政管理等 13 个方面的处罚权和相关的检查权等。

武汉市的六角亭街道办事处自 2015 年开始创新综合执法体制，借助互联网，打造网格管理平台。截至 2017 年 5 月，经权力下放，六角亭街道办事处有行政审批事项 86 项、行政处罚事项 350 项。面对众多的执法事项，六角亭街道办事处将互联网+

法治思维进行融合创新，积极打造"两个中心"建设。一是建立互联网+政务服务中心建设。2016 年 12 月 12 日，六角亭街道办事处政务服务中心正式上线运行，将简政放权中下放的 86 项行政审批事项通过政务平台统一办理，实现"一号申请、一窗受理、一网通办"的网上办理。二是建立互联网+网格执法管理指挥中心。2016 年 12 月，六角亭街道办事处网格化综合执法管理指挥中心建设完成，将街道办事处分成 75 个网格，将辖区 198 个监控探头整合成执法信息平台，每个网格配备一名网格员，全面收集网格区域内的综合执法信息，实时监控、发现违法行为。通过手持移动终端巡查以及上级平台转办案件，实现综合执法全覆盖。

三、乡镇政府的行政执法体制改革

乡镇政府是直接面对人民群众的最基层政府，上联国家，下接乡村，在推进基层经济发展、维护人民群众权益、提供社会服务等方面担负着重要的使命。因此，强化乡镇政府的职责是执法为民、为人民服务的本质要求。《宪法》明确规定，乡、民族乡、镇的人民政府执行本级人民代表大会的决议和上级国家行政机关的决定和命令，管理本行政区域内的行政工作。然而，从实际情况来看，乡镇政府的事务非常繁杂，但其行政权能却在不断弱化。"乡镇政府行政权能不足，不仅直接影响乡镇政府全面正确地履行法定职能，同时也在很大程度上妨碍了乡镇政府行政法治化的发展进程。因此，在深化乡镇行政体制改革，全面推进乡镇政府依法行政的过程中，应当根据权责统一的基本原则合理调整乡镇政府的权责配置，切实增强乡镇政府的行政权能。"[1]

从规范的视角来看，乡镇政府是法律规范的重要内容，相关规定大量散见于法律与行政法规之中。

表6-2　乡镇政府执法权限概况

执法事项	具体规定内容	法律渊源
综合职权	第107条　乡、民族乡、镇的人民政府执行本级人民代表大会的决议和上级国家行政机关的决定和命令，管理本行政区域内的行政工作。	宪法
	第61条　乡、民族乡、镇的人民政府行使下列职权： （一）执行本级人民代表大会的决议和上级国家行政机关的决定和命令，发布决定和命令； （二）执行本行政区域内的经济和社会发展计划、预算，管理本行政区域内的经济、教育、科学、文化、卫生、体育事业和财政、民政、公安、司法行政、计划生育等行政工作； （三）保护社会主义的全民所有的财产和劳动群众集体所有的财产，保护公民私人所有的合法财产，维护社会秩序，保障公民的人身权利、民主权利和其他权利； （四）保护各种经济组织的合法权益； （五）保障少数民族的权利和尊重少数民族的风俗习惯； （六）保障宪法和法律赋予妇女的男女平等、同工同酬和婚姻自由等各项权利； （七）办理上级人民政府交办的其他事项。	地方各级人民代表大会和地方各级人民政府组织法

---

〔1〕　易凤兰、姚锐敏：《和谐社会视角下乡镇政府行政法治化问题研究》，中国社会科学出版社2014年版，第255页。

执法事项	具体规定内容	法律渊源
社会治理	第14条　单位之间的争议，由县级以上人民政府处理；个人之间、个人与单位之间的争议，由乡级人民政府或者县级以上人民政府处理。 第61条　乡（镇）村公共设施、公益事业建设，需要使用土地的，经乡（镇）人民政府审核，向县级以上地方人民政府自然资源主管部门提出申请。土地管理法 第62条　农村村民住宅用地，由乡（镇）人民政府审核批准；其中，涉及占用农用地的，依照本法第四十四条的规定办理审批手续。	土地管理法
	第95条　违反本法第七十三条第二款规定，强迫农民以资代劳的，由乡（镇）人民政府责令改正，并退还违法收取的资金。	农业法
	第9条　国务院林业主管部门主管全国林业工作。县级以上地方人民政府林业主管部门，主管本行政区域的林业工作。乡镇人民政府可以确定相关机构或者设置专职、兼职人员承担林业相关工作。 第22条　个人之间、个人与单位之间发生的林木所有权和林地使用权争议，由乡镇人民政府或者县级以上人民政府依法处理。 第56条　农村居民采伐自留山和个人承包集体的林木，由县级林业主管部门或者其委托的乡、镇人民政府依照有关规定审核发放采伐许可证。	森林法
	第32条　乡镇人民政府、城市街道办事处应当指导、支持和帮助村民委员会、居民委员会开展群众性的消防工作。村民委员	消防法

续表

执法事项	具体规定内容	法律渊源
社会治理	会、居民委员会应当确定消防安全管理人，组织制定防火安全公约，进行防火安全检查。 第36条　乡镇人民政府应当根据当地经济发展和消防工作的需要，建立专职消防队、志愿消防队，承担火灾扑救工作。	消防法
	第8条　乡、民族乡、镇人民政府负责本行政区域内的乡道的建设和养护工作。 第14条　乡道规划由县级人民政府交通主管部门协助乡、民族乡、镇人民政府编制，报县级人民政府批准。 第37条　县、乡级人民政府对公路养护需要的挖砂、采石、取土以及取水，应当给予支持和协助。 第38条　县、乡级人民政府应当在农村义务工的范围内，按照国家有关规定组织公路两侧的农村居民履行为公路建设和养护提供劳务的义务。	公路法
	第33条　县级、乡级人民政府应当提高农村环境保护公共服务水平，推动农村环境综合整治。 第51条　各级人民政府应当统筹城乡建设污水处理设施及配套管网，固体废物的收集、运输和处置等环境卫生设施，危险废物集中处置设施、场所以及其他环境保护公共设施，并保障其正常运行。	环境保护法
	第12条　乡（镇）人民政府应当依照本条例第九条的规定，在其职责范围内确定主动公开的政府信息的具体内容，并重点公开下列政府信息： （一）贯彻落实国家关于农村工作政策的情况；	信息公开条例（已修改）

执法事项	具体规定内容	法律渊源
社会治理	（二）财政收支、各类专项资金的管理和使用情况； （三）乡（镇）土地利用总体规划、宅基地使用的审核情况； （四）征收或者征用土地、房屋拆迁及其补偿、补助费用的发放、使用情况； （五）乡（镇）的债权债务、筹资筹劳情况； （六）抢险救灾、优抚、救济、社会捐助等款物的发放情况； （七）乡镇集体企业及其他乡镇经济实体承包、租赁、拍卖等情况； （八）执行计划生育政策的情况。	信息公开条例（已修改）
	第6条　县级以上人民政府应当设立信访工作机构；县级以上人民政府工作部门及乡、镇人民政府应当按照有利工作、方便信访人的原则，确定负责信访工作的机构（以下简称信访工作机构）或者人员，具体负责信访工作。 第10条　设区的市级、县级人民政府及其工作部门，乡、镇人民政府应当建立行政机关负责人信访接待日制度，由行政机关负责人协调处理信访事项。信访人可以在公布的接待日和接待地点向有关行政机关负责人当面反映信访事项。	信访条例

通过上表的梳理，乡镇政府职权呈现出以下几个特点：第一，乡镇政府的职权涉及领域比较广泛，涵盖了农村社会的方方面面。第二，乡镇政府的行为种类繁多。"乡镇政府行政行为既有抽象行政行为，更有具体行政行为，既有依申请行政行为（行政确认、行政许可），也有依职权行政行为（行政征收、行

政征购等）；既有单方行政行为（行政命令、行政处罚等），也以双方行政行为（行政合同）；既有强制性行政行为（行政命令、行政处罚等），更有柔性行政行为（行政指导、行政合同、行政奖励、行政扶助）。"[1]第三，乡镇政府职权的权限非常有限，而且大多是辅助性的行为。比如，根据《公路法》的规定，乡级人民政府对公路养护需要的挖砂、采石、取土以及取水，应当给予支持和协助。何为支持和协助，从文本上解释至少可以这样理解，即其他行政主体在从事相关行为（比如挖砂、采石）时，乡级人民政府应当予以配合与协助。很显然，这是一种辅助性、协助性的行为。从行为关系的视角分析，至少存在一个主行为和一个辅行为。乡镇人民政府承担的大多是辅行为。

从现行法律规定来看，行政执法的权限基本上是授予县级以上人民政府及其部门，除《城乡规划法》的规定之外，乡镇人民政府处于无执法主体的状态。实践中，特别是在改革的早期，在现有的法律规范范围内，很多地方采取的是委托行政执法模式。即乡镇人民政府接受县级人民政府各职能部门的委托，在委托权限和范围内以委托机关的名义行使行政检查和处罚等职能。这种方式完全符合法律的规定，但过于保守，只是原有执法的一种改良。因此，从当前的现状分析，还有一种简单易行的方式是在乡镇一级统一设置综合执法平台，由县（区）级人民政府派驻执法机构，以县（区）人民政府的名义进行统一执法。浙江省在推进综合行政执法的过程中，在乡镇设立综合行政执法中队，作为县级综合行政执法局的派出机构，重点解决乡镇执法力量薄弱的难题。"义乌市 14 个乡镇（街道）均设

---

[1] 易凤兰、姚锐敏：《和谐社会视角下乡镇政府行政法治化问题研究》，中国社会科学出版社 2014 年版，第 149 页。

置综合行政执法队伍，全市综合行政执法队伍 87.4% 的力量配置在镇街，95% 的执法用车供一线执法队伍使用。"〔1〕当然，理想的做法是，结合简政放权的实际，直接放权于乡镇人民政府，由乡镇人民政府设立统一的执法机构或办公室，以乡镇人民政府的名义直接执法。"乡镇政府处于中国政府体系的末端，它承担着农村绝大多数行政事务，在维护农村社会治安、农村基础设施建设、改善农村环境、贫困帮扶、农村精神文明建设等方面发挥着重要作用。"〔2〕这种做法在实践中已经成型，比如天津的滨海新区街镇执法。相较于第一种保守的做法，此种方式具有以下特点：首先，赋予乡镇人民政府执法权限，既具有宪法规定，又契合当下放权的形势。根据《宪法》第 95 条的规定，乡镇人民政府是地方政府的重要组成部分，具有宪法上的主体地位。"作为一级政权，乡镇的机构设置和法定职权应具备完整性和相应的自主性。但乡镇政权在实际运作中，其很多职能部门都只是上级政府职能部门在乡镇设立的派出机构。"〔3〕因此，乡镇人民政府理应成为独立的行政执法主体，应当具有独立的行政执法权限。特别是在简政放权的背景下，放权于地方，还权于乡镇，扩大乡镇政府的行政执法权，成了基层的强烈呼唤，也是发挥基层治理的制度保障。乡镇政府直接承担的执法职责有：重点关注与群众密切相关的公共治安、防病减灾、环境治理、公共卫生、基础服务、义务教育等方面。其次，实行乡镇

〔1〕　浙江省编办："以综合行政执法为突破口切实加强事中事后监管——浙江省全面推进综合行政执法改革"，载《中国机构改革与管理》2016 年第 5 期。

〔2〕　任宝玉："乡镇治理转型与服务型乡镇政府建设"，载《政治学研究》2014 年第 6 期。

〔3〕　肖文涛、黄保成："我国乡镇政府职能履行面临的问题及对策研究"，载《中国行政管理》2006 年第 3 期。

人民政府统一执法，回应了行政的现实需要。在行政实践中，由于执法权限与执法机构仅仅设置于县级及以上，因此乡镇一级出现了执法真空地带。一些事关人民群众的重要权益、社会关注的焦点问题，比如环保执法、卫生监管、食品药品监督等领域处于盲区，存在重大的社会隐患，亟须强化乡镇执法。在行政实践中，已经形成了具有地方特色的乡镇执法模式。自2008年开始，天津市便开始在东丽区华明示范镇组建综合执法队伍。2013年，天津市扩大范围，选择15个街镇开展行政执法授权试点，实行"一支队伍管全部"的基层综合执法模式，向街镇授予相应的执法权。2014年8月，天津市滨海新区率先在18个街镇成立综合执法大队，相对集中行使了近300项行政处罚与行政强制权，实现了街镇综合执法的整合统一。"滨海新区'一支队伍管全部'的基本思路是，授权街道办事处和镇政府为独立的执法主体，相对集中行使行政处罚权，主要涉及城市管理、水务管理、卫生行政管理、劳动保障、环境保护、殡葬管理、房屋安全管理、公安消防安全管理、商务管理、文化、安全生产监督管理等。"[1] 最后，乡镇政府直接执法，既要求立法先行，又必须合理设计。为确保乡镇执法的合法性，需要出台专门的规定。天津市政府专门出台了《天津市街道综合执法暂行办法》，专门规范综合执法的权源、程序与机制等。为了保障执法队伍建设，天津市把原先分散在各执法部门的1000名执法人员和辅助人员全部划入综合执法大队。"县级有关部门要进一步下放权力，所有驻乡镇的机构在人、权、事上均按照乡镇

---

〔1〕 王斗斗："天津市滨海新区18个街镇组建综合执法大队：街镇综合执法一支队伍管全部"，载《法制日报》2014年8月8日。

管理，有关部门配合指导的原则进行改革。"[1]为了加强执法规范，天津市建立了统一的行政执法监督平台，对执法实施全程监督。

综上所述，乡镇人民政府统一执法的事项至少涉及如下方面：（1）社会服务事项（包括农村低保的办理、农民宅基地所有权、承包权之规范、公益及困难救助、邻里纠纷调解等）；（2）教育文化及体育发展事项（包括义务教育的普及与提高、教育、体育与文化机构之设置与管理、礼仪民俗之传承与发展、农村整体教育的提升等）；（3）环境卫生事项（主要包括垃圾的清除与处理、农村卫生之改善、医疗设施及安全等）；（4）交通及公共安全事项（包括道路基础建设及管理、农村交通安全之管理等）；（5）其他依法管理之事项。

---

[1]　肖文涛、黄保成："我国乡镇政府职能履行面临的问题及对策研究"，载《中国行政管理》2006年第3期。

结语——挑战与机遇

改革开放以来，我国的行政执法体制进行了局部的创新与改革，取得了一定的成绩。但是，总体而言，行政执法体制"创新目标和方向、行政权力配置结构、行政机关设置、行政管理运行机制、政府管理方式等方面仍存在明显不足，特别是运用法治思维深化改革、推动发展、促进创新的能力还有待进一步提升"。[1]当下，中国正处于社会转型、全面深化改革的新时期。"行政体制的改革过程，在一定程度上也是一个制度试错过程。"[2]现阶段改革的复杂性、风险性和艰巨性前所未有。一方面，改革创新没有现成的经验可资借鉴和利用，必须依赖自我挖掘、摸索和总结。任何一种理论与实践都有其适用的土壤，脱离特定的地域与土壤盲目移植某一理论与做法必然会造成水土不服的结果。"西方的所有理论都是在其政治经济和文化土壤上发育而成的，例如治理理论和新公共管理等，发达的公民社会、较为完善的市场经济和系统的宪政制度等都是不可或缺的

---

〔1〕 史凤林："行政管理体制创新的法治困境与维度"，载《行政法学研究》2015年第5期。

〔2〕 罗豪才："社会转型中的我国行政法制"，载《国家行政学院学报》2013年第1期。

外部条件。对于这些理论来说，在中国地方政府创新过程中，要善于扬弃，更多地应该是在机制和操作层面的某些方面加以谨慎的运用。"[1]另一方面，改革创新必须保持正确的方向，必须在法治框架内运用法治思维推进改革。因此，行政执法体制改革处于新的历史时期，具有新的法治要求。同时，改革是利益重新分配和调整的过程，必然会面临许多阻力与障碍。执法权配置本身就是一个利益重新分配的过程，势必会涉及权力和利益的重组与博弈。因为改革必然会使一部分人获益，而使另一部分人的利益受损。特别是在行政执法体制改革过程中，一些部门的权力可能会扩大，而另一些部门的权力则可能会显著缩小。"换言之，行政组织重组涉及政治利益的磋商和交易，机关的内部结构及其地位之定位，往往影响了一定的政治利益及互动关系，需要作某种程度的政治考量。行政机关之所以要重组，因其所处的实际利益有了变化，行政机关在维护、控制、争取这些政治利益，其组织形态瓜了其胜利的利益成果，亦运用其组织结构巩固、维护其既得利益，并进而在未来争取更多的利益。显然，组织重组是政治问题，而不是单纯的行政问题，重组的过程必须容纳许多不同的政治性考虑，包括政治性的争议、协商、妥协与整合，并且需要充分反映所处的政治环境和政治生态、利益的现况。"[2]根据理性经济人理论，利益受损的部门必然会基于出维护自身的利益，通过游说等非正常方式向改革方案设计部门力陈本部门不能撤销或者某项职能不能被划转的理由，尽量避免被"改革"。"各职能部门之间为了能够获

---

〔1〕 沈荣华、钟伟军：《中国地方政府体制创新路径研究》，中国社会科学出版社 2009 年版，第 257 页。

〔2〕 连宏华："组织重组理论之探讨"，载《中国行政评论》1999 年第 3 期。

得更多的组织资源，如资金、编制等而互相博弈。比如在每次机构改革中，各个职能部门之间、各个职能部门与机构编制部门之间都会围绕编制的数量展开一系列博弈。"[1]

从客观上分析，行政执法体制改革最终使执法权限在横向上得到集中，化解了执法权限分散的窘境。正如任何事物都有正反面一样，权力的集中也是一把"双刃剑"。因此，在行政权相对更加强大的情况下，必须正视执法权的正当行使问题，如何有效地保障行政相对人的权益成了一个现实的课题。大部制改革在整合多个职能部门、增强大管理部门职能的同时，其执法权限也大大扩张。集中的权力如果缺乏有效的制度监督和制约，势必会产生改革的负面效应，那么职能部门虽然规模越来越大，但其服务职能不一定会得到提升，官僚主义反而可能更易泛滥，公权力腐败的负面影响可能会更大。在法治建设尚不完善的社会背景下，为防止大部门政府公权力失去制约、产生更严重的权力腐败，就必须从加强法治建设入手。大部制改革后的权力制约和制度防腐需要强化多重制度监督，从而全面推进政治体制改革。现在的行政管理权力监督，基本上还是行政机关内部监督，包括审计部门、监察部门对行政部门的监督都是不同的行政权的内部监督。大部制改革后，为了使权力更加集中的大部门受到有效监督，必须设立多重监督机制，除了内部监督，还需要外部监督，即需要全方位的监督，尤其是加强人大的权力监督、人民检察院的法律监督、补救型的法院审判监督、民众和媒体的监督、执政党和参政党的监督等。制约和监督大部门政府的公权力，可能是比大部制改革本身更加艰巨

---

〔1〕 高轩、朱满良："我国政府部门间关系的探讨"，载《四川行政学院学报》2010 年第 1 期。

的法治建设任务。"应加强行政相对人对行政行为，特别是政府决策行为的民主参与，强化公开、公正、公平原则及其相关制度。"〔1〕因此，行政体制改革必须要求进一步深化法治建设和政治体制全面改革，也必然会有力地推进法治建设和政治体制的全面改革。行政执法体制改革不仅奠定了行政管理体制的基础性条件，行政管理体制的发展也反过来有效促进了行政执法体制的创新。

可以预见的是，突破行政执法体制的困境，充分发挥综合执法权的优势，必然是一个需要实践与理论同时发展的漫长过程。行政执法体制改革没有便宜、快捷的规则，它不仅仅是一门探索的学科，而且更是一门实践的艺术。在执法体制改革的实践中，"我们未能真正将改革视为一项系统工程，人们总是期望寻找改革的'突破口'，单项局部的改革并不能代替整体、全局的配套改革"。〔2〕因此，要想真正实现行政执法体制改革的良性发展，就需要全面推进、整体改革。"责任常常被视为跨界合作管理的重要障碍，责任性的混乱和缺陷都可能在横向合作中提出警示。"〔3〕在传统的行政执法体制中，责任的承担是以部门职责为原则，建立起一个权责比较明确的横向责任体系。在当下的执法体制改革中，必须平衡纵向责任与横向责任。在"纵向分权"与"横向重塑"两个维度，行政执法体制改革呈现出了一幅治理创新的实践图景。

---

〔1〕 姜明安："服务型政府与行政管理体制改革"，载《行政法学研究》2008年第4期。

〔2〕 张成福：《大变革：中国行政改革的目标和行为选择》，改革出版社1993年版，第22页。

〔3〕 孙迎春：《发达国家整体政府跨部门协同机构研究》，国家行政学院出版社2014年版，第159页。

　　"中央与地方以及上下级政府间的权力配置方式，对于基层自治发展空间具有根本性的意义，它在很大程度上影响着基层自治目标的选择和发展的进程。中国基层自治的形成不仅仅是一个国家与社会的分化问题，更是一个中央向地方、上级向下级的权力转移问题。"[1]在行政执法领域也是如此，行政执法权必须从中央向地方、从上级向下级政府转移。因此，从纵向角度来看，政府责任制是行政执法体制改革的核心。乡镇一级以上政府作为行政执法的责任主体，需要对行政执法承担直接的责任。特别是在行政执法中，将决策权、指导权保留给省、市人民政府，将执法权下沉至乡镇、县区级政府，让政府成为行政执法的主体与责任承担者，或许是缓解行政执法乱象的一剂良方。从横向角度来看，应进行权力与责任的重塑，集中统一行使。集中权力与责任，将依相关法律将本应当由职能部门的事权，统一交由政府的行政服务与综合执法局行使。在传统的行政执法实践中，执法权限横向分配过度细化会导致行政效率低下、相互推诿。因此，横向重塑有利于效率的提高，可以避免政府部门在执法过程中相互推诿和争权夺利。相对集中的行政执法权既可以解决执法的管辖争议，又可以避免行政推诿。

　　"任何行为都不是孤立进行的，它们要受到外部环境的各种因素的制约和影响。外部环境构成行为的'生长气候'，主体在其中求生存、求适应。"[2]"所以，机关组织不能独立于社会环境之外，而不受环境因素的影响。相反地，环境因素无时无刻对组织产生各种不同的影响。"[3]故而，行政执法体制作为国家

---

　　〔1〕　殷昭举："基层自治：纵向分权和多元治理——基于地方治理的分析框架"，载《华南理工大学学报（社会科学版）》2011年第2期。
　　〔2〕　金国坤：《依法行政环境研究》，北京大学出版社2003年版，第14页。
　　〔3〕　连宏华："组织重组理论之探讨"，载《中国行政评论》1999年第3期。

体制的重要组成部分，必然会受到本国经济环境的影响。行政执法体制改革既是整个体制改革的重要部分，又会影响其他体制的改革，特别是经济体制的改革。因此，行政执法体制改革是深化行政体制改革的核心，也是推进经济转型的关键。"市场和政府的关系一直以来都是政府体制改革中非常重要的内容，对此问题处理得恰当与否往往决定着政府体制改革的成败。"〔1〕当下中国的行政执法体制改革也是如此。市场经济既是现代社会的基本背景，也是行政执法体制改革的基本话语空间。行政执法体制改革必须以对市场经济的透彻理解为前提，适应中国经济体制的发展。"中国政府改革最大的成就在于市场经济体制的承认和确立，建立亲市场的政府是改革与发展的基本目标，离开这一点，政府改革本身也便失去了其基本目标。"〔2〕"自由市场的存在当然并不排除对政府的需要。相反地，政府的必要性在于：它是竞赛规则的制定者，又是解释和强制执行这些已被决定的规则的裁判者。"〔3〕二十多年来，中国改革的市场化方向一直没有改变。市场化、市场经济是中国全面改革的关键词和时代最强音。在现代市场经济条件下，一个有效的政府是经济社会发展的关键。从西方市场经济发展的历史和现实来看，政府（当然包括行政执法机关）在社会发展中的职能和作用是不断增多、增强、增大的。"市场监管是一种执法活动……政府的市场监管职能涉及市场交易和经济运行的各个方面，包括对

---

〔1〕 沈荣华、钟伟军：《中国地方政府体制创新路径研究》，中国社会科学出版社 2009 年版，第 251 页。

〔2〕 张成福："总序：中国政府改革 30 年"，载张成福、孙柏瑛主编：《社会变迁与政府创新：中国政府改革 30 年》，中国人民大学出版社 2008 年版，第 14 页。

〔3〕 ［美］米尔顿·弗里德曼：《资本主义与自由》，张瑞玉译，商务印书馆 1988 年版，第 16 页。

市场秩序、市场行为、商品市场和要素市场的执法监督。"[1]当下中国的市场经济虽然取得了很大的进展，但相较于西方的市场经济，还存在一些问题，还有一定的差距。因此，在推进行政执法体制改革的过程中，一定要坚持以市场经济为导向，主动适应市场经济的发展需要，加快推进市场化改革，合理把握市场开放进程，不断健全、完善市场机制。行政执法体制改革应当按照市场经济的要求，履行好公共新产品供给、维护市场秩序、稳定宏观经济等职能，为社会主义市场经济体制提供基础性的制度条件。

"从近现代行政管理发展的宏观历史来看，政府与市场的结合关系有：强市场-弱政府、强市场-强政府、弱市场-强政府、弱市场-弱政府这四种基本模式。"[2]"强市场-弱政府"模式以亚当·斯密的经济理论为思想基础，是自由资本主义时期资产阶级政府实现管理职能的基本方式。政府的基本定位是扮演着"守夜人"的角色，"小政府"是其基本形态。"强市场-强政府"模式是伴随着经济危机、市场垄断的加深而出现的。为了摆脱周期性经济危机，为了弥补市场的缺陷，西方各国纷纷注重运用政府这只"看得见的手"来干预社会经济活动。随着政府职能的不断扩大和行政权力的不断膨胀，"守夜人"政府逐步演变成"强政府"或"万能政府"。"弱市场-强政府"模式一般是指社会主义国家前期采用的基本方式。在经济发展中，社会主义国家大都把指令性计划经济体制作为基本原则，强调计划，排斥市场机制，否定市场的调节功能，从而形成了一种

---

〔1〕 曹闻民：《政府职能论》，人民出版社 2008 年版，第 62 页。

〔2〕 郭正林："论政府与市场结合的基本模式"，载《中山大学学报（社会科学版）》1995 年第 2 期。

"弱市场-强政府"的管理模式。"弱政府-弱市场"模式以结构主义为思想基础,是20世纪80年代一些拉美国家采用的基本方式。在这种模式下,政府以各项优惠政策为手段,促进本国的工业化,但又采取贸易保护主义政策,限制外国产品的输入和竞争,市场机构弱化。

当前,我国经济发展中遇到的一些问题都或多或少地与我国行政执法机关职能的不当行使有很大关联。当前,我国经济发展中遇到的很多问题都并不是由市场化过度引起的,而是由政府对市场行为的不当控制引起的。特别是政府过多地干预市场,必然会严重地影响市场对于资源的合理配置。政府的这种过度干预在一定程度上干扰了微观经济活动,极大地扭曲了市场在经济调节中的作用。与此同时,行政机关存在着一定程度的"失职",无法全面地考察社会和市场的协调作用,无法发挥公共职能的作用。因此,"一方面政府要放宽对市场的控制,减少繁琐的行政行为和计划,进一步的促进市场行为的公正性,减少各种破坏市场公正的'弹簧门''玻璃门',激发整个社会上下一致的创造力,调动生产力。另一方面政府也要做好裁判员的角色,营造良好的市场竞争秩序,维持社会的公正,改善民生。要明白收和放都要有个度,收不是一味地放之任之,而是要在统筹全局的角度来营造更好的竞争环境,而不是抢夺市场在经济调节中的地位"。[1]故而,"政府改革尤其需要进一步解放思想,冲破陈旧观念的束缚,尤其需要发扬'三不足'精神,即'天变不足畏,祖宗不足法,人言不足恤'……政府创

---

〔1〕 李晓梅:"政府市场应互相发挥职能和资源配置的作用",载《山西财经大学学报》2015年第2期。

新贵在突破性的改革，贵在创造性的制度变革"。[1]"市场经济改革 30 多年来，行政执法机关作用的发挥已经显现。政府的管理作用和服务作用应该并重，它与市场和社会的自律、自治作用是构成社会良性运转的两大支柱。"[2]"因此，面对综合执法机制改革我们的基本态度应该是'尊重与戒惧'。尊重并不意味着盲从，其立足点在于对综合执法的理性思考；戒惧也并不意味着盖然否定，而是在尊重的基础上发现问题、解决问题使其向规范化、法治化的方向发展。"[3]

〔1〕 俞可平：《敬畏民意：中国的民主治理与政治改革》，中央编译出版社 2012 年版，第 149 页。

〔2〕 张吕好："城市管理综合执法的法理与实践"，载《行政法学研究》2003 年第 3 期。

〔3〕 王传干："行政综合执法机制改革研究"，载《西南政法大学学报》2012 年第 6 期。

参考文献

一、专著

［1］《马克思恩格斯选集》（第 3 卷），人民出版社 1995 年版。

［2］《列宁全集》（第 30 卷），人民出版社 1985 年版。

［3］《毛泽东选集》（第 3 卷），人民出版社 1991 年版。

［4］《邓小平文选》（第 3 卷），人民出版社 1993 年版。

［5］王名扬：《法国行政法》，中国政法大学出版社 1988 年版。

［6］王名扬：《美国行政法》，中国法制出版社 1995 年版。

［7］王名扬：《比较行政法》，北京大学出版社 2006 年版。

［8］罗豪才主编：《行政法学》，北京大学出版社 1996 年版。

［9］姜明安主编：《行政法与行政诉讼法学》，北京大学出版社、高等教育出版社 1999 年版。

［10］应松年主编：《行政法学新论》，中国方正出版社 1999 年版。

［11］王名扬：《英国行政法》，北京大学出版社 2007 年版。

［12］于安：《德国行政法》，清华大学出版社 1999 年版。

［13］吴庚：《行政法之理论与实用》，三民书局 1998 年版。

［14］翁岳生编：《行政法》，中国法制出版社 2000 年版。

［15］陈新民：《行政法学总论》，三民书局 1997 年版。

［16］张千帆等：《比较行政法——体系、制度与过程》，法律出版社 2008 年版。

［17］杨建顺：《日本行政法通论》，中国法制出版社 1998 年版。

［18］黄文平主编：《大部门制改革理论与实践问题研究》，中国人民大学出版社 2014 年版。

［19］雷兴虎主编：《相对集中行政处罚权工作读本》，中国法制出版社 2003 年版。

［20］张兴祥：《中国行政许可法的理论与实务》，北京大学出版社 2003 年版。

［21］王学辉等：《行政权研究》，中国检察出版社 2002 年版。

［22］赵奇、刘太刚主编：《中国县级行政组织立法研究》，中国人民公安大学出版社 2001 年版。

［23］叶必丰：《行政法的人文精神》，北京大学出版社 2005 年版。

［24］冯军：《行政处罚法新论》，中国检察出版社 2003 年版。

［25］姜明安主编：《行政执法研究》，北京大学出版社 2004 年版。

［26］颜廷锐等：《中国行政体制改革问题报告》，中国发展出版社 2015 年版。

［27］杨解君、蔺耀昌：《行政执法研究——理念引导与方式、制度创新》，中国方正出版社 2006 年版。

［28］王连昌、吴中林主编：《行政执法概论》，中国人民公安大学出版社 1992 年版。

［29］戢浩飞：《治理视角下行政执法方式变革研究》，中国政法大学出版社 2015 年版。

［30］祁希元主编：《行政执法通论》，云南大学出版社 2008 年版。

［31］许超：《新中国行政体制沿革》，世界知识出版社 2012 年版。

［32］王连昌、马怀德主编：《行政法学》，中国政法大学出版社 2002 年版。

［33］应松年、朱维究主编：《行政法与行政诉讼法教程》，中国政法大学出版社 1989 年版。

［34］许崇德、皮纯协主编：《新中国行政法学研究综述（1949-19901）》，法律出版社 1991 年版。

[35] 罗豪才主编:《行政法学》,中国政法大学出版社 1989 年版。

[36] 杨惠基:《行政执法概论》,上海大学出版社 1998 年版。

[37] 宋大涵主编:《行政执法教程》,中国法制出版社 2011 年版。

[38] 张国庆主编:《行政管理学概论》,北京大学出版社 1990 年版。

[39] 胡建淼主编:《公权力研究——立法权·行政权·司法权》,浙江大学出版社 2005 年版。

[40] 刘福元:《政府柔性执法的制度规范建构:当代社会管理创新视野下的非强制行政研究》,法律出版社 2012 年版。

[41] 薛刚凌主编:《行政体制改革研究》,北京大学出版社 2006 年版。

[42] 石佑启等:《论行政体制改革与行政法治》,北京大学出版社 2009 年版。

[43] 刘恒主编:《行政执法与政府管制》,北京大学出版社 2012 年版。

[44] 万军:《社会建设与社会管理创新》,国家行政学院出版社 2011 年版。

[45] 肖金明、冯威主编:《行政执法过程研究》,山东大学出版社 2008 年版。

[46] 杨海坤、章志远:《中国行政法基本理论研究》,北京大学出版社 2004 年版。

[47] 薛刚凌主编:《行政体制改革研究》,北京大学出版社 2006 年版。

[48] 周志忍:《当代国外行政改革比较研究》,国家行政学院出版社 1999 年版。

[49] 应松年:《行政程序法立法研究》,中国法制出版社 2001 年版。

[50] 张康之等:《任务型组织研究》,中国人民大学出版社 2009 年版。

[51] 金国坤:《依法行政环境研究》,北京大学出版社 2003 年版。

[52] 胡象明等:《应对全球化:中国行政面临的挑战与对策》,北京师范大学出版社 2011 年版。

[53] 李军鹏:《深化行政管理体制改革若干重要问题解析》,中共党史出版社 2008 年版。

[54] 胡肖华:《走向责任政府——行政责任问题研究》,法律出版社 2006 年版。

[55] 张越编著:《英国行政法》,中国政法大学出版社 2004 年版。

[56] 张庆福:《行政执法中的问题及对策》,中国人民公安大学出版社 1996 年版。

[57] 康良辉:《相对集中行使行政权制度研究》,中国政法大学出版社 2014 年版。

[58] 袁曙宏主编:《〈全面推进依法行政实施纲要〉读本》,法律出版社 2004 年版。

[59] 谢晖:《法学范畴的矛盾辨思》,山东人民出版社 1999 年版。

[60] 赵永建:《把脉政府结构变革研究》,西南交通大学出版社 2014 年版。

[61] 傅小随:《中国行政体制改革的制度分析》,国家行政学院出版社 1999 年版。

[62] 应松年主编:《当代中国行政法》,中国方正出版社 2005 年版。

[63] 曹闻民:《政府职能论》,人民出版社 2008 年版。

[64] 鄢圣华:《中国政府体制》,天津社会科学院出版社 2002 年版。

[65] 金太军等:《政府职能梳理与重构》,广东人民出版社 2002 年版。

[66] 孙笑侠:《法律对行政的控制——现代行政法的法理解释》,山东人民出版社 1999 年版。

[67] 席月民主编:《法律与经济——中国市场经济法治建设的反思与创新》(2013 年第 1 卷),中国社会科学出版社 2013 年版。

[68] 沈荣华、钟伟军:《中国地方政府体制创新路径研究》,中国社会科学出版社 2009 年版。

[69] [美] 理查德·B. 斯图尔特:《美国行政法的重构》,沈岿译,商务印书馆 2002 年版。

[70] [美] 拉塞尔·M. 林登:《无缝隙政府:公共部门再造指南》,汪大海等译,中国人民大学出版社 2002 年版。

[71] [日] 盐野宏:《行政法》,杨建顺译,法律出版社 1999 年版。

[72] [日] 室井力:《日本现代行政法》,吴微译,中国政法大学出版社 1995 年版。

［73］［美］詹姆斯·汤普森：《行动中的组织——行政理论的社会科学基础》，敬乂嘉译，上海人民出版社 2007 年版。

［74］［德］哈特穆特·毛雷尔：《行政法学总论》，高家伟译，法律出版社 2000 年版。

［75］［英］威廉·韦德：《行政法》，徐炳等译，中国大百科全书出版社 1997 年版。

［76］［美］B. 盖伊·彼得斯：《政府未来的治理模式》，吴爱明等译，中国人民大学出版社 2001 年版。

［77］［美］O. 吉弗·哈里斯等：《组织行为学》，李丽译，经济管理出版社 2010 年版。

［78］［美］伯纳德·施瓦茨：《行政法》，徐炳译，群众出版社 1986 年版。

［79］［美］唐纳德·怀特等：《组织行为学》，景光译，中国财政经济出版社 1989 年版。

［80］［美］乔纳森·H. 特纳：《社会学理论的结构》，邱泽奇等译，浙江人民出版社 1987 年版。

［81］［美］黑尔里格尔·斯洛克姆·伍德曼：《组织行为学》，岳进等译，中国社会科学出版社 2001 年版。

［82］［德］汉斯·J. 沃尔夫等著：《行政法》，高家伟译，商务印书馆 2002 年版。

［83］［美］詹姆斯·坎贝尔·奎克：《组织行为学：现实与挑战》，刘新智等译，清华大学出版社 2013 年版。

［84］［美］斯蒂芬·P. 罗宾斯：《组织行为学》，孙健敏等译，中国人民大学出版社 1997 年版。

［85］［美］约翰·M. 伊万切维奇等：《组织行为与管理》，邵冲等译，机械工业出版社 2006 年版。

［86］［英］L. 赖维乐·布朗等：《法国行政法》（第 5 版），高秦伟、王锴译，中国人民大学出版社 2006 年版。

［87］［法］让·里韦罗、让·瓦利纳：《法国行政法》，鲁仁译，商务印书馆 2008 年版。

[88]［美］彼得·F.德鲁克:《管理——任务、责任、实践》,孙耀君等译,中国社会科学出版社1987年版。

[89]［日］米丸恒治:《私人行政——法的统制的比较研究》,洪英等译,中国人民大学出版社2010年版。

[90]［法］孟德斯鸠:《论法的精神》,张雁深译,商务印书馆1982年版。

[91]［英］洛克:《政府论》,叶启芳、瞿菊农译,商务印书馆1995年版。

[92]［美］珍尼特·V.登哈特、罗伯特·B.登哈特:《新公共服务:服务,而不是掌舵》,丁煌译,中国人民大学出版社2004年版。

[93]［美］戴维·奥斯本、特德·盖布勒:《改革政府:企业精神如何改革着公营部门》,上海市政协编译组等译,上海译文出版社1996年版。

[94]［美］菲利普·库珀:《合同制治理——公共管理者面临的挑战与机遇》,竺乾威等译,复旦大学出版社2007年版。

[95]［德］奥托·迈耶:《德国行政法》,刘飞译,商务印书馆2002年版。

[96]徐世勇主编:《组织行为学》,中国人民大学出版社2012年版。

[97]余凯成主编:《组织行为学》,大连理工大学出版社2006年版。

[98]杨忠等:《组织行为学:中国文化视角》,南京大学出版社2013年版。

[99]［瑞士］皮亚杰:《结构主义》,倪连生、王琳译译,商务印书馆1984年版。

[100]张康之等:《任务型组织研究》,中国人民大学出版社2009年版。

[101]萧文哲:《行政效率研究》,商务印书馆1942年版。

[102]周志忍:《当代国外行政改革比较研究》,国家行政学院出版社1999年版。

[103]胡象明等:《应对全球化:中国行政面临的挑战与对策》,北京师范大学出版社2011年版。

[104]俞可平等:《政府创新的理论与实践》,浙江人民出版社2005年版。

[105]吴爱明等:《服务型政府职能体系》,人民出版社2009年版。

[106]于千千等编著:《服务型政府管理概论》,北京大学出版社2012年版。

[107] 世界银行:《1997 年世界发展报告:变革世界中的政府》,蔡秋生等译,中国财政经济出版社 1997 年版。

[108] 王敬波:《法治政府要论》,中国政法大学出版社 2013 年版。

[109] 汪永清主编:《行政许可法教程》,中国法制出版社 2011 年版。

[110] 何华辉、许崇德:《分权学说》,人民出版社 1986 年版。

[111] 叶俊荣:《行政法案例分析与研究方法》,三民书局 1999 年版。

[112] 汪勇:《警察巡逻勤务教程》,中国人民公安大学出版社 2000 年版。

[113] 党的十六大报告学习辅导百问编写组编著:《党的十六大报告学习辅导百问》,党建读物出版社 2002 年版。

[114] 薛刚凌主编:《行政主体的理论与实践——以公共行政改革为视角》,中国方正出版社 2009 年版。

[115] 王丛虎:《行政主体问题研究》,北京大学出版社 2007 年版,第4 页。

[116] 金国坤:《行政权限冲突解决机制研究——部门协调的法制化路径探寻》,北京大学出版社 2010 年版。

[117] 张翔:《改革进程中的政府部门间协调机制》,社会科学文献出版社2014 年版。

[118] 李拓等:《中外公众参与体制比较》,国家行政学院出版社 2010年版。

[119] 何海波等编著:《法治的脚步声——中国行政法大事记(1978—2014)》,中国政法大学出版社 2015 年版。

[120] [英] 戴维·毕瑟姆:《官僚制》,韩志明译,吉林人民出版社 2005年版。

[121] [美] 詹姆斯·Q. 威尔逊:《官僚机构:政府机构的作为及其原因》,孙艳等译,生活·读书·新知三联书店 2006 年版。

[122] 孙迎春:《发达国家整体政府跨部门协同机制研究》,国家行政学院出版社 2014 年版。

[123] 曾凡军:《基于整体性治理的政府组织协调机制研究》,武汉大学出版社 2013 年版。

[124] Perri 6, Diana Leat, Kimberly Seltzer and Gerry Stoker（1999）, *Governing in the Round: Strategies for Holistic Government*, London: Demos.

[125] Perri 6, Diana Leat, Kimberly Seltzer and Gerry Stoker（2002）, *Towards Holistic Governance: the New Reform Agenda*, New York: Palgrave.

[126] Leonard D. White, *The Federalist*, New York Maomillan, 1948.

[127] H. W. R. Wade, *Administrative Law*, Oxford University Press, 1988.

[128] Ben Wildavsky, Jeff Pelline and Jamie Beckett, *I - 5 Closed—Freeway System Devastated*, San Francisco Chronicle, January, 18, 1994, A1.

[129] G. E. Caiden, *Administrative Reform Comes of Age*, N. Y, Walter de Gruyter, 1992.

二、连续出版物

[1] 袁曙宏："深化行政执法体制改革"，载《行政管理改革》2014 年第 7 期。

[2] 王乐泉："论改革与法治的关系"，载《中国法学》2014 年第 6 期。

[3] 汪永清："对改革现行行政执法体制的几点思考"，载《中国法学》2000 年第 1 期。

[4] 罗豪才、宋功德："链接法治政府——《全面推进依法行政实施纲要》的意旨、视野与贡献"，载《法商研究》2004 年第 5 期。

[5] 马怀德："健全综合权威规范的行政执法体制"，载《中国党政干部论坛》2013 年第 12 期。

[6] 张国庆："行政管理体制改革及其政治体制改革的异同"，载《中国行政管理》1994 年第 4 期。

[7] 刘恒、黄泽萱："政府管制与行政执法的变革"，载《江苏社会科学》2012 年第 4 期。

[8] 牛凯、毕洪海："论行政的演变及其对行政法的影响"，载《法学家》2000 年第 3 期。

[9] 曾洁雯，詹红星："政府职能的转变与行政执法方式的变革"，载《湖南社会科学》2011 年第 4 期。

[10] 舒小庆、万高隆："论法治视野下我国行政执法体制之重构"，载《南昌大学学报（人文社会科学版）》2006 年第 5 期。

[11] 徐继敏："评一种新的行政执法体制"，载《重庆行政》2000 年第 1 期。

[12] 天津行政学院："施行相对集中行政处罚推进行政执法体制改革"，载《国家行政学院学报》2002 年第 1 期。

[13] 刘宁元："关于中国地方反垄断行政执法体制的思考"，载《政治与法律》2015 年第 8 期。

[14] 李琳："对深化行政执法体制改革的思考"，载《湖北警官学院学报》2014 年第 10 期。

[15] 马丽华："行政执法体制的困境及改革构想"，载《长白学刊》2009 年第 3 期。

[16] 杨洋："行政执法体制探究——以当下中国实践为基础"，载《青海社会科学》2006 年第 4 期。

[17] 王雅琴："深入推进行政执法体制改革"，载《中国党政干部论坛》2014 年第 9 期。

[18] 青锋："行政执法体制改革的图景与理论分析"，载《法治论丛（上海政法学院学报）》2007 年第 1 期。

[19] 任其军："深化行政执法体制改革重点问题研究"，载《辽宁行政学院学报》2014 年第 9 期。

[20] 黄文艺："比较法：批判与重构"，载《法制与社会发展》2002 年第 1 期。

[21] 谢丹："经济分析法学派述评"，载《江西社会科学》2003 年第 5 期。

[22] 吴鹏等："'联合执法'的问题及完善路径"，载《中国行政管理》2006 年第 5 期。

[23] 韩舸友："我国行政联合执法困境及改进研究"，载《贵州社会科学》2010 年第 8 期。

[24] 齐萌："从威权管制到合作治理：我国食品安全监管模式之转型"，

载《河北法学》2013 年第 3 期。

[25] 杨春科："关于联合执法的思考"，载《行政法学研究》1996 年第 3 期。

[26] 喻少如："负面清单管理模式与行政审批制度改革"，载《哈尔滨工业大学学报（社会科学版）》2016 年第 2 期。

[27] 贾义猛："优势与限度：'行政审批局'改革模式论析"，载《新视野》2015 年第 5 期。

[28] 肖金明："全面推进依法治国理论与实践创新"，载《山东社会科学》2015 年第 1 期。

[29] 应松年："依法治国的关键是依法行政"，载《法学》1996 年第 11 期。

[30] 农优勇："依法行政与我国现行行政执法体制"，载《桂海论丛》2004 年第 4 期。

[31] 应松年："论全面推进依法治国的若干重点问题"，载《人民论坛·学术前沿》2014 年第 22 期。

[32] 孔伟艳："制度、体制、机制辨析"，载《重庆社会科学》2010 年第 2 期。

[33] 周继东："深化行政执法体制改革的几点思考"，载《行政法学研究》2014 年第 1 期。

[34] 张康之："论组织规则的冲突及其解决"，载《河南社会科学》2010 年第 1 期。

[35] 包心鉴："论我国行政体制改革的双向目标结构"，载《社会科学研究》1994 年第 3 期。

[36] 陈捷："西方国家行政机构改革的趋势及其启示"，载《福州党校学报》2003 年第 3 期。

[37] 青锋："关于相对集中行政处罚权的几个问题"，载《城市开发》2001 年第 10 期。

[38] 石佑启、黄学俊："中国部门行政职权相对集中初论"，载《江苏行政学院学报》2008 年第 1 期。

[39] 石佑启、杨治坤："我国行政体制改革目标定位之求证"，载《湖北行政学院学报》2008 年第 5 期。

[40] 宋世明："论大部门体制的基本构成要素"，载《中国行政管理》2009 年第 10 期。

[41] 罗重谱："我国大部制改革的政策演进、实践探索与走向判断"，载《改革》2013 年第 3 期。

[42] 李升、庄田园："德国行政强制执行的方式与程序介绍"，载《行政法学研究》2011 年第 4 期。

[43] 季卫东："论法制的权威"，载《中国法学》2013 年第 1 期。

[44] 韩大元："论宪法权威"，载《法学》2013 年第 5 期。

[45] 周静："美国创建服务型政府的做法及启示"，载《决策探索》2004 年第 10 期。

[46] 刘文俭、王振海："政府绩效管理与效率政府建设"，载《国家行政学院学报》2004 年第 1 期。

[47] 李平："政府领导体制与行政效率研究"，载《政治学研究》2001 年第 1 期。

[48] 叶美霞、毛义文："公共行政效率的新旧范式比较及启示——兼论中国公共行政效率改革"，载《湖北社会科学》2007 年第 10 期。

[49] 周志忍："行政效率研究的三个发展趋势"，载《中国行政管理》2000 年第 1 期。

[50] 周志忍："公共性与行政效率研究"，载《中国行政管理》2000 年第 4 期。

[51] 靳凤林："效率与公平：现代行政的价值尺度"，载《南昌大学学报（人文社会科学版）》2013 年第 5 期。

[52] 柴生秦："公共行政的历程：从效率到服务"，载《西北大学学报（哲学社会科学版）》2007 年第 2 期。

[53] 武玉英："行政效率的解析"，载《中国行政管理》2001 年第 3 期。

[54] 但洪敏："西方公共行政效率研究的新趋势"，载《地方政府管理》2001 年第 9 期。

[56] 闫鹏:"三种行政效率观及当下启示",载《湖北社会科学》2007 年第 8 期。

[57] 孙迎春:"现代政府治理新趋势:整体政府跨界协同治理",载《中国发展观察》2014 年第 9 期。

[58] 彭锦鹏:"全观型治理:理论与制度化策略",载《政治科学论丛》2005 年第 23 期。

[59] 竺乾威:"从新公共管理到整体性治理",载《中国行政管理》2008 年第 10 期。

[60] 陈振明:"评西方的'新公共管理'范式",载《中国社会科学》2000 年第 6 期。

[61] 刘伟:"论'大部制'改革与构建协同型政府",载《长白学刊》2008 年第 4 期。

[62] 史云贵、周荃:"整体性治理:梳理、反思与趋势",载《天津行政学院学报》2014 年第 5 期。

[63] 关保英:"行政审批的行政法制约",载《法学研究》2002 年第 6 期。

[64] 徐继敏:"相对集中行政许可权的价值与路径分析",载《清华法学》2011 年第 2 期。

[65] 强世功:"中国法律社会学的困境与出路",载《文化纵横》2013 年第 5 期。

[66] 常宁法:"让巡警真正成为您的保护神——巡警综合执法亟待解决的几个问题",载《上海人大月刊》1995 年第 6 期。

[67] 杜育群:"警察巡逻综合执法的几点思考",载《中国人民公安大学学报(社会科学版)》2009 年第 6 期。

[68] 王立帆、何小英:"上海城市管理综合执法的基本经验",载《上海城市管理职业技术学院学报》2001 年第 5 期。

[69] 章志远:"相对集中行政处罚权改革之评述",载《中共长春市委党校学报》2006 年第 1 期。

[70] 屈向东:"从部门执法到综合执法",载《云南大学学报(法学版)》2009 年第 4 期。

［71］张吕好：“城市管理综合执法的法理与实践”，载《行政法学研究》2003 年第 3 期。

［72］吴刚：“城市里的'大盖帽'与'大草帽'——北京市宣武区改革城市行政执法体制”，载《中国行政管理》1999 年第 5 期。

［73］郭道晖：“行政权的性质与依法行政原则”，载《河北法学》1999 年第 3 期。

［74］王春业：“论行政权谦抑品格”，载《广东行政学院学报》2015 年第 2 期。

［75］李可：“原则和规则的若干问题”，载《法学研究》2001 年第 5 期。

［76］丁煌、方堃：“基于整体性治理的综合行政执法体制改革研究”，载《领导科学论坛》2016 年第 1 期。

［77］王青斌：“公共治理背景下的行政执法权配置——以控烟执法为例”，载《当代法学》2014 年第 4 期。

［78］翟磊：“开发区管委会职能与组织的动态平衡研究——以天津经济技术开发区为例”，载《南开学报（哲学社会科学版）》2015 年第 6 期。

［79］Bernard Schwartz, "Some Crucial Issues in Administrative Law", *Tulsa Law Journal*, Vol. 28, 1993.

［80］Gelhorn, "Alternative Means of Dispute Resolution in Government: A Sense of Perspective", *Administrative Law Journal*.

三、报纸文章

［1］徐亚华等：“我市开展相对集中行政许可权改革试点”，载《南通日报》2015 年 8 月 21 日。

［2］李娟：“深化政务改革 全区行政许可权 100%集中——探访'行政服务标准化国家级示范区'的武侯经验”，载《成都日报》2016 年 1 月 14 日。

［3］韦铭等：“南京试点'一枚印章管审批'”，载《南京日报》2016 年 3 月 22 日第 A01 版。

［4］苏宁："盐城实行交巡警合一"，载《人民日报》1998年7月15日。

［5］李伟雄："深圳推行四警合一新模式"，载《法制日报》2006年3月30日。

［6］易运文："深圳文化综合执法调查——加强文化市场管理促进文化产业发展"，载《光明日报》2004年11月3日。

［7］"交通综合行政执法重新定义'大盖帽'"，载《重庆日报》2007年5月21日。

［8］"大部制和行政权三分深层次试水，深圳市行政体制改革即将破冰"，载《法制日报》2009年6月11日。

四、电子文献

［1］"河南推广'四警合一'现代新型警务体制"，载新华网：http://www.xinhuanet.com/chinanews/2010-08/31/content_20765848.htm，最后访问时间：2015年9月2日。

［2］"常德：'四警合一'构筑城区快速反应防控圈"，载中国警察网：http://news.cpd.com.cn/n12021581/n12021599/c30014904/content.html，最后访问时间：2015年9月2日。

［3］曹康泰："在全国相对集中行政处罚权试点工作座谈会开幕式上的讲话"，载国务院法制办公室网站：http://www.chinalaw.gov.cn/article/fzjd/zfdt/200307/20030700053563.shtml，最后访问时间：2017年2月20日。

［4］高乐："新形势下街道办事处职能重新定位与履职方式创新研究"，载http://www.mca.gov.cn/article/yw/jczqhsqjs/xzjs/llyj/201606/20160600000809.shtml，最后访问时间：2016年12月19日。

［5］日本政府官方网站：http://www.kantei.go.jp/cn/link/org/index.html，最后访问时间：2016年4月21日。

［6］"苏州工业园区综合行政执法局简介"，载http://yqcg.sipac.gov.cn/yqzhaj/wzxx/index.action，最后访问时间：2017年2月10日。

后　记

　　行政执法关乎民生大计，事涉法治国家的建设。长期以来，建构一个理想的行政执法体制一直是政府孜孜以求的基本目标。对于行政执法体制的困境以及严重的"碎片化"状态，人们常常用"十几个部门管不好一桌饭""七八个部门管不好一头猪""铁路警察、各管一段"等形象的比喻来描述。行政执法的"碎片化"现象是现代公共事务治理中的普遍性问题，这一问题是21世纪公共事务治理中遭遇的一种普遍性困境。特别是在中国的当下，它更是一个突出的中国性问题。行政执法问题是我近年来关注的一个重要主题。在2015年出版了《治理视角下行政执法方式变革研究》一书之后，在长达四年多的思考、收集、写作的基础上，《行政执法体制改革研究》一书终于得以完稿。当下，行政执法体制改革是一个热门话题，特别是综合行政执法改革，其是党中央、国务院作出的重大部署。之所以创作本书，细想其初衷至少有以下几点：其一，在目前的市面上尚没有一本系统研究行政执法体制改革的著作。出于填补这一学术空白的动机，我一直在鼓励自己啃下这块"硬骨头"。这是激发本人写作本书的一个最大动力。虽然写作中限于学识积累不够，写作过程非常吃力，基本上都是凌晨一点多睡觉，但是我一直在咬紧牙关坚持着。唯一能激励我奋力前行的因素就是争取写出这个专题的第一本，以期抛砖引玉。本书初稿形成于2017年底，由于当时各地刚开始推进综合执法改革试点，故本着待试点成熟后将相关的论述和主张予以完善的想法，一直到今年才得以出版。戴伊曾说过："人们被理念（信仰、象征、教条）所强制着。整个社会是被我们通常称作意识形态的理念系统所形塑而成的。意识形态是一种融合性的信念系统，它对社会与社会成员，提供一种生活方式的理性化，评价'对'与'错'的标准，以及行动所需要的情感冲动。"在此意义上讲，本书可谓是信念强制的产物。没有强制的信念，可能就无法完成此书。其二，作为博士毕业论文的姊妹篇，形成了一个完整的体系。感谢2011司法文明协同创新中心的支持，博士论文《治理视角下行政执法方式变革研究》得以出版。从学理上讲，体制与方式事关行政执法的里与表。因此，本书算是对行政执法专题研究的一个延续。其三，试图对当下正在进行的行政执法体制改革作些思考与回应。这样的选题，既有理论价值，又有现实意义。如果能够系统论证，无疑具有较大的理论和实践指导意义。人文社会科学工作者的任务就在于合理地解释世界。社会科学与人文学科和自然学科不同，它没有不变的原理，更没有不可扬弃的理论，社会科学只有一个面向未来的发展维度。公法易逝，"行政法唯一不变的是变化"。学者常讲，21世纪是公法的世纪，因为在这个世纪里，公权力比私权利更需要得到法的规制。因此，我们更有责任用公法的视角诠释行政执法体制改革的实践，深刻地体察现实的需求并做出应有的回应。特别是由于本人工作的便利，经常触及一些行政执法体制改革的文件与方案，自然而然地萌生了行政执法体制改革相关的一些想法与认识。尽管这些认识可能比较粗俗与稚嫩，或受到一些世俗的嘲弄和不屑，但是我还是充满激情地写出来。在一个日益功利化、现实化的世界中，这可能算作是博士这个群体的异类特征吧，这也算是这些年内心深处的坚守的一个纪念吧。

非常感谢武汉大学图书馆提供的良好环境，没有这里的设备与环境就没有这本书！虽然博士毕业多年，但是身心却始终没有离开图书馆。平时只要一有时间，我就偷偷溜进图书馆，拼命地蹭书读，特别是每逢节假日基本都在里面度过。这多年以来，我内心深处一直劝诫自己："利用好这个知识宝库，多读点书！"故而虽不敢妄言自己由简单、肤浅走向了丰富、深刻，但自感内心充实很多、丰富许多。这一切都得益于武汉大学的熏陶！

依稀记得社会科学研究的基本共识是，社会科学的发展有三条道路可走：一条路是面向未来进行前瞻性的理论建构；另一条是深刻地体察现实的需求并做出回应；第三条就是总结实践经验，对之加以理论概括。本书姑且算是当下行政执法体制改革的一点回应。客观而言，行政执法体制改革尚处于探索阶段，是一个日新月异的事物，是一个需要不断探索、逐步完善的领域。诚然，整体而言，行政执法体制的路径与方向必须有足够的实证资料与契合实际的社会现实土壤，甚至必须有若干改革的共识与现实的实践，但这些尚比较欠缺。故而，在理论储备不足、资料欠缺、学界尚无系统著述的情况下探讨这个问题，只能算作一个初步的尝试，不敢奢谈有所建树，本书肯定有不少缺点、遗憾，期望读者批评指正。随着新时代国家国家治理体系和治理能力现代化的推进，行政执法体制改革的研究必将日益深入，本书可谓是这一课题的一个开始。

　　本书有幸得到中国法学会 2016 年度部级法学研究课题的立项，得到相关专家与学者对本研究的肯定与鼓励，得到中南财经政法大学法治发展与司法改革研究中心暨湖北法治发展战略研究院徐汉明教授的大力资助，还有中国政法大学出版社丁春晖编辑认真负责的校正，在此一并表示感谢！

戢浩飞

2020 年 1 月于东湖畔